Klaus Tornier

Hamburg-Hoheluft

Der Jahrhundert-Stadtteil

Danksagung

Gisela Bartels, Arno Boës, Jens Burg, Claus Carstens, Pastor Otto-Michael Dülge, Dieter Eifrig, Herr Freier (Stadtteilschule Eppendorf), Dr. Claus Gossler, Horst Guse, Anke Hauschildt, Michael Holtmann, Burkhard Holzapfel, Gerd Jansen, Claus-Ascan Jencquel, Bernhard Jung, Christian J. Justus, Margrit Klingberg, Joachim Kohlwey, Hans-Günter Löwe, Anke Marwitz, Pastor Wolfgang Nein, Dieter Raabe, Hakim Raffat, Hans Rehders, Marion Ritter, Sielke Salomon, Gottfried und Ilse Schreck, Gabriele Spina-Richter, Wilfried Starck, Christa Tornier, Wilfried Ulshöfer und Andreas Xaver Wutz

Impressum:

Copyright: Klaus Tornier
Gestaltung: Willy Nommensen
Anzeigen: Klaus Tornier
Herstellung & Verlag: BoD - Books on Demand, Norderstedt
Erscheinungsjahr: 2013
ISBN: 978-3-7322-6297-7

Inhalt

Hamburg

Eimsbüttel im Juni 2013

Grußwort des Bezirksamtsleiters

„Geschichte ist nicht nur Geschehenes, sondern Geschichtetes – also der Boden, auf dem wir stehen und bauen.“ (Hans von Keler, dt. Theologe)

Die Hoheluft ist schon aufgrund ihrer formellen Zweiteilung in den Stadtteil -Ost und den Stadtteil -West und der damit einhergehenden Zugehörigkeit zu zwei unterschiedlichen Bezirken etwas Besonderes. Das aber ist es sicher nicht, was die Hoheluft für die darin lebenden Menschen, wie ich es einer bin, zu einem kleinen Großstadtparadies macht. Es ist viel mehr der Charme eines bunten, heimeligen und eben nicht anonymen Großstadtlebens, das durch die in vielen Straßen gut erhaltene Jugendstilbebauung, die dichte Besiedlung, die Stadtnähe, die Dichte an Einkaufmöglichkeiten und vor allen Dingen durch das viele Grün begünstigt wird. Es ist wahrhaftig ein „Jahrhundert-Stadtteil“, der als „Geheim-Tipp“ für kleine Großstadtparadiese längst enttarnt ist und sich zu einem Magneten für Groß und Klein, Jung und Alt entwickelt hat.

Eben dieser Entwicklung trägt das vorliegende Buch Rechnung, indem es aufmerksam in die noch recht junge und dennoch vielfältige Geschichte der Stadtteile Hoheluft-Ost und -West zurückblickt und den Leser mit Liebe zum Detail auf eine Entdeckungsreise mitnimmt, die seinesgleichen sucht.

Den Leserinnen und Lesern wünsche ich gute Unterhaltung bei dieser spannenden Zeitreise durch die Geschichte der Hamburger (Hohe)Luft.

Dem Autor danke ich für die Aufarbeitung und Niederschrift dieses historischen Erbes. Meine persönliche Unterstützung ist ihm auch in Zukunft gewiss.

Es grüßt Sie herzlich

Dr. Torsten Sevecke

Einleitung

Es ist noch gar nicht so lange her, da stellte Hoheluft nur eine Randerscheinung dar. Von wenigen Menschen bewohnt, lag der Ort am Hamburger Stadtrand. Lange gehörte er zu Eppendorf. Auch heute steht er noch im Schatten des östlichen Nachbarn. Nicht wenige Einwohner und Geschäftsleute halten sich eher für Eppendorfer als für Hoheluf-ter. Dabei gehört Vieles, was scheinbar in Eppendorf liegt, längst zu Hoheluft, wie zum Beispiel das Viertel mit Lehmweg sowie Teilen von Eppendorfer Baum und Hegestraße. Obwohl der Stadtteil klein wie ehedem ist, leben hier fast so viele Menschen wie in Ep-pendorf. Ein stärkeres „Bekenntnis" zu Hoheluft wäre also durchaus angebracht, zumal sie einiges zu bieten hat.

So könnten die Menschen hier stolz auf die große Zahl schöner, alter Gebäude sein, denn nicht nur im Generalsviertel stehen ganze Straßenzüge unter Denkmalschutz. Das ursprüngliche Erscheinungsbild überzeugt noch heute durch fantasiereiche und an-regende Fassaden- gestaltungen. Sie heben sich deutlich von den oft gesichtslosen Neubauten der Gegenwart ab. Diese durch Ornamente, Dekor und unterschiedliche Dachformen emotional wirkende Architektur lieben die Menschen. Sie macht Hoheluft zu einem der besonderen Stadtteile in Hamburg, zu einem Jahrhundert-Stadtteil. In diesem Ambiente ließ sich ein Zeitschriftenverlag sogar zu der Herausgabe der Philo-sophie-Zeitschrift „Hohe Luft" inspirieren.

Hätte der Zweite Weltkrieg den Ort nicht so stark heimgesucht, wäre sein Charakter noch eindrucksvoller und die Hoheluftchaussee, die einst als Flaniermeile galt, vermut-lich so attraktiv geblieben wie der Eppendorfer Weg. Doch zahlreiche Flachbauten auf der westlichen Seite führten zu einem Imageverlust der Hauptverkehrsstraße, in dessen Folge zahlreiche unschöne Leerstände von Geschäften die Lage noch verschlimmer-ten.

Doch nun bahnt sich ein Wandel zum Besseren an, der der Westseite durch einige Neu-bauten mit Läden ein neues Gesicht und damit eine erhöhte Attraktivität geben wird.

Lassen Sie sich im Folgenden die zahlreichen Facetten der Hohelufter Vergangenheit und Gegenwart in dieser umfangreichen Darstellung nahe bringen.

Klaus Tornier

Vom ländlichen zum städtischen Raum

Bis zu seiner „Selbständigkeit“ gehörte Hoheluft zum erstmals 1140 bezeugten Eppendorf, dessen Bedeutung im 13. Jahrhundert als Mittelpunkt eines Kirchspiels erheblich angestiegen war, denn nicht weniger als 15 Dörfer gehörten dazu: Winterhude, Alsterdorf, Ohlsdorf, Fuhlsbüttel, Hummelsbüttel, Wellingsbüttel, Klein-Borstel, Groß-Borstel, Langenhorn, Niendorf, Schnelsen, Eidelstedt, Stellingen und Eimsbüttel.

Im Laufe des 14. Jahrhunderts erwarb das 1247 gegründete Kloster Harvestehude zahlreiche Dörfer der näheren und weiteren Umgebung, unter anderem Eimsbüttel (1339) und Eppendorf (1343). Da das Kloster um 1380 über mehr Land verfügte als die Stadt Hamburg, strebte diese mehr Einfluss auf die Klosterverwaltung an, indem sie der Äbtissin einige „Vorsteher“ als Ratgeber beiordnete.

Als Folge der Reformation wandelte die Stadt 1530 das Kloster in eine weltliche Stiftung um, die nach der Vereinigung mit dem ehemaligen Johanniskloster den Namen „Kloster St. Johannis“ erhielt.

Eine bedeutende Entwicklung vollzog sich in der zweiten Hälfte des 18. Jahrhunderts. Während in Eppendorf noch bis 1770 eine große Fläche Gemeindeland bestand, das extensiv als Weideland genutzt wurde, hatte man in Eimsbüttel das Gemeindeland praktisch schon um 1750 privatisiert.

1830 ließ der Senat durch ein Publikandum die Dörfer Eppendorf, Eimsbüttel und Harvestehude in die neue Hamburger Verwaltungseinheit der „Landherrenschaft der Geestlande“ eingliedern, ein Beweis für ihren noch völlig ländlichen Charakter.

Eimsbüttel und vor allem Eppendorf wurden damals noch in vollem Umfang landwirtschaftlich genutzt. „In der Übergangsphase vom ausgehenden 18. Jahrhundert bis zur Mitte des 19. Jahrhunderts finden sich neben den traditionellen schon moderne Erscheinungen, denn während ausgedehnte Acker- und Graslandflächen eine anhaltende agrarische Nutzung dokumentieren, erscheinen in zunehmendem Umfange Wohngrundstücke, die in keinem Funktionszusammenhang mehr mit der landwirtschaftlichen Nutzung stehen,“ betont die Geographin Ilse Möller.

Im Bereich des Siedlungswesens entwickelten sich nun durchgreifende Veränderungen. „Nach zögernden Anfängen um die Wende des 19. Jahrhunderts entstanden ab 1820, als die Hamburger Festungsanlagen geschleift waren und die Stadt als Wohngebiet kaum noch größeren Schutz bot als die dörflichen Siedlungen, immer mehr Wohngrundstücke in der ländlichen Umgebung ...".

Als Landhausgebiet konnte Eimsbüttel mit Eppendorf, Hamm, Horn und Billwerder nicht mithalten. Bis ins späte 19. Jahrhundert hatte Eimsbüttel keine eigene Kirche. Wer einen Gottesdienst besuchen wollte, musste lange Wege nach Eppendorf bewältigen. Das Dorf hatte damals nur wenige Straßen und Wege. Hauptstraße war der Heußweg. (Schmal 1996, S. 13)
In den näher zur Stadt liegenden Eimsbüttel und Harvestehude nahm die Bebauung stärker zu als im entfernter gelegenen Eppendorf. Dabei erwies sich das Gebiet zwischen Mittelweg und Harvestehuder Weg als attraktiver als etwa der Weg am Schlump, die Grindel-Landstraße und die Rothenbaumchaussee, die nur locker bebaut wurden.

Diese Entwicklung schlug sich auch im Bevölkerungswachstum nieder. Hatte das Kirchdorf Eppendorf 1811 mit 708 eine höhere Einwohnerzahl als Eimsbüttel (364) und Harvestehude (257), so sahen die Zahlen gut 50 Jahre später ganz anders aus: 1652 Menschen in Eppendorf standen im Jahr 1867 3082 in Eimsbüttel und 3869 in Harvestehude gegenüber.

Der Grund dafür lag in der Aufhebung der Hamburger Torsperre Ende 1860. Sie führte dazu, dass innerhalb weniger Jahrzehnte zwischen Eimsbüttel und Harvestehude alle Agrarflächen zu Wohngrundstücken parzelliert wurden und sich die Gesamtstruktur dieses Raumes grundlegend änderte.

1871 verloren Eppendorf, Eimsbüttel, Harvestehude und Rotherbaum ihre Eigenschaft als Landgemeinden, weil die Strukturwandlungen bis zu diesem Jahr in den stadtnächsten Gebieten schon so fortgeschritten waren, dass der Hamburger Senat sie nicht mehr als Landgemeinden behandeln konnte.

Zwischen 1871 und 1894 verabschiedete der Senat zahlreiche die Stadt betreffende Gesetze und Verordnungen, in die nun die 15 „Vororte" einbezogen wurden. Von 1874 an wurde diese Bezeichnung üblich. Das Baupolizei-Gesetz von 1882 erstreckte sich nun auch auf die Vororte, weil sich die städtische Bebauung in diesen Gebieten bereits stark ausgebreitet hatte.

1884 erklärte der Senat die Vorstadt St. Pauli und die 15 Vororte zu Stadtteilen und unterstellte sie der Stadtverwaltung. (Fakten von Ilse Möller).

Wege aus der Stadt

Welche Möglichkeiten boten sich den Hamburgern, um die benachbarten Dörfer im Norden der Stadt zu erreichen?

„Obgleich die Chroniken keine Nachrichten über die alten Landstraßen enthalten, muß es doch schon in der alten Zeit Hauptwege gegeben haben, die selbst in späteren Jahrhunderten fortbestanden haben, bis in neuerer Zeit Kunststraßen angelegt wurden, bei denen man sich nicht mehr an die alten Straßen hielt," stellt C. F. Gaedechens (Topographie, 1880, S. 9 ff) fest.

Einer der nach Westen führenden Wege verlief um das Heiligengeistfeld herum und setzte sich durch das Dorf Eimsbüttel und über Pinneberg nach Norden fort. Ein anderer Weg führte durch die Fuhlentwiete, über den jetzigen Gänsemarkt, die Dammtorstraße nach dem Grindel, überschritt den Isebek bei der Hohenluft und teilte sich hier nach Lockstedt und Eppendorf, Langenhorn usw.

Bekanntmachung.

Da mit Erhebung des Chaussee-Geldes an der Barriere bey der Hohen-Luft, mit dem **1.** May d. J. der Anfang wird gemacht werden, so wird solches zur Nachricht des Publicums hiermit öffentlich bekannt gemacht.

Gegeben in unserer Raths-Versammlung. Hamburg, den **24.** April **1835.**

Der Grindel umfasste das Gebiet zwischen Grindelberg, Parkallee und dem Grindelhof. Gaedechens verweist auf eine Urkunde vom 28. März 1382, in der der Grindel ein Wald genannt wird, während die Gegend des Käthnerkamps (heute Gärtnerstraße) Anfang des 16. Jahrhunderts noch mit Eichen bestanden war (S. 60).

Die Wege außerhalb der Stadt befanden sich „in einem höchst traurigen Zustande". Die höher gelegenen waren breite Sandwege, die tiefer gelegenen mit Schutt präparierte feuchte Lehm- oder Erdwege, die dennoch bei Regen kaum zu befahren waren. Nur wenige Strecken hatte man – mangelhaft – mit Steinen gepflastert, und die Bäche waren gar nicht oder nur notdürftig überbrückt.

„Erst 1825 fing man an, den Landstraßen mehr Fürsorge zuzuwenden, nachdem in England und in vielen Theilen Deutschlands die Zweckmäßigkeit der Chausseen aus klein gehauenen Steinen erprobt war, welche vor dem Steinpflaster den Vorzug hatten, eine bessere Fahrbahn zu liefern, billiger in der Anlage zu sein und die Verwendung der kleinen Steine zu gestatten," beschreibt Gaedechens die damalige Situation (S. 228).

1828 begannen Arbeiter mit dem Bau der Chaussee vom Dammtor über den Rothenbaum, durch die Niederung des Isebeks nach Eppendorf und darüber hinaus. Am Eppendorfer Baum und bei der Eppendorfer Mühle entstanden Chausseehäuser, in denen vom 1. Januar 1831 an Chausseegeld erhoben wurde.

Nach der Eimsbütteler Chaussee (1830) nahm man 1832 die Grindelchaussee in Angriff und verlängerte sie bis 1836 zur Hoheluft. 1834 entstand am Isebek ein Chausseehaus, in dem vom 1. Mai 1935 an kassiert wurde. 1874 wurde es abgerissen und sein Platz zur Regulierung der Straße genutzt. Zehn Jahre zuvor hatte die „Ausfallstraße" nach Lokstedt den Namen Hoheluftchaussee erhalten.Von da an hatte ihre Bebauung Schritt für Schritt zugenommen.

„Alle Straßen, deren Bezeichnung auf ‚chaussee' endigen, waren im Laufe der ersten Hälfte des 19. Jahrhunderts chaussiert, d. h. mit Steinschlagbahnen versehen worden, die sich aber bei der zunehmenden Schwere und Geschwindigkeit des Verkehrs, namentlich im Stadtgebiet, allmählich als unzureichend erwiesen und nach und nach fast alle durch bessere Pflasterarten verdrängt worden sind." (Melhop, S. 302)

(In Hamburg gibt es heutzutage mehr Chausseen, als man vermutlich annimmt, nämlich rund 20).

Melhop berichtet, dass der Isebek-Kanal 1883/84 an der Hoheluftchaussee mit einer hölzernen Brücke passierbar gemacht wurde. Sie war zwölf Meter breit, von denen 7,5 Meter auf den Fahrweg entfielen. 1902 erneuerte man die Holzbrücke und verbreiterte sie auf 19 Meter mit einem elf Meter breiten Fahrweg. 1904 erhielt das Bauwerk den Namen Hoheluftbrücke (S. 312).

Die Hoheluftchaussee verlief nicht überall in einer einheitlichen Breite. So maß sie zwischen Bismarckstraße und Eppendorfer Weg zunächst nur 15 Meter, während sie bis zum Abendrothsweg fast 20 Meter erreichte.

„In Rücksicht auf die zunehmende Bebauung, die Verkehrssteigerung und das Bedürfniß, eine doppelgleisige Straßenbahn hindurchzuführen," schreibt Melhop, „hat man der Hoheluftchaussee zwischen der Bismarckstraße und der Gärtner-Straße 1888 eine 20 m Straßenlinie auferlegt. Die nöthigen Grunderwerbungen zur Durchführung der Verbreiterung geschehen nach und nach." (S. 295)

Anlässlich der Aufteilung des Goßlerschen Parks wurde die Chaussee südlich der Einmündung der Neumünsterstraße auf 25 Meter, nördlich davon bis Abendrothsweg auf 28 bis 30 Meter verbreitert.1903 baute man die Strecke zwischen Abendrothsweg und Breitenfelderstraße auf 30 Meter aus.

1909 vergrößerten Bauarbeiter die Fahrbahn nördlich der Gärtner-Straße von 9,6 auf elf Meter. Um diesen nur 18 Meter breiten Teil mit der bereits ausgebauten Strecke in Einklang zu bringen, wurde den sechs Grundstücken an der Ostseite 1910 eine 27 Meter umfassende Straßenlinie auferlegt und die Straße hier 1912 mit einem 15 Meter breiten Fahrweg ausgebaut.

Der Ursprung der Hoheluft

Der Ursprung des Namens, der Ortsbezeichnung Hoheluft ist sagenhaft. Er basiert auf Vermutungen.

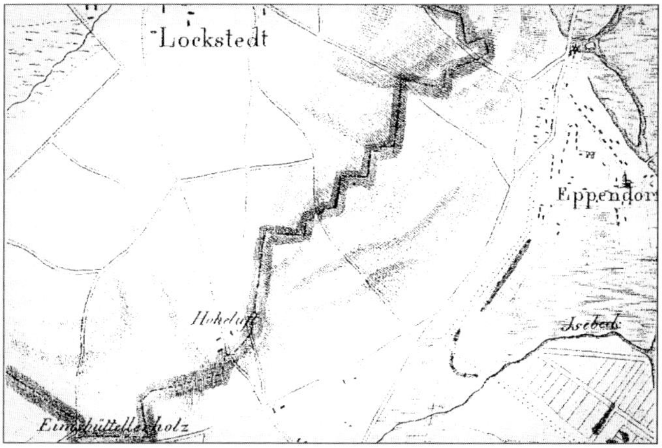

Um 1815: Hoheluft auf weiter Flur

So liest man bei Gaedechens: „An der Grenze von Eppendorf und Lockstedt, an der Landstraße nach letzterem Dorfe, hatte der Drost von Pinneberg am 11. December 1602 einen Galgen mit dem Viertheil eines Gerichteten setzen lassen, in Folge dessen dieser Platz gewöhnlich der Veerendeel genannt wurde. Hier kamen später die gräflichen und klösterlichen Deputirten zusammen, um über gemeinschaftliche Gerichtsfälle zu verhandeln. Wahrscheinlich gab der Volkswitz dieser Gegend in Rücksicht auf den Galgen den noch gebräuchlichen Namen Hoheluft. (Topographie, S. 148)

Armin Clasen schildert das Geschehen so: „Simon Werpup, der Drost zu Pinneberg, hatte einen Mörder geschnappt, der wohl aus Hamburg stammte. Um den Klösterlichen zu zeigen, wie man in der Grafschaft mit Verruchten umging, errichtete er dicht an der Grenze einen Galgen und ließ einen Schenkel des gevierteilten Verbrechers, ein Veerndeel, daranhängen. Der Klostervogt Wilhadt Kock, nach dessen Meinung der Galgen auf dem Gebiete des Klosters stand, ließ schleunigst den Galgen ausgraben und mit seiner anrüchigen Last zurück auf Lokstedter Gebiet setzen. Der Name „Veerendeel" blieb seitdem an der Gegend haften. Erst nach 1800 gab es hier ein Gasthaus ‚Die hohe Luft' an der Grenze. (Bezirk: Festschrift, S. 8)

Erst 1854 sind die öffentlichen Hinrichtungen in Hamburg abgeschafft worden. (Finder 1930, S. 409)

Auch auf Landkarten findet sich die Bezeichnung, allerdings als „Veerendehl", zum Beispiel auf der Karte „Die Gegend um Hamburg" aus dem Jahre 1700 sowie auf einer Landkarte von 1774, auf der es „beim Fehrendehl" heißt. In beiden Fällen existiert Hoheluft als Ortsangabe also noch nicht, wie der Verfasser in der Plankammer des Hamburger Staatsarchivs feststellte.

Armin Clasen führt die Bezeichnung Hoheluft auf das Jahr 1791 zurück. In der Herrschaft Pinneberg wurden seit etwa 1700 Auszüge aus den Amtsprotokollen, die Besitzverhältnisse

u. a. der Bauern betrafen, in den „Schuld- und Pfandprotokollen" zusammengestellt. Auf diese Weise wurde auch am 21. Mai 1791 der Kauf eines Grundstückes durch Hans Joachim Timmermann festgehalten, und zwar unter „Hoheluft".

„Damit steht fest, dass, ehe Timmermann sich hier anbaute und ein Wirtshaus errichtete, die Bezeichnung ‚Hoheluft' hier bereits ein Flurname war ...," schreibt Clasen im „Winterhuder Bürger" (4/1966).

Bei seiner Suche nach „Hoheluft" auf Landkarten waren dem Verfasser nur Landkarten zugänglich, auf denen sich als früheste Erwähnung das Jahr 1810 ergab, und zwar auf P. G. Heinrichs Karte „Das Gebieth der Stadt Hamburg mit den angrenzenden Landen", die Jonas Ludwig von Heß im dritten Teil seiner Abhandlung „Hamburg topographisch, politisch und historisch beschrieben" in Hamburg 1811 veröffentlichte.

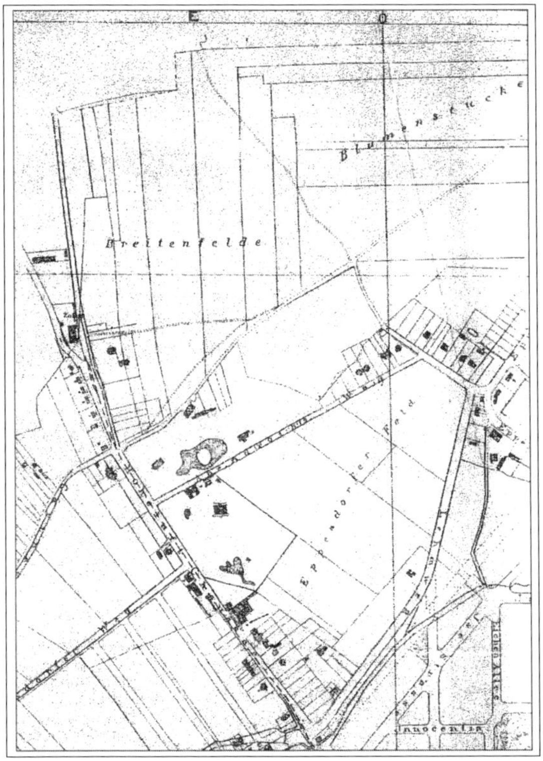

1872: Felder, Parks (Bildmitte) und Blumenstücke

1813 erwähnt J. T. Reinke auf seiner im Staatsarchiv aufbewahrten „Feld-Charte vom Ackerlande der Eppendorfer Bauleute wie auch vom Eppendorfer Käthnerkamp" die Ortsbezeichnung „hohe Luft".

Doch Hoheluft war nicht nur ein Fleck auf der Landkarte, sondern ein bewohnter Ort. E. H. Wichmann erwähnt eine sogenannte Anbauernstelle mit Wirtshaus an der Hamburger Grenze, wo seit 1839 eine Zollkontrolle eingerichtet war, die von Hester in Lokstedt hierher vorgeschoben worden war.

F. H. Neddermeyer beschreibt Hoheluft als einen „District von circa 20 Feuerstellen an der Chaussee, welche über Schlump nach dem holsteinischen Dorfe Lockstedt führt, von dessen Feldmark er auch begrenzt wird. Hoheluft hat circa 40 Einwohner, unter denen 2 Wirthe, 2 Schuster und 1 Schlachter, welche zur Vogtei, Kirche und Schule nach Eppendorf gehören. Das Johanniskloster besitzt hier Privateigentum. (Statistik 1847, S. 115)

Bis 1867 wuchs laut Wichmann die Einwohnerzahl von Hoheluft auf 60, davon 16 Brinksitzer und viele Eigentümerstellen. Eine der beiden Wirtschaften hieß „Colosseum". Außerdem gab es nicht nur viele schöne Land- und Gartenhäuser, sondern „schon manche städtischen Häuser." (Begleitworte 1867, S.107)

Das Grenzhaus und seine Geschichte

Friedrich Lüdemann ließ 1894 einen Neubau errichten.

Kein Gebäude ist mit der Geschichte Hohelufts so eng verbunden wie das Grenzhaus mit seinem dänischen Ursprung von 1789. Nachdem die Zollstation vom nahe gelegenen Hester an den Stadtrand verlegt worden war, wurde im Garten des Grenzhauses, einer alten Wirtschaft, ein Fachwerkbau errichtet, der mit einem Hebungskontrolleur und einem Assistenten besetzt war. (Kollauer Chronik III, S. 225) Weiter heißt es da: „1862 hatte diese Nebenstelle sich zu einem Zollamt entwickelt. Der übliche Schlagbaum war eine messerscharfe Grenze zwischen Hamburg und Dänemark. Lokstedt lag tot und menschenleer, auf der Hohenluft herrschte besonders am Pfingstmarkt ein mächtiges Gewoge."

Um die Jahrhundertwende herrschten rege Bautätigkeiten auf dem Gelände am Grenzhaus, die mit häufigen Besitzerwechseln einhergingen. So geht aus Akten der Baupolizei hervor, dass die Architekten Schaar und Hinzpeter ab 1894 für Heinrich Friedrich Lüdemann einen Neubau

Adrett gekleidetes Personal mit Gästen im Gartenlokal um 1900

errichten ließen. Doch bereits um 1900 folgte Wilhelmine Brem auf Lüdemann. Sie ließ das neue Grenzhaus um einen Vorbau und einen Musikpavillon ergänzen. Auch sie hielt sich nur wenige Jahre und machte 1904 dem neuen Eigentümer F. Mandt Platz.

Mit Wilhelm Würzbach begann in den 1910er Jahren eine neue Ära. Die ständigen Wechsel hatten ein Ende. Der neue Eigentümer blieb dem Grenzhaus jahrzehntelang treu. Das lag auch daran, dass es sich inzwischen zu einem attraktiven Ausflugslokal mit zwei Veranden, Tanzsalon, Kegelbahn und Pferdeställen entwickelt hatte. Eine weitere Attraktion stellte das Karussell dar, das Wilhelm Stremel vor und nach dem Ersten Weltkrieg nebenan betreiben durfte.

Blick in den Ballsaal mit Bühne

Der Lokstedter Heimatforscher Hans Münster weiß von einer Sitzung der Gemeindevertretung zu Lokstedt, die sich am 22. Oktober 1920 mit einem Antrag des Vaterländischen Frauenvereins beschäftigte, das unsittliche Betreiben eines Kettenkarussells zu

Wilhelm Wurzbach übernahm das Haus in den 1910er Jahren.

unterbinden. Begründung: Wenn das Karussell in Schwung ist, kann man die Unterröcke der Mädchen sehen, und das ist genant.

Vom Grenzhaus ist auch eine hübsche Anekdote überliefert. Danach soll um 1880, als Lokstedt noch zu Preußen bzw. Pinneberg gehörte, die Grenze zu Hamburg mitten durch das Grenzhaus verlaufen sein. Diese Tatsache hatte für den Wirt die erfreuliche Folge, dass seine Gäste, wenn in Lokstedt um 22 Uhr die Polizeistunde schlug, am Tresen nur ein kleines Stück aufzurücken brauchten, um auf Hamburger Revier noch munter bis Mitternacht weiter zechen zu können.

Wie viele Teile Hohelufts blieb im Zweiten Weltkrieg auch das Grenzhaus nicht von Bomben verschont und büßte 1943/45 seinen Tanzsaal ein. Bereits im Mai 1942 hatte das Amt für kriegswichtigen Einsatz der nationalsozialistischen Gemeindeverwaltung der Hansestadt einen Ingenieur beauftragt, im Grenzhaus nicht näher genannte kriegswichtige Baumaßnahmen durchzuführen.

Grenzhaus-Inhaber Wilhelm Wurzbach ersuchte das Hamburger Bauamt am 4. Juni 1946 um die „teilweise Herstellung eines Behelfsbaues für den am 11. März 1945 durch Fliegerangriff total zerstörten Saal.“ Er konnte sein Lokal nur noch in den vorderen Räumen fortführen. Mit Hinweis auf die nahe gelegenen Sportplätze schrieb er an das Bauamt: „Als ältestes und größtes Lokal ist es mir nun heute leider nicht mehr möglich den Andrang in den beschränkten Räumen zu bewältigen... Mauersteine und Holz sind aus den Trümmern geborgen und es wird nur Cement, Sand und Kalk sowie Dachpappe benötigt.“ Ein Jahr später teilte Wurzbach dem

Wenige Jahre vor dem Abriss: das Grenzhaus (1958), bei dem die Straßenbahn eine Kehrschleife nutzen konnte. In der Bildmitte ist der Grenzstein von 1789 zu sehen.

Wohnungsbauamt und Baulenkungsamt in der Steinstraße mit, dass er für sein Bauvorhaben über folgende Materialien verfüge:

26000 Stück Ziegelsteine, 14,32 Kubikmeter Holz sowie 1,18 tons Stahl und Eisen.

Am 12. Januar 1948 antwortete das Ortsamt Lokstedt dem Wirt im Auftrag des Wohnwirtschaftsamt der Baubehörde, dass eine Baufreigabe nicht genehmigt werden könne, da die Hamburg gemachten Zusagen in Bezug auf die Zuteilung von Baustoffen für den zivilen Sektor nicht eingehalten wurden.

Wilhelm Wurzbach ließ sich jedoch nicht entmutigen und machte weiter, obwohl es um die Zukunft des Hauses nicht gut bestellt war. Ende der 50er Jahre kam mit einer Gruppe junger Maler neuer Schwung. Wie Matthias Schmoock im Hamburger Abendblatt (3. Januar 1997) berichtete, hatte ihnen Wurzbach, „damals schon uralt", seinen notdürftig hergerichteten Saal als Ausstellungsraum zur Verfügung gestellt. In mehreren Ausstellungen schufen die „Grenzhäusler" einen Hamburger Neurealismus. „Damals bestand die Chance, hier eine feste künstlerische Einrichtung zu installieren," sagte Prof. Dr. Jörgen Bracker, der damalige Direktor des Museums für Hamburgische Geschichte, der Zeitung. Doch dazu kam es nicht.
1965 musste das Grenzhaus einem achtgeschossigen Hochhaus weichen. Dafür wurde der Grandweg verbreitert und eine neue Verbindungsstraße hin zum Bötelkamp geschaffen. Im Mai 1971 erhielt diese Straße und ein Teil des Bötelkamps in Erinnerung an den Beiersdorf-Chef Oscar Troplowitz dessen Namen.

Grenzstein überdauerte

Der Grenzstein von 1789

Im Gegensatz zum Grenzhaus blieb der dort postierte Grenzstein erhalten. Wie seinerzeit üblich, markierte ein Stein die Grenze zwischen der Herrschaft Pinneberg (HP) und Hamburg. Unter der Regentschaft des Dänenkönigs Christian VII (C 7) war der Grenzstein am Grenzhaus Hoheluft mit der Jahreszahl 1789 und der No. 10 aufgestellt worden.

„Zu beachten ist, daß ‚HP` vor 1864, einseitig geschrieben, ‚Herrschaft Pinneberg`, dagegen nach 1864/66, auf entgegengesetzten Seiten eines aufrechten Steines oder zu beiden Seiten der Rille eines flachen Steines (als ‚H` und ‚P`) Hamburg und Preußen bedeuten," stellt Hedinger fest. (Grenzsteine 1972, S. 70)

Vor dem Abriss des Grenzhauses ließ das Bezirksamt Eimsbüttel den Grenzstein ausgraben und vor- übergehend zwischenlagern. Heute steht er unter Denkmalschutz auf einer kleinen Grünfläche vor den Häusern Hoheluftchaussee 165/167. (Zwei an dem Haus Nr. 165 angebrachte Zierplatten haben ebenfalls eine historische Bewandtnis. Sie sind Fahrleitungsrosetten der Straßenbahn, die an diesem Ort bis 1959 eine Kehrschleife besaß. Bis 1943 war hier zeitweise die Endstation „Hoheluft Grenzhaus" der Linien 20, 22 und 24 sowie 2, wie einer kleinen Hinweistafel zu entnehmen ist.)

Ganz in der Nähe befindet sich Grenzstein No. 9 (HP/C 7/1802) auf dem Schulhof des Gymnasiums Hoheluft zwischen Christian-Förster-Straße und Troplowitzstraße. Auf dem weitläufigen Gelände steht er nahe einer Tischtennis-Platte und der alten Turnhalle.

Ein dritter, jedoch aller Wahrscheinlichkeit nicht echter Grenzstein mit der Kennzeichnung HP C7 1791 No. 8 ist neben dem Haus Wiesingerweg 21, vor dem im Jahre 2012 abgerissenen Bunker, auszumachen. Er ist der erste einer Reihe von zehn Pollern.

Als die Hoheluftchaussee noch Flaniermeile war

Reiche Hamburger - schöne Parks

Schon im 18. Jahrhundert zog es die vermögenden Hamburger in das beschauliche, ländliche Hamburger Umland, um sich von dem Alltagstrubel in der eng gewordenen Stadt zu erholen. Dazu dienten nicht nur schöne Gärten, sondern auch stattliche Parks, in denen man attraktive Landhäuser bauen ließ.

Nach der Expansion in den Westen entdeckten die Kaufleute auch die günstig gelegenen Ortschaften wie Hamm, Horn und Billwerder als lohnende Freizeitstandorte. Dabei blieb es jedoch nicht. „Man lenkte in der Folge seinen Blick auf das Gebiet vor dem Dammtor. Im Jahre 1792 wird vermerkt, daß dort ‚anjetzt viele Gärtenhäuser angelegt werden.` Klopstock hatte dort seinen Sommersitz genommen, andere hatten sich schon in Borstel, Eppendorf, Eimsbüttel, Lokstedt und in anderen Geestdörfern niedergelassen. Äcker, Gärten und Weideland wurden hier mehr und mehr durch Parkanlagen zurückgedrängt." (Finder 1930, S. 367)

Sehr förderlich für diesen Trend erwiesen sich die nordwärts führenden Chausseen. So entstand vom 18. Jahrhundert an östlich der Hoheluftchaussee und südlich des Breiten Feldes eine „Perlenkette" von Parks, von denen der untere Goßler-Park vom Abendrothsweg bis zum heutigen Geschäftshaus Hoheluftchaussee 56 (u.a. mit Optiker Prigge) reichte. Östlich davon bis zum Blumenweg, der heutigen Curschmannstraße, und größtenteils auch südlich davon breitete sich noch in den 1870er Jahren zwischen Abendrothsweg und Lehmweg das unbebaute „Eppendorfer Feld" aus.

Von Goverts zu Justus

Das von H.F. Goverts errichtete und später an Georg Hinrich Justus verkaufte Landhaus, das später einem Tennisplatz weichen musste.

Im 18. Jahrhundert hatte der Assekuranzmakler H. F. Goverts den späteren Goßler-Park erworben und 1801 mit einem Landhaus an den Tabakfabrikanten Georg Hinrich Justus verkauft, der sich jedoch nur kurze Zeit an seinem neuen Besitz erfreuen konnte, da er zwei Jahre später starb, wie aus einem kurzen Abriss der Justusschen Familiengeschichte hervorgeht. 1829 erwarb der Sohn Johann Friederich das umfangreiche Grundstück. Nach einer kaufmännischen Ausbildung in Italien amtierte er seit 1822 als Großherzoglich Toskanischer Generalkonsul in Hamburg, wo er 1830 Helene Therese Münchmeyer heiratete. Zusammen mit seinem Bruder Heinrich Wilhelm führte er die Tabakfabrik Justus, Alte Gröningerstraße 20, heute Brandstwiete/Ecke Willy-Brandt-Straße, wo immer noch das dritte Haus rechts aus der damaligen Zeit stammt.

Johann Friederichs Sohn Friedrich verkaufte das Stammhaus der Familie 1885, ehe es wegen der Anlage des Freihafens abgerissen werden musste und verlegte die Tabakfabrik zum Hofweg 60 auf der Uhlenhorst. (Einige Jahre später, 1902/03, entstand auch an der Hoheluftchaussee eine Tabakfabrik, die von Joh.Wilh.von Eicken).

„In der Peterstraße (Nr. 34) wurde 1976 die Fassade unseres alten Hauses von der Carl-Toepfer-Stiftung neu errichtet. In die Wohnung im Erdgeschoß bauten wir die alten Wandpaneele aus dem Festsaal ein, die solange im Museum für Hamburgische Geschichte eingelagert waren," heißt es in der erwähnten Familiengeschichte. Nach dem Tod von Johann Friederich im Jahre 1852 wechselte das Landhaus in Eppendorf-Hoheluft wiederum den Besitzer.

„Beneidenswerter Luxus": Goßler

Ein Grundstück von solchen Ausmaßen vermag natürlich nur ein wohlhabender Bürger zu erwerben, wie es in jenen Jahren allenthalben der Fall war. Die Namen der Käufer lesen sich wie ein „Who is who" der High Society. Zu der gehörte auch Wilhelm Goßler, der 1853 das Justussche Anwesen erwarb.
Als junger Kaufmann war er nach einigen Auslandsaufenthalten in die Firma seines Vaters Johann Heinrich Goßler (Joh. Berenberg, Goßler & Co.) eingestiegen und in der Folge zum Partner avanciert. Nach dem Tod des Vaters leitete er das Unternehmen zusammen mit seinem älteren Bruder. Diese und die folgenden Informationen über seinen Urgroßvater und die Familie beruhen auf Schilderungen, die Claus Gossler dem Verfasser übermittelte.

Wie G. H. Justus wohnte Wilhelm Goßler in Hafennähe, am Alten Wandrahm, im 1622 erbauten sogenannten „Mortzen-Haus", das damals in Hamburg eine gewisse Sehenswürdigkeit darstellte. Nach dem Tod des Vaters 1842 war er hier eingezogen. Während der französischen Besatzung 1813/14 hatten Haus und Speicher als Militärhospital gedient. Noch vor dem Bezug des historischen Gebäudes hatte Wilhelm Goßler Margarethe Elisabeth Donner aus Altona geheiratet, die dennoch von den Hamburgern voll akzeptiert wurde. Seit dem Kauf des Eppendorfer Anwesens lebte die Familie im Winter in der Stadt und im Sommer grundsätzlich auf dem Landsitz, einem idealen Gelände für die immer größer werdende Kinderschar. Zehn Töchter, von denen drei in jungen Jahren starben, und ein Sohn waren dem Ehepaar beschieden.

Wilhelm Goßler – gemalt von Geertz

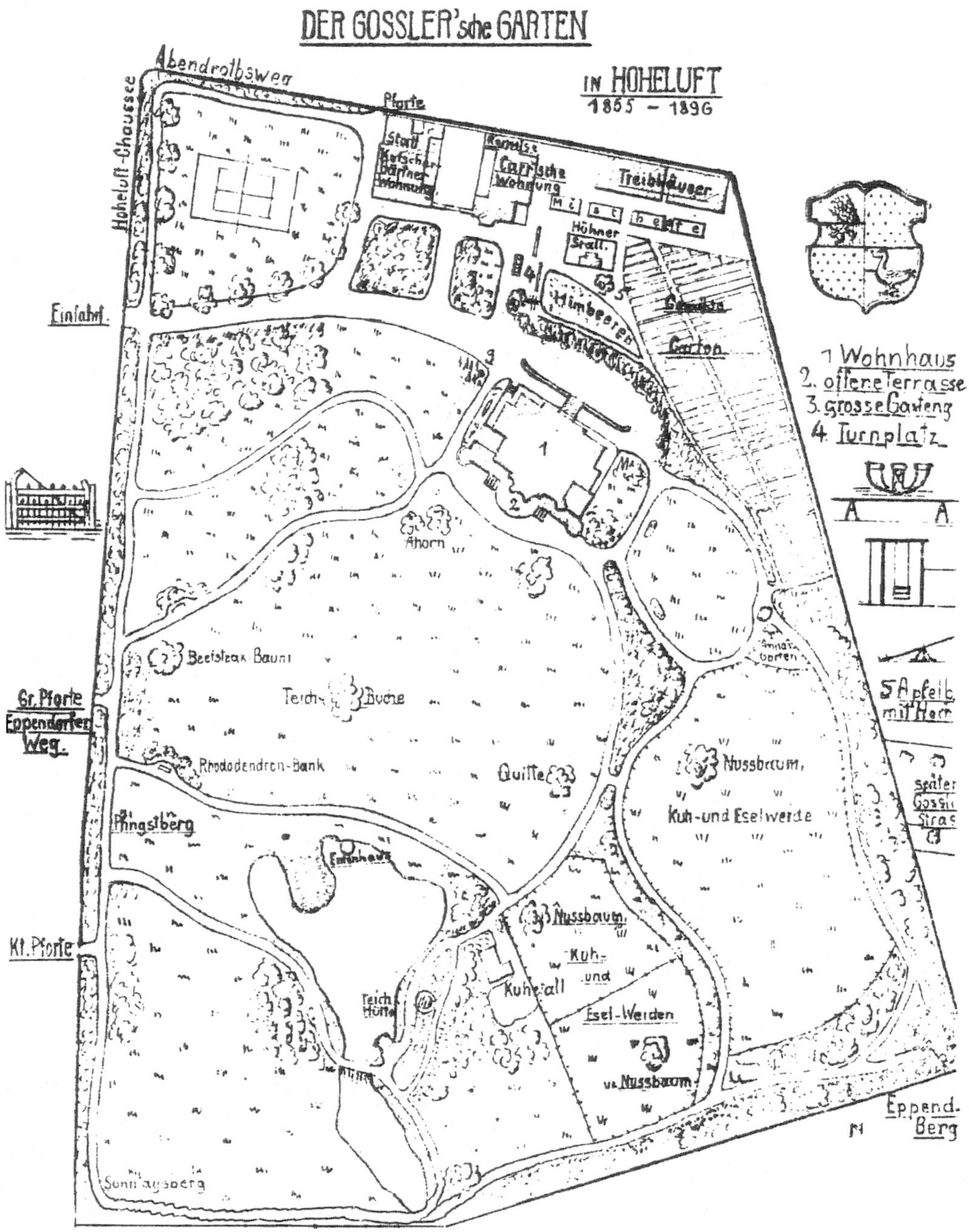

Mittelpunkt von Hoheluft: Goßlers Park in der zweiten Hälfte des 19.Jahrhunderts

Wie das Justussche Patrizierhaus fiel auch das Gebäude von Goßlers der Freihafen- erweiterung zum Opfer, so dass ein neues Grundstück gesucht und an der Ecke Neuer Jungfernstieg/Fehlandtstraße auch gefunden wurde. Als Winterhaus.

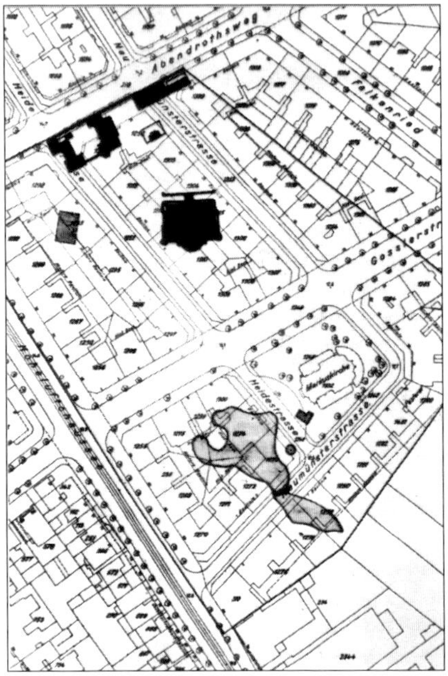

Goßlers Gelände in das Straßennetz projiziert

Draußen im Grünen lebten Goßlers zunächst in dem übernommenen Landhaus, das jedoch bald nicht mehr den Ansprüchen der großen Familie genügte. Deshalb entstand 1856 nach den Plänen des Architekten Auguste de Meuron aus Neuchâtel ein äußerst großzügig gestaltetes Landhaus im Stil der Neo-Renaissance. Er galt damals als der einflussreichste Architekt der „haute volée“. Das Gebäude umfasste 16 Zimmer auf zwei Geschossen mit sehr gediegener Innenausstattung. Durch die Haustür gelangte man in die repräsentative, achteckige Halle, von der man den Speisesaal, drei Wohnzimmer, ein Kattunzimmer und das sogenannte braune Zimmer betreten konnte. Von einem der Wohnzimmer ging es in den Wintergarten. Im Parterre befanden sich außerdem ein Rauch- und ein Billardzimmer.

In die erste Etage mit einer Reihe weiterer Räume führten zwei Treppenhäuser, eines für die „Herrschaften“ und ein anderes für die Dienstboten.
An der Stelle des früheren Landhauses ließ Wilhelm Goßler einen Tennisplatz herrichten, auf dem behütete und in lange Kleidung gehüllte Familienmitglieder sportlichen und standesgemäßen Pioniergeist beweisen konnten.

In dem weitläufigen Park mit Wiesen, Rasen, schönen alten Bäumen und einem Teich mit Hütte, einem Stallgebäude für Kutsch- und Reitpferde sowie einem Treibhaus war natürlich auch ein Gärtner vonnöten, der die von dem Hamburger Gartenarchitekten J. C. Jürgens gestalteten Anlagen betreute.

Goßler muss ein anerkannt umsichtiger Kaufmann gewesen sein, denn er wurde 1850 Mitglied der Commerzdeputation, der Vorgängerin der Hamburger Handelskammer, und kurz darauf sogar ihr Präses. In der Verwaltung der Stadt hatte er im Verlauf von 20 Jahren zahllose Ehrenämter inne. Er war nicht nur Mitbegründer der Hamburg-Bremer Feuerversicherungs-Gesellschaft, sondern auch Mitbegründer der Norddeutschen Bank und unter anderem auch Mitglied in deren Aufsichtsräten. 1863 wurde er für fünf Jahre in die Bürgerschaft gewählt. Vorher amtierte er zwei Jahre lang als ehrenamtlicher Richter am Obergericht.

1870 wurde Wilhem Goßlers Bruder Hermann zum Bürgermeister gewählt.

Auch auf seinem Hohelufter Anwesen blieb er aktiv und ließ 1880 zwischen Stall und Treibhaus ein Haus für seinen Schwiegersohn Edward Carr bauen.

Das Anwesen hatte drei Eingänge. Die Haupteinfahrt befand sich aus heutiger Sicht in Höhe des Schornsteins der gegenüber liegenden Tabakfabrik von Eicken. Durch einen zweiten Eingang konnte man dort in den Park gelangen, wo heute das Eckhaus Hoheluftchaussee 66/ Eppendorfer Weg steht. Der dritte Zugang bot sich an der Stelle, an der die Neumünstersche Straße heute in die Hoheluftchaussee mündet.

Das Ende der Ära Goßler in Hoheluft trat Ende des 19. Jahrhunderts überraschend plötzlich ein: 1894 starb Margarethe Goßler, ein Jahr später ihr Mann Wilhelm. Da niemand in der Familie in der Lage war, den Besitz zu übernehmen, musste er verkauft werden. Eine Zeitlang hofften die Angehörigen, der Staat würde den Park für die Allgemeinheit retten, zumal die Baudeputation den „staatseigenen Erwerb ins Auge gefasst" hatte, aber die Finanzdeputation glaubte, dem Staat diesen „beneidenswerten Luxus" nicht empfehlen zu dürfen.

Gartenansicht des großzügigen Goßlerschen Landhauses

Auch ein Versuch des gerade gegründeten Hohelufter Bürgervereins (1896), den Goßlerschen Besitz „in seiner ländlichen Schönheit" zu erhalten, scheiterte. Ein dem Hamburger Senat übermitteltes Gesuch, das Grundstück „staatsseitig" zu erwerben und zu gemeinnützigen Zwecken zu verwenden, blieb erfolglos.

Über die Abwicklung der Immobilie heißt es in der Goßlerschen Kurzdarstellung:

„Der Verkauf des Anwesens bot zwei Alternativen: entweder das Gelände selbst zu parzellieren und die dadurch entstehenden Grundstücke einzeln zu verkaufen oder den Verkauf des Geländes als Ganzes. Die Testamentsvollstrecker – zwei Schwiegersöhne und der Sohn Wilhelm Goßlers – wollten und durften das der ersten Variante inneliegende Risiko nicht tragen, obwohl der erwartete Verkaufserlös bei 1,1 Mio. Reichsmark lag. Sie bemühten sich um einen Verkauf als Ganzes, der erst ein Jahr später zustandekam. Am 3. Dezember 1896 wurde das Anwesen durch die Makler Daniel Hertz & May zu 500.000 RM an Heinrich Peter Witt und Wilhelm Friedrich Meiners verkauft, die die Parzellierung in die Wege leiteten. Im März und April 1897 wurden die Gebäude des Anwesens abgerissen, so daß heute eigentlich nichts mehr an die Schönheit des damaligen Besitzes erinnert."

Der Park wurde so aufgeteilt, dass man die östlich davon liegende Adlerstraße bis zur Hoheluftchaussee verlängerte und ihr 1898 den Namen Goßlerstraße gab. Außerdem wurden zwei kleine Straßen angelegt; die östliche vom Abendrothsweg ausgehende Querstraße durchschnitt die Goßlerstraße, mündete in die Hoheluftchaussee und erhielt 1898 den Namen

Neumünsterstraße. Die westliche, in die Neumünsterstraße führende Parallelstraße nannte man Heidestraße. Zwischen beiden Straßen, auf dem ehemaligen Parkgelände, wurde 1897 ein Platz zum Bau der Markuskirche ausgewiesen.

Im Andenken an die Großeltern stifteten die Erben für die Markuskirche den Altar.

Wilhelm Goßler und seine Frau wurden auf dem alten Friedhof in Niendorf beerdigt.

Gut 50 Jahre behielt die Goßlerstraße diesen Namen. 1950 musste er zugunsten der heute noch existierenden Goßlerstraße in Blankenese aufgegeben werden. An sie grenzt außerdem Goßlers Park. Der schon 1863 angelegte Eppendorfer Weg hieß nun auch östlich der Hoheluftchaussee so.

Abendroth: Ein Park und andere Immobilien

Dr. August Abendroth
Steinzeichnung von Otto Speckter. 1855

An den Goßlerschen Park schloss sich zwischen dem einstigen Kirchenweg (später: Abendrothsweg) und dem Breiten Felde ein nur etwa halb so großer Park an, den der Advokat Dr. August Abendroth, der älteste Sohn des 1831 als Nachfolger von Wilhelm Amsinck zum Bürgermeister bestimmten Amandus August Abendroth um 1830 erworben hatte.

Er hatte 1823 Conradine Therese Sievert geheiratet, die als Erbin eines begüterten Kaufmanns und Oberalten ein beträchtliches Vermögen in die Ehe einbrachte. Dank dieser Mitgift konnte er seinen Beruf aufgeben und sich fortan unternehmerisch betätigen, schreibt Matthias Schmoock. „Schon früh beschäftigte er sich mit Landerschließung und Bodenspekulation."

Nach einer nicht näher bezeichneten Darstellung von Julius Faulwasser aus dem Jahre 1900 hatte August Abendroth das von Sievert erbaute Haus mit seinem tempelartigen Säulenvorbau 1837 gekauft. Damals lag das Haus sehr einsam in einem dichten Park und allmählich mussten die Bäume geschlagen werden, um Licht zu gewinnen …

Bis zur Breitenfelder Straße erstreckten sich das Abenrothsche und weitere Anwesen

In dem hier belegenen unteren Teil des Parks erbaute der Besitzer ein zweites Wohnhaus für seine Tochter Magdalena verehelichte Berkefeld, das hier bis 1897 im Besitz jener Familie geblieben ist, während das alte Wohnhaus nebst dem oberen Teil des Parks nach dem Tode des durch seine Wohltätigkeit vielen unvergessenen Besitzers schon 1875 an den Banquier Leopold Jacobi überging. Die Tage des alten Abendroth`schen Hauses dürften aber bald gezählt sein."

Das Landhaus mit dem Säulenvorbau

Östlich des Parks dehnte sich ein weiterer Park, der von O.W.C. Berkefeld, zwischen dem Breiten Felde und dem Abendrothsweg bis zur damals noch nicht verlängerten Löwenstraße aus. Beide Parks wurden Anfang des 20. Jahrhunderts parzelliert und mit Etagenhäusern bebaut.

Den Garten des späteren Abendrothschen Anwesens hatte der berühmte Gartenarchitekt Joseph Ramée zwischen 1803 und 1805 angelegt und das damals ebene Gelände abwechslungsreich gestaltet. „Ein kleiner ‚Steinberg`, der im Sommer die Vegetation der Alpen repräsentierte," erregte damals Bewunderung. (Sorge-Genthe 1973, S. 173)

Bei dem Wohnhaus handelte es sich – wie einem Katalog des Museums für Hamburgische Geschichte zu entnehmen ist – um ein spätklassizistisches Landhaus „mit merkwürdigen, wenig harmonierenden Bauformen: flach abgeschnittenes Zeltdach mit großer Aussichtsplattform; große zweigeschossige Säulenvorhalle mit Dreiecksgiebel und großem Halbbogenfenster darin an der südlichen Stirnseite; Hauseingang mit Säulenstellung und eingezogener Arkade."

Das Landhaus Abendroth in einer Lithographie von F. Meyer (um 1840)

1837 kaufte August Abendroth zusammen mit Carl Heine und Adolph Jencquel die Uhlenhorst, ein großes brachliegendes Gelände am Alsterufer, das heute den Kern des gleichnamigen Stadtteils bildet. „Abendroth setzte durch, dass das an der Alster gelegene Gebiet weder mit Mehrfamilienhäusern noch mit gewerblichen Betrieben bebaut werden durfte," so Schmoock, der auch erwähnt, dass sich Abendroth am Bau der Eisenbahnlinie von Hamburg nach Bergedorf sowie nach Berlin beteiligte. Die Erschließung des Hammerbrooks nahm er sich ebenso vor wie viele weitere Unternehmungen. So entwickelte er sich zu einem der reichsten, aber nun auch umstrittenen Hamburger, denn man warf ihm Gewinnsucht vor.

Der geschäftstüchtige Kaufmann schätzte aber auch Immobilien in der Stadt. Darin unterschied er sich nicht von anderen reichen Hanseaten, die natürlich die besten Lagen bevorzugten. So lesen wir: „Der neue Jungfernstieg trug, bis auf den in neuerer Zeit erfolgten Durchbruch der Kolonnaden, so ziemlich dasselbe Gepräge wie heute, nur daß neben der Alsterhalle noch ein Eingang in den früheren Böckmannschen Gärten vorhanden war. Am Eingang der Theaterstraße war um 1840 das damals hochmoderne und auch von außen vornehme Haus des Dr. August Abendroth, eines Sohnes des Bürgermeisters Abendroth, vom Architekten Chateauneuf errichtet worden. (Dirksen 1977/1935, S. 259)

An anderer Stelle heißt es: „Das Haus des Advokaten Dr. August Abendroth … war die Stätte reichen geistigen und künstlerischen Lebens. Es war … mit vielen Kunstschätzen geschmückt. … Dr. Abendroth war einer der Hauptförderer der Kunsthalle. (S. 412)

Als der Große Brand Anfang Mai 1842 Hamburg heimsuchte, musste sich der kranke und hilflose Bürgermeister aus der brennenden Stadt tragen lassen, um die drei Brandtage auf dem Eppendorfer Landsitz seines Sohnes zu verbringen. Am 17. Dezember 1842 starb Amandus August Abendroth. (Tilgner 2006: Abendroth, S. 136 f.)

25 Jahre später, nach dem Tod des Sohnes (1867), gelangte das Abendrothsche Anwesen an der Hoheluftchaussee über den Bankier Jacobi in den Besitz der Familie Berenberg-Goßler. Das Landhaus wurde 1902 abgerissen. (Museum 1975, S. 134)

Drei Jahre vor dem Tod des einflussreichen Anliegers hatte der ehemalige Kirchenweg den Namen Abendrothsweg erhalten. Aus Richtung Eimsbüttel kommende Gottesdienstbesucher benutzten ihn, um zur Eppendorfer Johanniskirche zu kommen. Auch die Auguststraße auf der Uhlenhorst erinnert an August Abendroth.

Die Hohelufter Straße wird zu Unrecht dem Bürgermeister zugeschrieben. Man sollte die Erläuterung auf dem Straßenschild ändern.

....hatte hier seinen Landsitz, war aber nicht Bürgermeister

Der Eimsbütteler Park

Der Eimsbütteler Park mit dem Parkhotel

Der heutige Park am Weiher bildet an der Unnastraße noch immer einen Teil der Westgrenze des Stadtteils. Im Gegensatz zu den einstigen privaten Parks an der Hoheluftchaussee durfte ihn die Bevölkerung schon früh betreten. Glücklicherweise ist das bis heute so geblieben.

„Der Eimsbütteler Park ist der Rest des ehemaligen Gehölzes und jetzt begrenzt von den Straßen Am Weiher, Im Gehölz, Lockstedterweg und Ottersbekstraße. Er steht seit dem Jahr 1875 dem Publikum offen. Diese privatwirtschaftlich geschaffene Anlage mit schönen alten Bäumen, Fußwegen, zwei Teichen, die durch den Ottersbek gespeist werden, ging 1892 durch Tausch in Staatsbesitz über… Der Staat hat diesen Park durch Ankäufe von 1520 Quadratmeter an der Ottersbekallee 1906 und 1907 durch weitere 1740 Quadratmeter sowie 1909 noch 5000 Quadratmeter, am Weiher belegen, vergrößert." Das teilte der Verein für Hamburgische Geschichte in den 1930er Jahren einem Leser des Hamburger Fremdenblatts mit.

„Wenn auch nicht Einzelvillen der 1870er Jahre entstanden sind, so hat sich um den Park doch ein Gebiet von Etagenhäusern gehobenen Standards entwickelt. Insbesondere die Straßen Ottersbekallee und Am Weiher … zeugen mit ihrer eindrücklichen Reihung von Etagenhäusern stattlicher Größe und anspruchsvoller Gestaltung von der Lagegunst."

Die längst vorhandene Ottersbekstraße wurde erst 1877 so benannt. Das oben erwähnte Gehölz bekam 1877 seinen Straßennamen. Dort in der Nähe, am Ostende des Parks, trifft man noch heute als historisches Element der alten Parkausstattung ein Toilettenhäuschen aus dem Jahre 1904 an, wie es damals in Hamburger Parks üblich war. (Schmal, S. 44). Nach einem Umbau wird es heute als Café genutzt.

Wenige Meter davon entfernt verlief seiner Zeit der nördlich des Scheidewegs gelegene, 1864 so genannte Lockstedter Weg, ein unregulierter Feldweg, der zwischen der Gärtnerstraße und der damaligen Ottersbekstraße 1885 ein wenig verbreitert und mit Pflaster- und Fußwegen versehen wurde. Nach dem Bau der Quickbornstraße wurde der Lockstedter Weg 1892 von der Ottersbekstraße bis nördlich der neuen Straße von zehn auf 17 Meter verbreitert und gepflastert. Er führte bis zur Landesgrenze. 1896 wurde der Lockstedter in Eidelstedter Weg umbenannt. (Melhop 1923, S. 266). Seit 1948 heißt er bis zur Ecke Quickbornstraße Unnastraße (nach dem jüdischen Arzt Paul Gerson Unna).

Hier, am Eidelstedter Weg, unterhielt der sehr vermögende Eimsbütteler Landwirt und leidenschaftliche Jäger Paul Thomas Parey eine Jagdhütte, die im Volksmund „das

Das Forsthaus (links) am Eidelstedter Weg

Die imposante Feuerwache an der Quickbornstraße

Forsthaus“ genannt wurde. Es blieb bis 1923 erhalten. Nach dem Abriss ließ der Erbauer des großen Wohnblocks an der Ecke der heutigen Ottersbekallee zur Erinnerung über dem Hauseingang der ehemaligen Adresse Eidelstedter Weg 41 eine hübsche Plastik des alten Forsthauses anbringen. Nicht weit davon entfernt entstand am Eidelstedter Weg das Parkhotel, in dessen zum Park hin gelegenen Garten mehrere Plastiken aufgestellt waren und eine Fontäne zu den Melodien sonntäglicher Freikonzerte rauschte. (Sieveking 1951, S. 40 ff)

......und einsatzbereite Löschfahrzeuge

Die Straße der Gärtnereien

Als die „16“ noch in der Gärtnerstraße verkehrte

Als an der Hamburg-Lokstedter Grenze in der zweiten Hälfte des 19. Jahrhunderts noch reichlich Land vorhanden war, siedelten sich hier zahlreiche Gartenbaubetriebe an. Hoheluft übte eine große Anziehungskraft aus.

„Hier bildeten sich und bestanden viele Jahrzehnte hindurch regelrechte Gärtnerbezirke. Der bis heute erhalten gebliebene Name ‚Gärtnerstraße` legt davon Zeugnis ab.“ (Sorge-Genthe 1973, S.40 ff) 1864 wurde die Straße so benannt.

Überwiegend auf der nördlichen Seite – praktisch die ganze Straße entlang – arbeiteten hier zeitweise bis zu 25 Gärtnereien, von der Hausnummer 20 bis zur Nr. 126. Der Betrieb von Theodor v. Spreckelsen (Nr. 82) hatte sich bereits 1858, die Gärtnereien von C. A. C. Rusteberg (Nr. 66) und von J. H. Meyer (Nr. 94) 1869 niedergelassen. Verschiedene der zahlreichen Hoheluſter Betriebe gehörten zu den besten in Hamburg. Als „Treib- und Handelsgärtner“ unterhielt v. Spreckelsen am Neuen Wall 87 auch ein Stadtgeschäft.

1857 betraute Senator Schröder den talentierten Fr. Harms mit der Aufsicht über seinen Garten in Eimsbüttel, wo er nach und nach eine kleine Baumschule errichtete. Fünf Jahre später kaufte er am Heussweg ein Grundstück, auf dem er sich der Kultur von Rosen widmete. „So wurde er allmählich ‚der Besten einer', die mitgeholfen haben, diesen Zweig der Gärtnerei zur Blüte zu bringen," schreibt Sorge-Genthe.

1876 verlegte Harms einen Teil seiner Rosenkulturen in das damalige Eppendorf und baute sie aus, nachdem er an der Gärtnerstr. 86 und im ländlichen Lokstedt neue Ländereien erworben hatte. Als Rosenexperte beschickte er regelmäßig alle Ausstellungen und erhielt für seine weit und breit berühmten Prachtrosen nur erste Preise. 1868 zeigte Fr. Harms zum erstenmal in einer Hamburger Ausstellung hochstämmige, in Töpfen getriebene Rosen, die große Bewunderung auslösten. Das war der Anfang der Rosentreiberei in Hamburg.

Auch andere Gärtnereien ließen sich auf noch völlig unerschlossenem Gelände in Lokstedt nieder. Nachdem bereits ein Betrieb in der Süderfeldstraße hinzugekommen war, kaufte J. D. Dencker für seinen Sohn die Gärtnerei von Ramm am Grandweg. F. W. Böttcher (Nr. 55) gründete dort 1884 einen Zweigbetrieb, den sein Sohn 1929 übernahm.

Landschaftsgärtner in den 1920er Jahren

Außer in der Gärtnerstraße bestanden zwischen 1850 und Anfang des 20. Jahrhunderts noch weitere 40 Gärtnereien in Eppendorf, unter anderem fünf am Lehmweg und drei am Hegestieg und an der Hegestraße.

Alle diese Gärtnereien mussten nach und nach der Urbanisierung der Stadt weichen. Von den Betrieben in Hoheluft und Umgebung ist noch die über 100 Jahre alte Gärtnerei Holzweißig in der Stresemannallee übrig geblieben.

Über der Toreinfahrt des Gebäudes Gärtnerstr. 22 erinnert noch heute der Schriftzug „Garten-Heim" an vergangene Zeiten.

Stürmische Entwicklung

Vom Generals- zum Denkmalsviertel

„War der Isebek bis dahin nicht mehr als ein sich schlängelndes Rinnsal, so wurde zwischen Hoheluftchaussee und Weidenstieg 1883-84 der Isebekkanal im Anschluss an das bereits seit 1873 fertiggestellte Kanalstück zwischen Alster und Hoheluft gegraben; die Kanalisierung

1908: Ein Platz für Ruderfreunde

des Isebek hatte sowohl stadthygienische als auch verkehrstechnische Gründe: Der Kanal sollte die Entwässerungssituation des Vorortes verbessern und auch billiger Transportweg für Kohlen und vor allem für das in großen Mengen nachgefragte Baumaterial für den wachsenden Vorort sein." (Schmal, S.13) Erst nach dieser Verlängerung entwickelte sich das Quartier zum Wohngebiet.

1871 hatten Bauspekulanten die zwischen Eppendorfer Weg (Name seit 1864) und dem Isebek gelegenen Koppeln und Wiesen erworben, die Bismarckstraße angelegt und sie mit Häusern bebaut. 1873 folgten die Moltke- und die Roonstraße sowie ein Jahr später die Wrangel- und die Mansteinstraße, die aber noch nicht mit Häusern bestückt wurden." Der längs der Eppendorfer und Eimsbütteler Grenzen liegende schmale Weg wurde 1879 verbreitert, zur Bismarckstraße verlängert und Scheideweg genannt," schreibt Gaedechens.

1903: Fuhrwerke in der Bismarckstraße

Diese stürmische Entwicklung hatte den Nachteil, dass Städtebau im Sinne planender und vorausschauender Tätigkeit des Staates im 19. Jahrhundert in Eimsbüttel und Hoheluft-West nicht stattfand. Die Bau- und Bodenspekulanten sowie Grundbesitzer hatten ausschließlich gewinnorientierte Interessen. „Gebietserschließung fand nur statt, wenn Gelände verkauft und parzelliert wurde." (Schmal, S. 18)

Im Gegensatz zur Bismarckstraße wurden die Moltkestraße und die östliche Seite der Wrangelstraße erst kurz vor der Jahrhundertwende mit Einfamilienhäusern bebaut. In den anderen benachbarten Straßen errichteten Bauherren Etagenhäuser, die zwischen dem Ende des 19. Jahrhunderts und bis kurz vor dem Ersten Weltkrieg entstanden, und zwar vor allem von 1909 bis 1912, nachdem ein Bebauungsplan aufgestellt worden war.

Das später „Generalsviertel" genannte Gebiet reicht heute in Hoheluft von der Bismarckstraße bis zur Gärtnerstraße und von der Hoheluftchaussee bis zum Scheideweg. Westlich davon, in Eimsbüttel, sind weitere Straßen nach früheren hohen militärischen Befehlshabern benannt. Sie hatten eine führende Rolle bei der Erhebung und Befreiung Schleswig-Holsteins in den Jahren 1848 – 1850 und 1864 gespielt, maßgebend für die Neugestaltung Deutschlands in den Jahren 1870/71 gewirkt oder eine enge Verbindung zu Hamburg.

„In diesen Zusammenhang gehören auch die Bezeichnungen Kottwitz- und Contastraße," schreibt Melhop weiter. „Wie Treskow 1870 die Division kommandierte, der die hanseatischen Regimenter angehörten, so Kottwitz die 33. Infanterie-Brigade. Conta aber hatte als Oberst

1907: Blick auf die Kreuzung Eppendorfer Weg / Mansteinstraße

des Hanseatischen Infanterie-Regimentes Nr.76 dieses zu seiner Bewährung in den Kriegen 1866 und 1870 vorbereitet.“ (Melhop 1923, S. 326)

Der 1896 gegründete Hohelufter Bürgerverein berichtete anlässlich seines zehnjährigen Bestehens unter anderem: „Von den Verhältnissen wie sie vor zehn Jahren bestanden, wird sich jemand, der Hoheluft nur in seiner jetzigen Blüte kennt, kaum eine Vorstellung machen können... Betrachten wir nun noch die vielen neu angelegten Straßen zu beiden Seiten der Gärtnerstraße, die früher teils Wiesenflächen, teils gärtnerische Anlagen darstellten, so wird es auch dem Kenner der alten Verhältnisse kaum glaublich erscheinen, wie in verhältnismäßig so kurzer Zeit haben Straßen und Häuser gleichsam wie Pilze aus der Erde entstehen können, und dieser Umstand gleichzeitig Zeugnis ablegt von dem großen Aufschwung, den die Hoheluft in den letzten Jahren genommen hat.“

Grasende Kühe und der Baron von Hoheluft

Wie es Ende des 19. Jahrhunderts in dem aufstrebenden Stadtteil aussah, schilderte der Gemeindeälteste von St. Markus, Präsident Ludwig, anlässlich des 25jährigen Gemeindejubiläums unter anderem so: „Die jüngere Generation kann sich kaum eine Vorstellung davon machen, wie schön es damals in unserem nur schwach besiedelten Vorort aussah. An der Hoheluftchaussee und am Abendrothsweg befanden sich schöne Parkanlagen mit alten Baumbeständen, vor allem der Goßlersche Park, der den Platz für unsere Kirche hergegeben hat, und der Abendrothsche Park ... Auch längs des Abendrothswegs gab es wundervolle Gärten. Wer dort an Frühlingsabenden spazieren ging, konnte sich an dem vielstimmigen Konzert der Nachtigallen erfreuen.

Zwischen dem südwestlichen Teil der Wrangelstraße und der jetzigen Roonstraße lag in stiller Verträumtheit eine Baumschule, zum Indianderspielen der Kinder großartig geeignet. In der Gärtnerstraße reihte sich eine Gärtnerei an die andere, und weite Flächen bestanden in grünem, von Hecken eingefaßtem Weideland, auf dem im Sommer die Kühe grasten. Naturgemäß ergab sich aus diesen fast ländlichen Verhältnissen, daß die meisten auf der Hoheluft wohnenden Familien einander kannten und das Gefühl der Zusammengehörigkeit hatten. Ich erinnere mich noch, daß ich einen Kollegen, der aus der Klosterallee in unsere Bismarckstraße gezogen war, am Umzugstage feierlich in der Hohelufter Gemeinde willkommen geheißen und ihn dazu beglückwünscht habe, daß er nun auch selbstbewußt von sich sagen könne: civis hohelufticus sum (ich bin ein Einwohner und Bürger von Hoheluft).

Selbst das Personal der Pferdebahn, die in beschaulichem Getrappel vom Rathausmarkt nach der Hoheluft fuhr, war mit den Lebensgewohnheiten der Hohelufter vertraut. Ich habe es oft erlebt, daß der sogenannte Lumpensammler, d. h. die letzte Bahn, die um die mitternächtliche Stunde nach draußen fuhr, am Schlump rücksichtsvoll etwas länger hielt, weil man genau wußte, daß ein alter Herr, der in seiner schönen Villa Ecke Hoheluftchaussee und Eppendorfer Weg wohnte und den man den Baron von Hoheluft nannte, regelmäßig seinen Abendschoppen in dem Meins`schen Lokal – jetzt Cafe Jahlandt – machte und mit dieser letzten Bahn heimzukehren pflegte.“ (100 Jahre St. Markus, S. 73)

In der Kottwitzstraße 15 war einst das Blücher-Heim untergebracht

Während der Bebauung des „Generalsviertels“ klaffte zwischen Manstein- und Roonstraße eine große Lücke, die erst ab 1908 durch die Gneisenau- und die Blücherstraße geschlossen wurde. Die Verbindung zwischen beiden wurde nach dem Feldherrn Scharnhorststraße genannt, so Melhop. Die Blücherstraße hieß noch bis 1949 so, ehe sie laut Amtlichem Anzeiger vom 26. Februar 1949 zwischen Eppendorfer Weg und Bismarckstraße in Kottwitzstraße umbenannt wurde. Das kleine Stück dieser Straße nördlich des Eppendorfer Weges hatte bereits seit Anfang des 20. Jahrhunderts so geheißen. Noch heute erinnert an der Fassade des Hauses Kottwitzstr. 15 ein Dekor an ein „Blücher-Heim“.

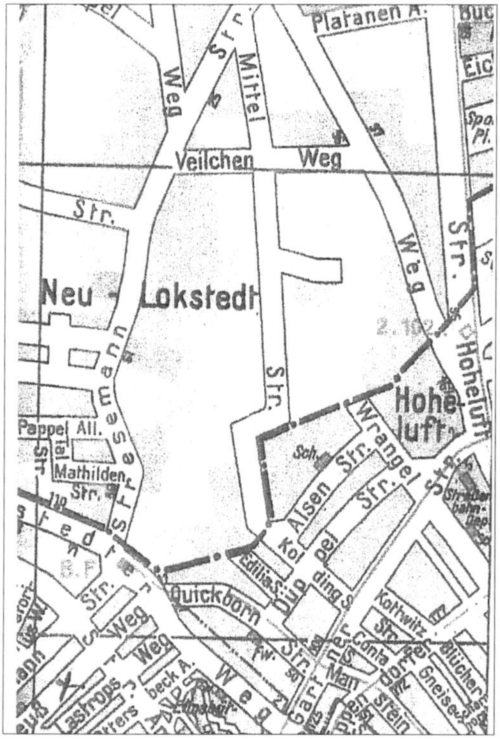

Ausschnitt einer Karte von 1925

Als Folge der Bombenschäden des Zweiten Weltkrieges wurde die kleine Scharnhorststraße aufgegeben und in einen Spielplatz umgewandelt.

Über 200 Denkmäler

Rund 100 Jahre nach seiner Entstehung stellt sich das Viertel zwischen Roonstraße und Wrangelstraße als ausgesprochenes Denkmalsviertel dar. Das ergeben Informationen aus dem Hamburger Denkmalschutzamt. In kaum einem anderen Stadtteil dürften auf engem Raum so viele Gebäude derart hoch eingeschätzt worden sein wie hier. Sage und schreibe 107 Häuser gelten allein in diesen

1953: Tankstelle an der Ecke Gärtner-/Wrangelstraße

Straßenzügen als Denkmäler, und zwar 36 in der Kottwitzstraße, 30 in der Roonstraße, 20 in der Mansteinstraße, 15 in der Gneisenaustraße, sechs am Eppendorfer Weg und zwei in der Bismarckstraße.

Außerdem hat das Denkmalschutzamt die historischen, erhalten gebliebenen Straßenpflaster der Roon- und der Gneisenaustraße „indiziert". In der Kottwitzstraße (zwischen Eppendorfer Weg und Bismarckstraße) sind die Gebäude Nr. 5 – 19, 25 – 39 sowie Nr. 4 – 44 als schützenswert erfasst. In der mit Bäumen versehenen Roonstraße ragen 19 Häuser mit den Nummern 5 – 41 sowie auf der östlichen Seite die elf Gebäude mit den Nummern 18 – 30 und 34 – 40 hervor. Die 15 hoch eingeschätzten Etagenhäuser in der Gneisenaustraße mit wilhelminischem und Jugendstil-Dekor befinden sich alle auf der westlichen Seite. Es handelt sich um die Gebäude 5 – 33 mit Grünzonen und Eisenzäunchen davor.

Auch in der Mansteinstraße hat das zuständige Amt nur Häuser auf der westlichen Seite erfasst, und zwar praktisch den gesamten Straßenzug zwischen Eppendorfer Weg und Bismarckstraße, das heißt die Nummern 5 – 41. Von zwei Ausnahmen (Nr. 5 – 7) abgesehen, erfreuen diese Gebäude mit Jugendstilmotiven.

Zu der nach einem Entwurf von Fritz Schumacher 1927 bis 1928 erbauten Mansteinbrücke ist zu sagen, dass sie nicht als denkmalwürdig gilt. Sie musste in den Jahren 1986 und 1990 erneuert werden.

Insgesamt kommt Hoheluft-West auf 118 bzw. 120 herausragende Gebäude, während für Hoheluft-Ost 49 Denkmäler sowie der umfangreiche Komplex der Falkenried-Terrassen zwischen Falkenried und Löwenstraße verzeichnet sind.

Mit dem 2013 verabschiedeten neuen Hamburger Denkmalgesetz wurde festgelegt, dass alle Denkmäler, die bisher als erkannt galten, automatisch unter Schutz gestellt sind, so dass die bisherige Trennung in geschützte und erkannte Denkmäler entfällt.

Durch die Gesetzesänderung entstehen den Eigentümern keine Nachteile, denn auch als Eigentümer eines nur „erkannten“ Denkmals waren geplante Baumaßnahmen anzeigepflichtig. Die Interessen der Eigentümer bzw. Verfügungsberechtigten oder andere öffentliche Belange werden im Rahmen von Genehmigungs- und Bebauungsplanverfahren in die Entscheidungen einbezogen und abgewogen.

Straßen und Schlachten

Anfang des 20. Jahrhunderts schlug sich der patriotische Geist auch bei der Benennung dreier Straßen nördlich der Gärtnerstraße nieder. Es entstand praktisch ein weiteres „Generalsviertel“, das jahrzehntelang an dänische Kriegsschauplätze erinnerte.

Es begann 1902 mit dem Bau der Düppelstraße, die diesen Namen 1903 in Erinnerung an die siegreichen Kämpfe der Deutschen gegen die Dänen 1848, 1849 und 1864 (Befreiung Schleswig-Holsteins) in dem Dorf Düppel am Alsensund erhielt. 1948 wurde die Verbindung zwischen Quickborn- und Wrangelstraße in Heckscher-Straße umbenannt, und zwar nach dem Hamburger Rechtsanwalt Dr. Johann G. W. M. Heckscher, der 1848 als Minister in der Deutschen Nationalversammlung in Frankfurt amtierte.

Im Zuge des weiteren Ausbaues dieses Viertels ließen Investoren in Privatinitiative 1904 – 05 die Koldingstraße herstellen, die an der Landesgrenze in die damalige Lokstedter Mittelstraße überging. Weil die personell unterlegenen Schleswig-Holsteiner unter General von Bonin 1849 die Dänen in der Nähe des jütländischen Kolding zum Rückzug zwangen, wurde die Straße nach dieser Stadt benannt. Seit 1948 heißt sie Wiesingerweg.

Zeitgleich entstand die Alsenstraße als Verbindung zur Wrangelstraße, die 1904 von der Gärtnerstraße bis zur Landesgrenze verlängert wurde. An der Nordseite baute die Stadt in den Jahren 1906-07 eine 30klassige Volksschule mit Turnhalle. Ebenfalls 1948 wurde die Straße in Christian-Förster-Straße umbenannt. Sowohl das Schulgebäude als auch der auf dem Schulhof befindliche Grenzstein von 1802 sind inzwischen Denkmäler. Das gilt auch für das in Höhe der Schule bestehende Passagenensemble, das heute als private Götz-Passage die Christian-Förster- mit der Heckscherstraße verbindet. Es umfasst die von den Architekten Nagel und Dehmlow entworfenen und 1909/10 erbauten Vorder- und Hofhäuser Christian-Förster-Str. 18 und 18 a, 20 und 20 a sowie Heckscherstr. 37 und 37 a sowie 39 und 39 a.

Als westliche Begrenzung dieses Viertels verläuft die Quickbornstraße (Name seit 1893). In Höhe der Düppelstraße wurde 1898 die neue Feuerwache Nr. 9 eingeweiht. Als die Zeit für Kraftfahrzeuge gekommen war, ließ man die Wache 1914 umbauen. (Melhop 1923, S. 348)

Schon lange kann die Quickbornstraße – ähnlich wie der Lehmweg – mit einer Besonderheit aufwarten. Hier gilt nicht die übliche Hausnummerierung (vom Zentrum aus), sondern die umgekehrte Richtung (aus Lokstedt). Die Gebäude der Mansteinstraße sind dagegen normal nummeriert.

Lehmweg und Eppendorfer Baum

Irritierende Hausnummern

Die alte Landstraße spielte einst eine bedeutende Rolle. 1864 erhielt sie ihren Namen nach den dort früher vorhandenen Lehmgruben. Sie verlor ihre frühere Bedeutung, als sich der Hauptverkehr nach Eppendorf auf die Rothenbaumchaussee verlagerte. Weil die Bevölkerung in der Umgebung und damit auch die Zahl der Kinder stark gewachsen war, ließ der Staat 1897-98 am Lehmweg eine 15-klassige Volksschule bauen.

Viel Platz am Lehmweg um das Jahr 1898

Nachdem die Straße Falkenried angelegt worden war, wurde der Lehmweg 1889 weiter ausgebaut. Auf dem benachbarten Terrain der Klosterland-Gesellschaft führten Bauarbeiter zwei Jahre später die Hegestraße vom Eppendorfer Baum bis zum Lehmweg fort. Zwischen Hegestraße und Lehmweg, gegenüber der Einmündung der Löwenstraße, richtete man einen Platz mit einer Anlage ein. 1891 begann hier die Bebauung mit Etagenhäusern. Außerdem entstand in der Nähe ein Sielwärterhäuschen mit einem Geräteschuppen für den Sielbetrieb des rechten Alsterufers.

1883 war die Holzbrücke über den Kanal am Lehmweg mit einem acht Meter breiten Fahrweg errichtet und 1904 Klosteralleebrücke genannt worden. Aufgrund des zunehmenden Verkehrs wurde das Bauwerk in den folgenden beiden Jahren aus Eisen erneuert und mit einer Straßenbreite von 17 Metern und einem elf Meter breiten Fahrweg versehen. Die Brücke steht heute unter Denkmalschutz.

Reger Verkehr auf Isebekkanal und Lehmweg in Höhe der Klosteralleebrücke

Etwas später als die genannten Straßen war 1902 auch die Löwenstraße an der Reihe. Sie wurde vom Lehmweg aus aber zunächst nur schrittweise ausgebaut. Die letzte Etappe bis zur Martinistraße erfolgte 1910.

1905 nahm sich die Stadt den ungefähr in der Mitte des Lehmwegs liegenden Löschplatz vor und ließ ihn mit einer hölzernen Ufervorsetze ausstatten, um dem gestiegenen Handelsverkehr Rechnung zu tragen. Zur Verbesserung der Infrastruktur diente auch ein Straßenbahnwartehäuschen mit Bedürfnisanstalt an der Ecke Lehmweg/Klosteralleebrücke. Dazu trug auch die Verlagerung der Vorsetze 1907 zur Hoheluftbrücke und die Pflasterung des Lehmwegs 1911 vom Falkenried bis zur Hoheluftchaussee bei. (Melhop 1923, S. 303 ff)

Noch heute fällt der Lehmweg durch eine Eigentümlichkeit auf, die schon viele Postboten, Lieferanten und andere Mitbürger irritiert hat. Wie damals üblich, sind die Häuser folgendermaßen nummeriert: Von der Hoheluftchaussee aus beginnt die Zählweise durchgehend auf der nördlichen Straßenseite bis zur Nr. 44, um auf der anderen Seite von der Nr. 45 bis zur Nr. 64 in Richtung Hoheluftchaussee zu laufen.

Diese Art der Nummerierung geht auf das Jahr 1833 zurück, als die Stadt und ihre Vorstädte neue Straßenschilder und Hausnummern erhielten. Jeder Haus- und Hofeingang bekam seine Nummer, „jede Straße mit Nr.1 anfangend, die eine Seite fortlaufend hinunter und an der anderen wieder hinauf." Seit Mitte 1843 – bald nach dem Großen Brand – gilt die Hausnummerierung wie wir sie heute kennen. (Hamburg in Zahlen, S. 141)

MEINCKE & HERTZ

KOHLENGROSS- UND -PLATZHANDEL

Vor Jahrzehnten wurde am Lehmweg und anderswo noch mit Kohlen gehandelt

Unter den Gebäuden am Lehmweg ragt die Nr. 57 besonders heraus, denn das 1899 gebaute Wohn- und Geschäftshaus ist ein Denkmal.

Seit vielen Jahren übt der auf dem Lehmweg zwischen Hoheluftchaussee und Falkenried mehrmals jährlich veranstaltete Antik- und Trödelmarkt auf Schaulustige und Sammler immer wieder eine starke Anziehungskraft auf die Hamburger aus, denn hier werden viele Wünsche wahr.

Einst Chaussee mit Schlagbaum

Die Straße Eppendorfer Baum gibt es schon seit 1844, aber nicht in der Länge, wie wir sie heute kennen. Die damalige Eppendorfer Chaussee wurde erst 1899 in den Eppendorfer Baum einbezogen, und zwar vom Klosterstern bis zum Isebekkanal. Der Name dieser Straße erinnert an den bis 1865 vorhandenen Schlagbaum. Das Einnahmehäuschen befand sich an der Ecke Eppendorfer Baum/Ecke Lehmweg, wo „Mautpflichtige“ für die Benutzung der Chaussee zu zahlen hatten. 1888 wurde es abgebrochen, um Platz für die Straßenkreuzung Lehmweg, Blumenweg (heute Curschmannstraße) und Eppendorfer Baum zu schaffen. (Melhop 1923, S. 298)

Historische Aufnahme vom Eppendorfer Baum

Um die damalige Jahrhundertwende entstand an dieser Stelle, am Eppendorfer Baum 47, das „Restaurant zum alten Eppendorferbaum“ bzw. Restaurant und Weinhandlung Hermann Wriedt.

Wriedts ansehnliches Restaurant an der Ecke Eppendorfer Baum / Lehmweg

Bauarbeiter ersetzten die 1883 anlässlich des Ausbaus des Isebekkanals errichtete hölzerne Brücke 1901 durch eine erheblich breitere Holzbrücke, die 1904 den Namen Eppendorfer Brücke erhielt. (Melhop 1923, S. 311ff) Zuvor hatte sie Eppendorferbaumbrücke geheißen.

Auch heute eine große Kreuzung – allerdings ohne Wartehäuschen

Die heutige Steinbrücke entstand 1927 nach einem Entwurf von Fritz Schumacher. 1951 bzw. 1987 musste sie erneuert werden. Während das von dem Bildhauer Richard Haizmann geschaffene schmiedeeiserne Brückengeländer (mit Darstellungen von Fischen) bereits am 15. Januar 1958 in die Denkmalliste eingetragen wurde, ist die Brücke später ebenfalls unter Denkmalschutz gestellt worden.

Beiderseits der Breitenfelder Straße

Zwei „Hamburger Burgen“

Auch die Gegend „Beim Breiten Felde“ verlor Ende des 19. Jahrhunderts immer mehr ihren ländlichen Charakter. Der gleichnamige Feldweg war dem Verkehr bald nicht mehr gewachsen und musste ausgebaut werden. 1896 erhielt er den heutigen Namen. 1901 wurde die mittlerweile 40 Meter breite Straße in Höhe Falkenried weiter ausgebaut. Mit den Verlängerungen der Heide- und Neumünsterstraße verbreiterte der Staat zwei Jahre später den westlichen Teil der Straße zwischen Hoheluftchaussee und Heidestraße von etwa 14 auf 35 Meter, bei der Neumünsterstraße auf 25 Meter. Den 35 Meter breiten Teil baute man als großstädtische Ringstraße mit doppelten Fahrwegen und breitem Mittelfußweg aus. Bei der Verbreiterung der Löwenstraße wurde die von hier bis zur Curschmannstraße 40 Meter messende Breitenfelderstraße vorerst nur an der Südseite als Fahrstraße hergestellt.

Die Tannenburg: eine Hamburger Burg...

...ebenso wie die benachbarte Breitenfelder Burg

1905 baute man den Falkenried vom Abendrothsweg bis zur Breitenfelderstraße und 1906 weiter bis zur Martinistraße aus. (Melhop 1923, S. 325 ff)

Nach dem Ausbau der Straßen ließ der Wohnungsbau nicht lange auf sich warten. An der Südseite der Breitenfelderstraße entstanden bemerkenswerte Etagenhäuser. Unter den Nummern 22, 24 und 26 wurde 1905 ein Komplex gebaut, der heute noch „Hof-Burg“ heißt. Doch im Gegensatz zu der benachbarten „Tannen-Burg“ (Nr. 38 – 48) und der „Breitenfelder Burg“ (Nr. 50 – 62) ist die erstgenannte „Burg“ keine sogenannte Hamburger Burg.

Der Hofburg fehlt der Burgcharakter

Dazu Helga Schmal: „Eine besondere Form des Etagenhauses stellt die als „Hamburger Burg“ bezeichnete Großwohnanlage dar, bei der das drei- oder mehrflügelig angelegte Wohngebäude zur Straße um einen kleinen und üblicherweise begrünten Hof geführt ist. Die Reform des Wohnungsbaus durch Bau von Straßenhofhäusern, die eine Abkehr vom Hinterhaus, das um die Jahrhundertwende in das Kreuzfeuer der Kritik geraten war, bedeutete, wurde in den 1890er Jahren von dem Bauverein in Hamburg und Altona eingeleitet. Die Eimsbütteler Anlage am Stellinger Weg, Ergebnis eines 1898 ausgeschriebenen Architekten-Wettbewerbs, war Gewinnerin einer Medaille auf der Pariser Weltausstellung 1900.“ (Schmal 1996, S. 23)

Sowohl das Eimsbütteler Vorbild als auch die drei „Burgen“ an der Breitenfelder Straße stehen unter Denkmalschutz.

Auch die in den 1920er und 1930er Jahren zwischen der Curschmann- und der Lenhartzstraße erbauten Siedlungshäuser an der Breitenfelder Straße erfreuen sich der Aufmerksamkeit des Denkmalschutzamtes. Sie sind in die Denkmalsliste eingetragen.

Heimann-Stiftung: Wohnraum für Bedürftige

Auch die Areale nördlich der Breitenfelder Straße blieben nicht mehr unbebaut. 1899 überließ der Staat der Martin und Clara Heimann-Stiftung an dieser und an der später verlängerten Löwenstraße unentgeltlich einen Bauplatz für ein Haus mit 40 Freiwohnungen für alte und hilfsbedürftige Eheleute sowie alleinstehende Frauen, ohne Unterschied des Glaubensbekenntnisses.

Das erste von den Architekten Krumbhaar und Heubel entworfene Stiftsgebäude konnte am 25. Oktober 1899 eingeweiht werden. Das zweite entstand vier Jahre später. (Melhop 1923, S. 324 f.) Das Haus an der Martinistraße folgte 1910. Insgesamt konnte die Stiftung über

Die Gebäude der Heimann-Stiftung begrenzen ein parkartiges Gelände

110 Wohnungen verfügen. Sie ließ die Gebäude im Stil der damaligen Zeit aus Rotziegeln her-stellen. Auf jedes Gebäude entfielen 35 bis 40 Ein-Zimmer-Wohnungen mit geräumiger Küche. Toiletten und Badezimmer lagen auf dem Flur. Die Anlage mit dem schönen parkartigen Garten machte einen repräsentativen Eindruck.

Auch die Soltow-Stiftung bietet viel grüne Umgebung

„Die breit gelagerten Backsteinbauten zeigen mit Heimatformen nicht mehr architektonische Askese, sondern bürgerliche Wohlhabenheit.“ (Hipp 1996, S. 392) Bei ihnen handelt es sich um Denkmäler.

„Das Stift hatte durch die Nazizeit schwer zu leiden. Man versuchte das Stift als jüdisches Eigentum mit der Judenvermögensabgabe zu belegen. Da das Stift aber kein Grundeigentum besaß, versuchte man die Steuerbefreiung zu streichen, so dass 1938/39 eine Umbenennung des Heimann Stiftes in „Stift Bredenfelde“ eine Auflösung verhinderte.“

In einer Anzeige in den „Bürgerinformationen 2009“ des Bezirksamtes Hamburg-Nord teilt die Stiftung ferner mit: „Durch völlige Ausbombung verlor die Stiftung das Haus an der Breitenfelderstraße. Da die Stiftsverwaltung nach dem Krieg nicht beabsichtigte, das ausgebombte Haus an der Breitenfelderstraße wieder aufzubauen, einigte man sich mit der Liegenschaftsverwaltung über eine Änderung des Pachtvertrages und trat den Teil des Geländes an der Breitenfelderstraße zugunsten des Senator Erich Soltow Stiftes an dieses ab. Der Rest von etwa 8.500 qm verblieb in Pacht für das Heimann Stift.“

Diesesr historische Komplex mit Schornstein, zuletzt ein Antikkaufhaus, verschwand 2012

Die von dem Hamburger Senator bereits 1630 gegründete Stiftung erstellte die Hohelufter Anlage 1958 und ließ sie

1986 zu 34 abgeschlossenen Wohnungen für über 55 Jahre alte Personen umbauen und modernisieren. Zu der Stiftung gehört auch eine Anlage in der Eppendorfer Schedestraße 6. Die Häuser Löwenstraße und Martinistraße konnten ebenfalls in den 80er Jahren grundlegend modernisiert werden und mit Zwei- und Drei-Zimmerwohnungen versehen werden. Außerdem wurden in den Dachgeschossen Wohnungen eingerichtet, so dass die Martin und Clara Heimann-Stiftung nun über 69 Wohnungen verfügt, die an Einzelpersonen und Ehepaare mit einem Wohnberechtigungsschein vermietet werden.

Im Laufe des Jahres 2012 überraschte die Stiftung ihre Mieter mit Plänen, die eine Modernisierung der beiden Gebäude durch Entkernung und einen damit verbundenen Umzug eines Teils der Bewohnerinnen und Bewohner vorsehen. Die Mehrheit der Betroffenen wehrte sich jedoch gegen diese Ansinnen, denn sie fühlt sich in dieser schönen Umgebung zu Hause.

Noch stärker sind die Mieter der auf dem parkartigen, städtischen Grundstück liegenden Soltow-Stiftung betroffen. Wie das Hamburger Wochen Blatt ferner berichtete, soll ihr Gebäude sogar abgerissen und durch einen Neubaukomplex mit 140 Wohnungen ersetzt werden. Außerdem wollen die involvierten Investoren in die grüne Mitte dieses Areals drei „Punkthäuser" mit insgesamt 74 Wohnungen platzieren.

Erstes Altenheim für Blinde

Zeitgleich zum ersten Gebäude der Martin und Clara Heimann-Stiftung ließen die Hamburger Blindenanstalten von 1830 das erste Blindenaltenheim wenige Meter entfernt, an der Ecke Breitenfeldersttraße/ Falkenried, errichten. Das Gebäude mit Einzelzimmern für 90 blinde und sehbehinderte Senioren wurde im Frühjahr 1901 eingeweiht.

Die bald darauf gegründete Centralbibliothek für Blinde und Sehbehinderte fand hier Unterschlupf, bis sie 1927 eigene Räume in Uhlenhorst fand.

Hamburgs erstes Altenheim für Blinde

Im Zweiten Weltkrieg zerstörten Bomben das Altenheim, das erst Mitte der 60er Jahre wieder aufgebaut werden konnte. 1981 feierten die Hamburger Blindenanstalten hier ihr 150jähriges Bestehen.

1995 verlegte die in Hamburger Blindenstiftung umbenannte Organisation ihr Altenheim in das Senator Ernst Weiß-Haus nach Wandsbek-Gartenstadt, wie der Festschrift der Stiftung zum 175jährigen Bestehen zu entnehmen ist.

Auf dem Gelände des ehemaligen Blindenaltenheims steht heute der aus mehreren Gebäuden bestehende Komplex des Centrums für innovative Medizin (CIM). Das bereits 1988 gegründete Zentrum für Molekulare Neurobiologie des Universitäts-Krankenhauses Eppendorf befindet sich an der Ecke Falkenried/Martinistraße.

Auf der gegenüber liegenden Straßenseite verschwand im Juli/August 2011 ein weiteres, altes Stück Hoheluft von der Bildfläche: das Antic-Kaufhaus am Falkenried 85. Mit dem nicht mehr genutzten Schornstein erinnerte es an frühere, gewerbliche Zeiten. Vermutlich war es das Relikt einer Schnapsfabrik, die hier einmal produziert haben soll.

Vor über 40 Jahren betrieb Gerd Grau, den man den „Trödel-König" nannte, an dieser Stelle ein Flohmarkt-Kaufhaus, das er nach dem Motto „Kaufe Omas gute Stube" mit Artikeln aller Art bestückte, wie das Abendblatt Ende Dezember 1973 berichtete.

Später, nach einem Besitzerwechsel, wandelte sich das Sortiment. Statt Trödel konnte man nun in dem flachen Gebäude jahrelang Antiquitäten kaufen… bis ein Investor das Grundstück erwarb und 2012 mit einem kompakten Wohnhaus bebaute. Es enthält 26 Wohnungen, die ursprünglich verkauft werden sollten, nun aber zu stolzen Preisen vermietet werden. Im einzelnen handelt es sich um 14 4-Zimmer-, neun 3-Zimmer- und drei 2-Zimmer-Wohnungen. Je nach Lage verfügen sie über Terrasse, Balkon oder Dachterrasse. Die Monatsmiete für einen Platz in der Tiefgarage beträgt 100 Euro.

Schotterplatz und Nissenhütten

Christa Breuer (Jahrgang 1941) verlebte ihre Kindheit an der Breitenfelder Straße. Sie wohnte in einem der Häuser, die heute hinter dem modernen Neubau an der Breitenfelder Str. 13 – 17 liegen. Sie kann sich noch gut daran erinnern, dass sich nach dem Krieg an dieser Stelle ein Schotterplatz befand, auf dem eine große Kinderschar Fußball und Kibbelkabbel spielte. Dass 2011 um die Ecke am Falkenried abgerissene Antik-Kaufhaus hat Frau Breuer noch als Essigfabrik im Gedächtnis. Ebenso sind ihr noch das Blindenaltenheim und aus nationalsozialistischer Zeit das BdM-Heim präsent.

Auch das Spielen auf dem von den Kindern Martini-Acker genannten Sportplatz, der später der Augenklinik des Universitäts-Krankenhauses weichen musste, kommt ihr noch in den Sinn. Das Pflaster vor der Zigarettenfabrik Kyriazi diente den Jungen und Mädchen als beliebter Tummelplatz, weil man noch prima mit Rollschuhen herumkurven konnte, denn die Hoheluftchaussee war dort noch enger und der Verkehr viel geringer als heute.

Zu den Kindheitserlebnissen von Christa Breuer gehören ferner „Ausflüge" in die Erikastraße, in der ein Händler Kartoffelschalen kaufte, um sie als Viehfutter zu verwenden. Viele Kinder verdienten sich auf diese Weise ein paar Groschen. Auf dem Weg dahin oder in die Schule kamen sie ständig an den Nissenhütten, die nicht nur an der Breitenfelder Straße aufgestellt waren, vorbei. Auch auf dem heutigen Schulgelände, an der Martinistraße gelegen, boten weitere Nissenhütten den Menschen Obdach. Außerdem gab es dort noch Kleingärten.

Krankenhaus seitwärts von Eppendorf

Ende des 19. Jahrhunderts zeichnete sich ab, dass das Allgemeine Krankenhaus in St. Georg für die Versorgung der Bevölkerung nicht mehr ausreichen würde. Für das neue Hospital wählte die Stadt ein Baugelände aus, das sie laut Melhop 1883 gekauft hatte. Das Grundstück „liegt im Norden der Stadt Hamburg, seitwärts von dem Vorort Eppendorf und hart an der Hamburgischen Grenze," schilderte der Architekten- und Ingenieur-Verein die Lage.

Um das Krankenhaus gut erreichen zu können, legte die Stadt für diesen Teil des Eppendorfer Feldes einen Straßenplan fest. Danach verlängerte man den Blumenweg und legte aus Richtung Eppendorfer Marktplatz 1883/84 die Martinistraße bis zum Blumenweg an. Die Bauarbeiten auf dem Krankenhausgelände begannen 1884. „Zunächst errichtete man wegen der damals drohenden Choleragefahr provisorische Baulichkeiten für ein Epidemie-Lazareth, bestehend in sechs hölzernen, zerlegbaren Krankenbaracken, einem Verwaltungsgebäude, Küchengebäude, Leichenhaus und Desinfectionshaus," informiert Melhop. Fünf Jahre später war das Allgemeine Krankenhaus im Pavillonstil vollendet. Vom 1. März 1889 an konnte es allgemein genutzt werden.

Vor dem Bau des Krankenhauses reichte der Blumenweg als Fahrstraße lediglich bis zum Abendrothsweg. Er hatte seinen Namen von dem östlich davon gelegenen Areal „Blumenstücke". Die Fortsetzung bildete ein nach Lokstedt führender Fußweg namens Katzenstieg. 1899 sperrte ihn die Stadt, weil sie einen öffentlichen Durchgang durch das Krankenhausgelände nicht mehr duldete und benannte den Blumenweg in Curschmannstraße um – nach Dr. Heinrich Curschmann, dem ersten Direktor des Allgemeinen Krankenhauses.

Noch als Ärztlicher Direktor des Krankenhauses St. Georg hatte Curschmann maßgeblichen Anteil an der Planung des neuen Hospitals in Eppendorf. Er konzipierte nicht nur die Krankenhausanlage, sondern arbeitete auch an den Entwürfen für die Gestaltung der einzelnen Gebäude und ihrer Einrichtungen nach ärztlich-hygienischen Gesichtspunkten (Pavillonstil) mit.

Da die Erreichbarkeit des heutigen Universitätskrankenhauses noch zu wünschen übrig ließ, verlängerte die Stadt von 1905 bis 1907 die Martinistraße bis zur Hoheluftchaussee, und 1910 wurde der Martiniplatz an der Ecke Curschmannstraße als Grünanlage mit Kinderspielplatz gestaltet. Die Martinistraße wurde nach dem Chirurgen Dr. Erich Martini benannt, der schon 1880 im Alter von 37 Jahren gestorben war. (Weisser 1989, S. 162)

Eine Wache für die Polizei und Seifix-Reklame für die Gegenwart

Als sich eine immer stärkere Bebauung und zunehmende Bevölkerung zu beiden Seiten der Hoheluftchaussee abzeichnete, war auch die Zeit für eine Polizeiwache gekommen. Nach Melhop wurde der von der Wache an der Eppendorfer Landstraße versehene Bezirk

Die Polizeiwache an der Ecke Hoheluftchaussee/ Eppendorfer Weg (1960)

geteilt und die Hoheluft bis einschließlich Falkenried der neuen Polizeiwache 34 zugewiesen. Für diesen Zweck hatte die Stadt 1893 das Grundstück Hoheluftchaussee 45/47 an der westlichen Ecke des Eppendorfer Wegs erworben, so dass die neue Wache im Mai des folgenden Jahres ihre Arbeit im Erdgeschoss und Keller dieses Doppelhauses aufnehmen konnte.

Jahrzehntelang versahen die Beamten dort ihren Dienst, der immer wieder neue Herausforderungen mit sich brachte. Vor allem der Verkehr änderte sich und nahm ständig zu. Als das 75-jährige Bestehen der Wache nahte, war abzusehen, dass dieser Standort nicht mehr lange zu halten sein würde, denn das Gebäude war völlig veraltet.

Bis in die 80er Jahren mussten die Beamten an der Hoheluftchaussee noch ausharren, ehe sie im Frühjahr 1984 in das neue Großraumrevier in der Troplowitzstraße umziehen konnten. Es war aus vier Revierwachen (Hoheluft, Martinistraße, Lokstedt und Groß Borstel) gebildet worden.

Die neue, ebenfalls in Hoheluft gelegene Wache trug zunächst die Nummer 33, firmiert aber seit einer polizeilichen Umstrukturierung sowie Ausbauten als Kommissariat 23 und verfügt über rund 200 Bedienstete.

Beim Abbruch der alten Wache kam an der Hauswand des Gebäudes Hoheluftchaussee 85 eine haushohe, alte Reklame für das Bleichmittel Seifix zu Tage. Die Firma Henkel, die laut Abendblatt Dr. Thomson`s übernommen hatte, vermutete nach dieser Entdeckung, dass die Werbung aus der Zeit vor dem Ersten Weltkrieg stammt.

Nach dem Abriss der Polizeiwache erhob sich die Frage, ob das stadteigene Grundstück als Grünfläche gestaltet oder mit einem Neubau bestückt werden sollte. Die Entscheidung fiel für ein Geschäftshaus und für den Erhalt der Werbefläche, denn das neue Gebäude wurde so gebaut, dass die Seifix-Reklame sichtbar blieb.

Nebenan blieb die Seifix-Werbung erhalten

Von der Kutsche zur Hochbahn

Die allmähliche Abwanderung der Menschen aus der Stadt führte, besonders nach der Aufhebung der Torsperre, nicht nur zu einem Ausbau der Wege und Straßen, sondern auch zur Entwicklung neuer und öffentlicher Verkehrsmittel. Kutschen und Droschken reichten nicht mehr aus.

Mit der Pferdebahn nach Hoheluft

Pferde blieben unverzichtbar und mussten nun die aufkommenden Omnibusse mit einer größeren Zahl an Passagieren fortbewegen. Die Firma Basson und Comp. durfte vom 31. Oktober 1839 an die erste Omnibuslinie in Hamburg zwischen Steintor und Altona als öffentliches Verkehrsmittel betreiben. Drei Jahre später folgten Linien nach Hamm und Horn sowie nach Wandsbek. Auf dem Wandsbeker Marktplatz mussten Conducteur oder Kutscher bei der Abfahrt als Warnsignal stets Trompete blasen. Die Fahrzeuge beförderten nicht nur Menschen, sondern auch die Post.

Früh verkehrten Omnibusse auch nach Eppendorf (bis Timmermann), nach Lokstedt bis zum Museum (einer Gaststätte an der Kollaustraße, d. Verf.), nach Eimsbüttel bis zum Heußhof und Hoheluft. Zunächst von Streit`s Hotel am Jungfernstieg, später von der Bergstraße fuhren sie alle durch das Dammtor, das noch der Torsperre unterlag. (Melhop, S. 443)

Gut 25 Jahre lang karrten Pferde ihre Waggons zu Zielen in Stadt und Dorf. 1866 erhielt der öffentliche Nahverkehr einen Fortschrittsschub, indem nun Schienen den Pferden den Transport der Menschen erleichterten. Die Bahn war schneller und vermochte mehr Fahrgäste zu befördern. „Ein Pferd konnte auf einer Schienenbahn eine elfmal größere Last transportieren als auf einer gewöhnlichen Straße." (Staisch 1978, S. 24)

Eingeführt von der Pferde-Eisenbahn-Gesellschaft, verkehrte die erste Hamburger Pferdebahn vom 16. August 1866 an zwischen Rathaus und Wandsbek. Zu weiteren Zielen gehörten bald Barmbek, Eimsbüttel, Hoheluft und Hamm. Von 1875 an zeichnete sich deutlich ab, dass die Pferde-Eisenbahn die Omnisbusse verdrängen würde. Zug um Zug mussten sie weichen. 1882 verkehrte kein Bus mehr nach Hoheluft. Die Ära der Pferdeomnibusse ging am 6. Mai 1890 nach 50 Jahren zu Ende. (Staisch, S. 27 ff)

„Bis zum Ende des Jahrhunderts fuhr eine einspännige Pferdebahn vom Klosterstern zum Rathausmarkt. Ohne Deichsel, nur durch sein Geschirr mit dem relativ schweren Wagen verbunden, hatte das Pferd keine Möglichkeit, den Lauf des Gefährts zu bremsen. Es kannte seinen Weg und lief brav zwischen den Schienen. Der Fahrer hängte sich die Zügel um den Hals, hatte eine Hand an der Bremskurbel und die andere am Klöppel einer Glocke. Wenn er die Straße nicht freiläutete oder nicht rechtzeitig bremste, rollte der Wagen dem Pferdchen auf die Hinterbeine …

In dem Bähnchen gab es nur vierzehn Sitzplätze sowie vier Stehplätze auf dem Vorder- und fünf auf dem Hinterperron, die beide nur überdacht waren. Mit Rücksicht auf das Pferd wurde die Anzahl der Fahrgäste strikt innegehalten. Überzählige Fahrgäste mussten zurückbleiben." (Nölting 1971, S. 37 f.)

Bahn unter Strom ein „rasendes Ungeheuer"

Nach den Entwicklungsstufen Pferdeomnibus und Pferdebahn erhielt die Straßen-Eisenbahn-Gesellschaft (SEG) die Genehmigung, den elektrischen Betrieb der Straßenbahn ab Frühjahr 1894 auf drei Linien versuchsweise einzuführen. Diese Probefahrten bestätigten die Erwartungen, so dass der Senat seine endgültige Zustimmung erteilte.

Doch wie das bei technischen Neuerungen zu sein pflegt, erhob sich gegen das neue „rasende Ungeheuer" Protest in der Bevölkerung; denn bisher galt der Trab der Pferde als Höchstgeschwindigkeit. Die Straßenbahn war aber nicht mehr aufzuhalten. Die SEG stellte fast alle Pferdebahnlinien bis zum 1. November 1896 auf elektrischen Betrieb um, und zwar 1893/94 zunächst auf der Ringbahn um die innere Stadt. (Staisch, S. 63 ff)

Am 4. Mai 1870 hatte sie die Linie Rathausmarkt – Hoheluft eröffnet und am 10. November 1894 elektrifiziert. Die Verbindungen Eppendorfer Baum – Neues Krankenhaus Eppendorf und Hoheluft – Lokstedt konnten erst 1897 bzw. 1898 umgestellt werden.

Neue Gleisanlagen erhielten 1898 der Blumenweg (Curschmannstraße) und die Martinistraße. Um die Jahrhundertwende entstanden ferner die Gleise in der Breitenfelder Straße und vom nordöstlichen Teil der Martinistraße bis zur Friedenseiche in der Eppendorfer Landstraße. Auch der Lehmweg wurde ausgebaut. 1905 bekam er bis zur Hoheluftbrücke Doppelgleise. Außerdem entstand an der Ecke Lehmweg/ Klosterallee ein Wartehäuschen. Weitere Wartehäuschen wurden an den Straßenecken Eppendorfer Baum/ Eppendorfer Landstraße (1912) und Breitenfelder Straße/Hoheluftchaussee (1914) errichtet. (Melhop 1925, S. 446 ff)

Hier hielt auch die Straßeneisenbahn

Nach dem Ersten Weltkrieg mussten Strecken und Gleisanlagen modernisiert sowie neue Kehren gebaut werden. So zog man am 31. Oktober 1925 das Gleis vom Krankenhaus durch die Martinistraße bis zum Eppendorfer Marktplatz durch. Die an der Breitenfelder Straße endenden Linien kehrten ab 2. Mai 1927 auf einer neuen Schleife über Löwenstraße – Martinistraße – Falkenried. Die Strecke durch die Isestraße entfiel ab 22. Juli 1931, weil die dort eingesetzten Linien über den Lehmweg geleitet wurden.

Viele Jahre später baute die Stadt die Breitenfelder Straße aus. Dabei entstand ein eigener Bahnkörper für die Straßenbahn, und das Richtungsgleis in der westlichen Martinistraße wurde am 9. Mai 1965 aufgegeben. Bereits im September 1964 war die alte Schleife Löwenstraße – Martinistraße stillgelegt worden. Dafür erhielt die Kreuzung Gärtnerstraße/Hoheluft 1966 eine neue Verkehrsführung mit drei Doppelabzweigungen. Nur aus der Gärtnerstraße Richtung Hoheluftbrücke besaß die Gleiskreuzung keine Abzweigung.

Dem zunehmenden Autoverkehr fielen immer mehr Straßenbahnverbindungen zum Opfer. So wurde am 24. September 1967 die Linie 14 zwischen Eppendorfer Krankenhaus und St. Pauli eingestellt und die „14“ stattdessen wie die Linie 15 über die Gärtnerstraße nach Altona geführt. Diese Regelung währte jedoch nicht lange, denn schon am 24. September 1970 wurde der Straßenbahnbetrieb zwischen Gärtnerstraße und Altona aufgegeben und durch die Buslinie 113 ersetzt.

Der frühere Betriebshof der Pferdebahn an der Breitenfelder Straße

Die „15“ (Burgstraße – Altona) wurde von der Kreuzung Gärtnerstraße über die Hoheluftchausssee bis Grindelberg geleitet.

Die Gleise im Lehmweg und in der Curschmannstraße blieben noch eine Weile als Betriebsstrecke bestehen, bis sie mit der Einstellung der Linie 18 überflüssig wurde. (Lutz, S. 9 ff)

Einziger erhaltener Betriebshof der Pferdebahn

„An der Breitenfelder Straße 9 befand sich bis Ende 1978 eine unscheinbare, aber sehr wichtige Institution des Straßenbahnbetriebes, die Fahrleitungsabteilung," schreibt Richard Lutz. „Die Baulichkeiten dieses Grundstückes repräsentieren den einzigen bis heute nahezu unverändert erhaltenen Pferdebahnbetriebshof in Hamburg!"

Auf dem Terrain entstanden 1883 eine zweigleisige Halle für zwölf Wagen der Linie Hoheluft, Ställe für 56 Pferde, eine Schmiede und verschiedene Nebengebäude. „Schon um die Jahrhundertwende wurde der Minibetriebshof nur noch zum Abstellen von Beiwagen oder Arbeitswagen benutzt und mit Eröffnung des Lokstedter Betriebshofes 1924 aufgegeben.

Die Hamburger Hochbahn richtete hier ab 1926 eine Werkstatt für ihre Autobusse ein, die sie aber nach fünf Jahren zum Falkenried verlegte. In dieser Zeit ließ das Unternehmen die Gleise bis auf ein Hofgleis ausbauen. Anschließend zog die Fahrleitungswerkstatt mit ihren Turmwagen in die Gebäude ein. Nach dem Krieg waren auf dem Gelände vorübergehend einzelne Straßenbahn-Arbeitswagen zu sehen. Der Gleisanschluss bestand noch bis 1961.

„Eine baldige Aufnahme des Komplexes in die Denkmalschutzliste wäre sehr zu wünschen, damit dieses einmalige Zeugnis der Verkehrsgeschichte der Nachwelt erhalten bleibt," hofft Richard Lutz.

Seit 1985 befindet sich die Firma Radsport von Hacht, die vorher ein Geschäft in der Löwenstraße geführt hatte, auf diesem Grundstück, das sie zunächst von der Hochbahn mietete und vor einigen Jahren kaufte.

„Auf dem Innenhof unserer Anlage, dem heutigen Kundenparkplatz, hat sich früher eine handbetriebene Drehscheibe zum Wenden der noch recht kurzen, zweiachsigen Wagen befunden," erinnert sich Werkstattleiter Bernhard Jung, der auch noch einen alten Laufkatzenkran an der Decke des rechten Gebäudes zeigen kann. In dieses Haus führten früher die Schienen der Pferde- bzw. der Straßenbahn.

Die Brüder Wolfgang und Werner von Hacht, ehemalige Radrennfahrer, betreiben nicht nur eines der größten Fahrrad-Sportgeschäfte in Norddeutschland, sondern produzieren auch eigene Rennräder der Marke Stevens und das schon seit 1990, allerdings nicht in Hoheluft, sondern in Billstedt. Die Brüder vertreiben diese Räder weltweit. Außerdem unterhält die Firma ein Stevens Racing Team.

Größeres Depot an der Gärtnerstraße

Fünf Jahre nach der Eröffnung des Pferdebahndepots in der Breitenfelder Straße ließ die Hamburg-Altonaer Trambahn-Gesellschaft – einen Katzensprung entfernt – an der Gärtner-straße 13 ein größeres Depot errichten. Sie betrieb unter anderen die Strecken vom Rödingsmarkt nach Hoheluft und nach Eimsbüttel.

Starker Auftritt des Personals

Schon bald erwies sich der Betriebshof als zu klein, so dass die Gesellschaft im Februar 1894 einen Plan mit u.a. vier Pferdeställen vorlegte, und zwar für 128, 58, 40 und acht Pferde. Damit nicht genug, ließ die Trambahn-Gesellschaft zwei Jahre später noch ihren Bahnhof Hoheluft durch eine Wagenhalle ausbauen. 1899 fusionierte sie mit der größeren Straßen-Eisenbahn-Gesellschaft.

Der Betriebshof um das Jahr 1897

Knapp 20 Jahre später wurde die SEG ihrerseits übernommen, und zwar von der Hamburger Hochbahn, die u.a. zwei Hallengleise entfernte. Wie der benachbarte Betriebshof verlor der Standort Gärtnerstraße an Bedeutung. So bediente der neue Betriebshof Lokstedt ab 1924 die Linie 2, so dass den Hoheluftern nur noch die „16“ verblieb. Vorübergehend verkehrte hier noch die „14“ auf dem

Fig. 188. Geschlossene Wagenhalle im Depôt Hoheluft der Hamburg-Altonaer Trambahn.

Wagenhalle im Depot an der Gärtnerstraße

Weg zwischen Neuem Pferdemarkt und Eppendorfer Krankenhaus. Weitere Maßnahmen führten dazu, dass das Deport Gärtnerstraße kaum noch für den Personenverkehr genutzt wurde und vom 27. April 1936 an teilweise nur noch zum Abstellen nicht benötigter Straßenbahnwagen diente. Ein weiteres Mal baute die Hochbahn die Gleisanlage um, so dass von ehemals zehn Hallengleisen nur noch vier übrig blieben. (Senkpiel, S. 5 f.)

Relikte des Betriebshofs im Jahre 1958. Im Hintergrund die Tabakfabrik von Eicken

Im Zweiten Weltkrieg blieb auch das Depot nicht von Luftangriffen und Zerstörungen verschont. Wenige Wochen nach Kriegsende bat die HHA die britische Militäradministration, wie aus einer Bauakte im Bezirksamt Einsbüttel hervorgeht, den Wiederaufbau der „garages for our trams, as well as the badly damaged building of our workshops“ zu genehmigen, was auch geschah. Drei Tage später beantragte die Hochbahn ihr Bauvorhaben „Wiederherstellung der durch

Die Schienen sind bis heute erhalten geblieben und über den Zugang Gärtnerstraße 29 zu erreichen

Luftangriff vom 11.3.45 zerstörten Hallen und Werkstattgebäude" beim Amt Eppendorf der damaligen Gemeindeverwaltung der Hansestadt. Begründung: „Einsturzgefahr. Die beschleunigte Instandsetzung der Gebäude ist dringend erforderlich." Jedoch: Die Anlage hatte keine Bedeutung mehr für den Straßenbahnverkehr.

Nachdem die Hochbahn die verbliebenen Baulichkeiten aufgegeben hatte, vermietete sie sie gewerblich. Später stellten sie sich nicht mehr als schützenswert heraus. Das Denkmalschutzamt kam am 19. September 1996 zu dem Ergebnis: „Die Hallen werden aufgrund der baulichen Veränderungen und daher mangelnder Anschaulichkeit nicht als ... zu schützende Baudenkmale eingestuft."

Nachdem die Hochbahn-Gebäude abgerissen worden waren, konnte das Bezirksamt Eimsbüttel den Plan, dort einen Motivspielplatz zu schaffen, bald umsetzen und am 18. November 1997 einweihen. Die Idee: den Ort Straßenbahndepot spielerisch erlebbar zu machen. Dafür wurden u.a. Ruinen nachgebaut und „Lokungeheuer" kreiert. Nur die Gleise vor dem Mauerwerk sind echt.

Seit 2011 ziert u.a. eine stilisierte Straßenbahn den Durchgang der Gartenpassage Gärtnerstr. 23 – 25.

Erst zehn Jahre nach dem Ende des Krieges, 1955, konnte die Gärtnerstraße wieder mit der "15" in den Linienverkehr einbezogen werden – jedoch nicht lange. 1958 folgte das Aus für den Hohelufter Betriebshof. Die in der Gärtnerstraße liegende Abzweigungsweiche wurde ausgebaut. Die eingleisige Zufahrtstrecke zum und auf dem Gelände

Diese Depotmauern sind unecht. Sie gehören zu dem Motivspielplatz

ist jedoch bis heute erhalten geblieben, ebenso die fast vollständige Gleisanlage mit Schienenprofilen aus der Pferdebahnzeit. (Gärtnerstr. 29)

Der Straßenbahnverkehr in der Gärtnerstraße endete mit dem Winterfahrplan 1970/71. Die Bauarbeiten zur Verbreiterung der Straße für den Autoverkehr begannen 1973. (Senkpiel, S. 6)

Letzte Fahrt der „2" ein Riesenereignis

Vom Ende des Straßenbahnverkehrs auf der Gärtnerstraße bis zum endgültigen Aus dieses Verkehrsmittels vergingen noch knapp acht Jahre. Mit der letzten Fahrt der Linie 2 verabschiedete sich die Hochbahn am 1. Oktober 1978 von ihren nicht mehr besonders beliebten Schienenfahrzeugen, denn „durch den rasanten Anstieg des Individualverkehrs seit den fünfziger Jahren wurden die Straßenbahnen zunehmend als Hindernis auf den Straßen angesehen ..."

Die Abschiedsfahrt der Linie 2 entwickelte sich nicht nur für die ganze Stadt, sondern auch für Hoheluft zu einem Riesenereignis. Wie die Presse meldete, wollten sich 200000 Menschen dieses Spektakel nicht entgehen lassen, das sich auf dem Weg zum Lokstedter Betriebshof auch auf der Hoheluftchaussee abspielte. Wer einen Platz in der Bahn ergattert hatte, konnte sich glücklich schätzen. Eine Zeitung sah „eine Stadt im Ausnahmezustand".

Spektakulär blieb und bleibt es auch mit Bussen auf der Hoheluftchaussee, denn schon bald entwickelte sich die neue Buslinie 102 und später die Metro-Buslinie 5 zur am stärksten frequentierten in Europa.

Das war einmal: Straßenbahn in der Curschmannstraße

Seit 1912 ist die Hoheluftbrücke an das Hochbahnnetz angeschlossen

Hochbahn seit 1912

Als jüngstes öffentliches Verkehrsmittel trat die U-Bahn im Jahre 1912 in Erscheinung, nachdem die Bauarbeiten bereits 1906 aufgenommen worden waren, und zwar zunächst in der Nähe der späteren Haltestelle Uhlandstraße und drei Monate später auf dem Adolphsplatz, wie die Hochbahn mitteilte.

Am 15. Februar 1912 ging das erste Teilstück der Ringlinie zwischen Rathaus und Barmbek in Betrieb. Die Etappe von Barmbek bis Kellinghusenstraße folgte am 10. Mai, und die Eröffnung des Teilstücks Kellinghusenstraße – St. Pauli ließ nicht lange auf sich warten. Am 25. Mai war es soweit. Von diesem Tage an stand auch die Haltestelle Hoheluftbrücke Fahrgästen zur Verfügung. Damit ist Hoheluft seit gut 100 Jahren an das U-Bahnnetz angeschlossen. Mit der letzten Etappe St. Pauli – Rathaus wurde der Ring am 29. Juni 1912 vollendet.

Die Haltestelle Hoheluftbrücke und die Straßenunterführung wurden zwischen 1909 und 1911 fertiggestellt, nachdem ein Haus an der Ecke Isestraße/Grindelberg abgebrochen und die beiden Straßen von 20 auf rund 29 Meter verbreitert worden waren. (Melhop 1925, S. 434 ff)

Straßen-Eisenbahn-Gesellschaft: Von Wandsbek zum Falkenried

Von allen seit 1839 in Hamburg tätigen Verkehrsunternehmen behauptete sich die 1880 gegründete Straßen-Eisenbahn-Gesellschaft (SEG) am besten. Bereits nach einem Jahr übernahm sie die Pferde-Eisenbahn-Gesellschaft. Wie O.W.O. Schultz schildert, brachte sie auch alle anderen Verkehrsunternehmen der Hansestadt unter ihre Kontrolle, bis sie im Jahre 1919 durch die 1911 gegründete Hamburger Hochbahn AG selbst übernommen wurde.

Die SEG unterhielt in ihrem Gründungsjahr zunächst den Betriebshof Wendemuth in Wandsbek mit Ställen für 145 Pferde. 1885 errichtete sie dort eine Wagenbauanstalt für ihre Pferdebahnwagen. Wo damals die Ställe standen, befindet sich heute der Busbetriebsbahnhof der Hochbahn in der Wendemuthstraße. („Fahr mit uns", 1/1992)

Bald erwies sich das Areal jedoch als zu klein, so dass die Firma nach einem größeren, ausbaufähigen Grundstück Ausschau halten musste. In Eppendorf wurde sie fündig.

Doch ehe die SEG umsiedeln konnte, musste sie das Gelände erst mit einer Straße erschließen. Sie ließ daher 1890 zwischen Lehmweg und Abendrothsweg eine 17 Meter breite Straße, die den Namen Falkenried erhielt, herstellen und bebauen. Auf dem von ihr dort erworbenen, rund acht Hektar großen Terrain ließ sie von 1890 bis 1892 ein ausgedehntes Depot sowie Werkstätten errichten.

„Der 1890 geschaffene Name [Falkenried] ist eine freie Bildung im Anschluß an die Namen der benachbarten Adlerstraße (seit 1898 Goßlerstraße) und Löwenstraße ... Ried dürfte hier für eine Weidefläche, die vormals Waldboden war, angewandt sein. Die Instandsetzung der Straße für staatsseitige Übernahme erfolgte 1896," bemerkt Melhop.

Größte Wagenbauanstalt

Er beschreibt das Firmenareal so: „Die Anlage dient sowohl als Betriebsbahnhof wie auch als Reparaturwerkstatt und ist bei der Einführung des elektrischen Betriebs 1893 entsprechend verändert worden. Für den Betrieb sind sieben Gebäude hergestellt, die Reparaturwerkstatt umfasst fünf Baulichkeiten, darunter das Maschinengebäude nebst 35 m hohem Schornstein, eine 60 m lange viergeleisige Lackierhalle, sowie eine 84 m lange sechsgeleistige Wagenhalle. Die Wagenbauanstalt in ihrer jetzigen Ausdehnung ist z.B. die größte dieser Art in Deutschland; es gehen wöchentlich vier fertige Motorwagen aus derselben hervor, ca. 300 Handwerker sind daselbst beschäftigt."

Wagenkasten der SEG für die Straßenbahn Bergen (Norwegen) in seemäßiger Verpackung

In ihrer 1906 veröffentlichten Schrift „Straßen-Eisenbahn-Gesellschaft in Hamburg“ schreibt die SEG: „Die Fabrik war imstande, trotz des schnellen Tempos, in welchem die elektrische Streckenausrüstung vor sich ging, jederzeit die nötige Zahl neuer Wagen zur Verfügung zu stellen. Die aus der Wagenfabrik Falkenried hervorgegangenen Bahnwagen fanden hinsichtlich ihrer Konstruktion und soliden Bauart den ungeteilten Beifall der Fachleute, die sich zum Studium des elektrischen Betriebes in Hamburg einfanden. Als an die Straßen-Eisenbahn-Gesellschaft das Ersuchen gestellt wurde, auch für auswärtige Gesellschaften Bahnwagen zu liefern, zögerte dieselbe nicht, diesen Wünschen Folge zu leisten. In der begründeten Voraussicht, daß mit der allerorts einsetzenden Bewegung für die Umwandlung des Pferdebetriebs in elektrischen Betrieb sich auch ein größerer Bedarf an Straßenbahnwagen einstellen werde, vergrößerte sie ihre Fabrik derartig, daß sie seitdem den weitestgehenden Anforderungen zu genügen in der Lage ist. Die Leistungsfähigkeit der Fabrik beziffert sich auf 600 Bahnwagen im Jahr. Die ganze Anlage nimmt eine Fläche von za. 38 000 qm ein.“

Und weiter zählt die SEG auf: „Die Fabrik besteht aus einer größeren Anzahl von Gebäuden, von welchen das Maschinenhaus, eine neue große Aufschlag- und Lackierhalle, welche so bemessen ist, dass auch die größten Eisenbahnwagen in ihr aufgebaut und fertiggestellt werden können, und zwei weitere große Lackierhallen besonders zu nennen sind. Die übrigen Werkstätten, wie Holzbearbeitungswerkstätte, Schlosserei, Dreherei, Schmiede, Malerei, Schneiderei, Sattlerei, Klempnerei, Glaserei, Werkstätte für elektrische Ausrüstungen und das Magazin, sind in einer Anzahl weiterer Gebäude untergebracht... Die Zahl der ständigen Handwerker schwankte je nach der Beschäftigung der Wagenbauanstalt zwischen 450 und 700.

Aufschwung durch Elektrizität

Die Einführung des elektrischen Betriebes in der Mehrzahl der größeren deutschen und ausländischen Städte im letzten Jahrzehnt brachte der Wagenbauanstalt Falkenried eine Reihe umfangreicher Aufträge.“ So lieferte das Unternehmen ihre Wagen in 38 Städte, darunter unter anderen Kopenhagen, Bergen, London, Wien, Moskau, Warschau, Buenos Aires und Valparaiso. Für die Hoch- und Untergrundbahn in Berlin stellte sie die meisten Wagen her. Die ersten Straßenbahnen für Hamburg produzierte sie 1894. (S. 38)

Aus der Frühzeit der Falkenried-Werkstätten. Rechts die Einfahrt am Falkenried

Nach Melhop belief sich der Pferdebestand bei der SEG Anfang 1894 noch auf 1977 Tiere, bis 1895 auf 1501, fiel im folgenden Jahr auf 649 und betrug Ende jenen Jahres nur noch 100, um dann ständig weiter abzunehmen. Ende 1917 versorgte die Firma noch 42 Tiere. 1923 gab sie den Pferdebetrieb ganz auf.

Wie der Topographiekenner weiter berichtet, fand am 9. August 1897 in der größten Wagenhalle eine Fachausstellung für Straßenbahntechnik statt, und wegen zahlreicher Auftragseingänge für Wagenbauten funktionierte die SEG den Bahnhof 1898 in ganzer Ausdehnung als Wagenbauanstalt und Hauptausbesserungswerkstatt um. Die Zahl der Werkzeugmaschinen wurde verdoppelt und in den einzelnen Baulichkeiten gruppenweise elektrisch angetrieben. An Stelle des bisherigen Betriebsbahnhofs Falkenried legte die Firma einen neuen am Lehmweg an.

In das in den Jahren 1898/99 errichtete, heute noch erhaltene neue Verwaltungsgebäude am Falkenried 7 verlegte die SEG im Mai 1899 ihre „Hauptdiensträume".

Am 12. März 1905 ging eine Halle in Flammen auf. Die Firma ersetzte sie durch eine fünfgleisige Aufbauhalle, dessen südlich davon mit Gleisen versehener Raum wurde überdacht, außerdem eine Gleisbauwerkstatt für die Bahnbauabteilung hergestellt. 1911 kam eine gemauerte Autohalle und ein 45 Meter langer und 11,5 Meter breiter Holzlagerschuppen hinzu.

Da die Zahl der Straßenbahnwagen ständig zunahm und auch Omnibusse den Betrieb ergänzten, beschloss die Hochbahn, die veralteten Werksanlagen abzureißen und durch moderne zu ersetzen. Von 1926 an vollzog sich der Neubau in Abschnitten, da der Werkstattbetrieb nicht unterbrochen werden durfte. Vom ursprünglichen Baubestand blieben eine Werkhalle aus dem Jahre 1905, die Hallen des Straßenbahndepots am Lehmweg und das große Verwaltungsgebäude erhalten.

Halle der Triebwagen: 1953 wird der Wagen vorn rechts (Baujahr 1896) grundüberholt

„Durch Zukauf von Nachbar- grundstücken konnte das Gelände von ursprünglich 30 500 qm auf 43 600 qm erweitert werden. Hiervon wurden 33 200 qm bebaut. Nach dreieinhalb Jahren war der Neubau im Jahre 1930 beendet," schreibt O.W.O. Schultz.

Die einige Jahre später begonnene Entwicklung von Straßenbahn-Großraumwagen wurde durch den Zweiten Weltkrieg mit seinem Bombenhagel auf Hoheluft unterbrochen. Falkenried kam verhältnismäßig glimpflich davon und büßte nur eine Halle ein. Die anderen Hallen wurden nur geringfügig beschädigt. Den Wagenpark traf es hingegen heftig. Von 1600 Straßenbahnwagen blieben nur 1000 erhalten. Deshalb war es nach dem Krieg notwendig, die Entwicklung des Großraumwagens fortzusetzen und abgebrannte U-Bahnwagen, die es auch gab, soweit es ging, zu reparieren.

Am 19. Juni 1968 gründete die Hochbahn die FFG Fahrzeugwerkstätten Falkenried GmbH, die sich auf die Instandhaltung, Entwicklung und Erprobung von Linienomnibussen zu konzentrieren begann und obendrein an diversen Neuerungen und Sonderanfertigungen arbeitete, darunter ein Großraum-Rettungswagen für die Feuerwehr.

1999: FFG zieht nach Hummelsbüttel um

Aufgrund des zunehmenden Verkehrsaufkommens und der beengten Verhältnisse am Standort Hoheluft entschied sich das Unternehmen, sein 55 000 Quadratmeter großes, historisches Gelände „zugunsten einer an den Bedürfnissen der FFG ausgerichteten Nutzfläche aufzugeben," informiert die FFG auf ihrer Website. Die Hochbahn verkaufte das Areal und siedelte die FFG Mitte 1999, gut 30 Jahre nach der Gründung, in das verkehrsgünstigere Hummelsbüttel um. (Ihren Betriebshof am Lehmweg hatte die Hochbahn bereits 1959 aufgelöst.)

Diese Entscheidung „verband sich mit der Absicht, das Werkgelände insgesamt für den Wohnungsbau verwerten zu lassen. Der Erhaltung historischer Bausubstanz wurde bei diesen Verwertungsabsichten keine besondere Bedeutung zugemessen," befand das Denkmalschutzamt in einem Beitrag zum Thema „Symbiose aus Industriehallen und Wohnungen", in dem es ferner ausführte:

„Erst nach Intervention des von der damaligen Kultursenatorin unterstützten Denkmalschutzamtes wurden Erhaltungsmöglichkeiten für Teile des historischen Bestands bei Einbeziehung in die Wohnnutzung ernsthaft geprüft. Aus Sicht des Denkmalschutzamtes bot sich hier eine Möglichkeit, nach den vielen erfolgreich für gewerbliche Zwecke umgenutzten Industriehallen diesen Versuch im Bereich des Wohnungsbaus zu wagen, insbesondere bei der Betrachtung des Umfeldes mit der historischen Terrassenbebauung."

Die von der Hochbahn angestrebte Verwertung des Grundstücks erforderte ein Konzept, das die Hamburger Architekten Spengler & Wiescholek in Abstimmung mit dem Denkmalschutzamt als „Wohnen über den Dächern" entwickelten. Es sah unter anderem eine „Durchdringung der Hallen mit Wohntürmen" sowie eine Mischung mit Läden und Handwerk vor.

„Das Konzept diente dann als Grundlage einer Investorenbeschreibung, bei der festgelegt wurde, dass das Pförtnerhaus, das Verwaltungsgebäude und das Gebäude D mit seinem

Neuzeitliche Aufnahme der FFG-Werkstätten zwischen Lehmweg und Neumünstersche Straße

zur Straße orientierten Baukörper am Falkenried erhalten werden sollten. Der Erhalt mehrerer Hallen sollte angestrebt, aber nicht zur zwingenden Vorgabe gemacht werden," stellten die Denkmalschützer fest.

Denkmalschutz und Städtebaupreis für das neue Viertel

Aus einem europaweit ausgelobten Wettbewerb ging das Münsteraner Architektenbüro Bolles + Wilson mit seinem städtebaulichen Konzept, das die vorhandene Bebauungsstruktur übernahm und den Erhalt großer Teile der historischen Gebäudesubstanz vorsah, als Sieger hervor. Wie das Bezirksamt Nord mitteilte, wurden die Architekten für die neuen Gebäude ebenfalls in Wettbewerben ermittelt. Dabei setzten sich fünf renommierte Büros durch, die jeweils einen Bereich der Gesamtanlage entwickeln sollten.

Die Hamburger Architekten Bothe Richter Teherani übernahmen die Neugestaltung des ehemaligen flachen Verwaltungsgebäudes D sowie des Pförtnerhauses. Auf dem Dach entstanden in einem zweigeschossigen sogenannten Skydeck eine Reihe von Appartements.

Den Umbau der historischen Halle E im Zentrum des Viertels am Straßenbahnring realisierte die Hamburg Team Gesellschaft für Projektentwicklung nach einem Entwurf der Pariser Architekten LABFAC. Daher blieb der Industriecharakter der 120 Meter langen Halle weitgehend erhalten. Großzügig verglaste Fassaden sowie begrünte Innenhöfe lassen viel Licht in die teilweise sechs Meter hohen Räume fallen. Prominentester Mieter in diesem Komplex ist der Fernsehsender RTL Nord.

Der hier beschriebene Block am Falkenried und am Straßenbahnring steht inzwischen unter Denkmalschutz, ebenso das ehemalige Pförtnerhaus und das einstige Verwaltungsgebäude am Falkenried 7.

In einem weiteren Teilprojekt ließen die Hamburger Architekten Spengler & Wiescholek die Hallen F, G und H zu Patio- und Reihenhäusern umbauen, wobei die historischen Fassaden der Industriestraße und die Hallenkonstruktion weitgehend erhalten blieben. Beide Seiten der heute Straßenbahnstieg (Nr. 1 – 29 und 2 – 30) genannten Sackgasse sind ebenfalls unter Denkmalschutz gestellt worden.

Zwischen Straßenbahnstieg und Falkenried schließt sich ein von dem Architektenbüro APB Beisert, Wilkens, Grossmann-Hensel entworfenes und von der Firma Behrendt Wohnungsbau realisiertes Wohnareal an, das einen kleinen, idyllischen Park umgibt.

Die städtebaulichen Entwürfe für das Wohn-Büro-Areal Falkenried-Piazza mit ihrem dominierenden Hochhaus und die daran angrenzenden Bürogebäude fielen so überzeugend aus, dass den Architekten Bolles + Wilson auch Entwurf und Planung der einzelnen Häuser übertragen wurde. Die Bayrische Hausbau GmbH aus München setzte das Projekt als Bauträger um. Auch mit 14 Geschossen und nicht mit 22, wie eigentlich geplant, ist der „tower" das höchste Gebäude in Hoheluft geworden.

Die leicht versetzt gegenüberliegenden Bürohäuser stellen mit ihren darin befindlichen Geschäften einen großzügigen, für Lebendigkeit sorgenden Zugang von der Hoheluftchaussee in das Quartier dar.

Insgesamt ist in diesem attraktiven Viertel zwischen Falkenried, Lehmweg und Hoheluftchaussee in den Jahren 2003 bis 2006 eine urbane Mischung aus 55 Prozent Wohnen (230 Wohnungen) und 40 Prozent kommerzielle Nutzung geschaffen worden.

2004 zeichnete die Akademie für Städtebau und Landesplanung das Gesamtwerk mit dem Deutschen Städtebaupreis aus. Ihre Begründung: „Angesichts der Abwanderungstendenzen aus der Stadt heraus gilt es heute umso mehr, attraktive Angebote für verschiedene Zielgruppen in den Stadtkernen zu schaffen. Falkenried ist ein besonders gelungenes Beispiel für Initiativen, auf die die Städte heute mehr denn je angewiesen sind."

Die Falkenried-Terrassen: Vor Abriss bewahrte Denkmäler

Nahezu zeitgleich mit dem Aufbau des SEG-Betriebs entstand zwischen Falkenried und Löwenstraße von 1890/91 an ein für Arbeiter bestimmtes großes Wohngebiet mit einer Passage und vier Terrassen. Sie erhielten im Laufe der Zeit die Namen Olga-Passage, SAGA-, Baum-, Bunker- und Falkenheim-Terrasse. Die letztgenannte Terrasse mit dem sogenannten Halbmond wurde erst 1903 gebaut.

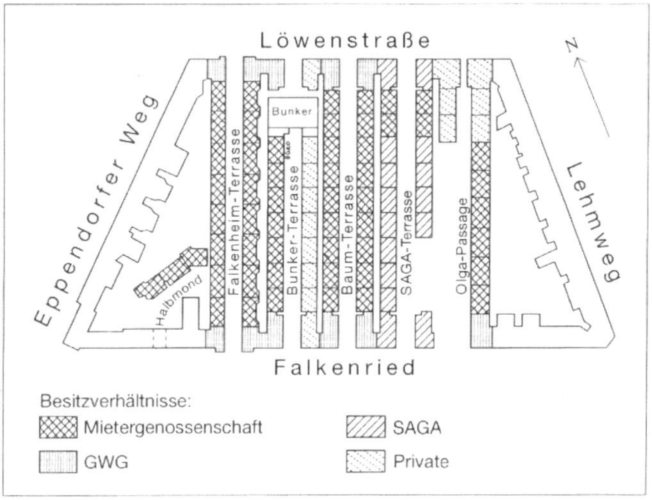

Plan der Falkenriedterrassen

Diese Baumaßnahmen geschahen im Rahmen der Hamburger Stadterweiterung und gingen mit den damals neuesten wohnhygienischen Vorstellungen einher (keine Kellerwohnungen, Anschluss an das öffentliche Trink- und Abwassernetz) in allerdings sehr einfacher Bauqualität und als Renditeobjekt.

Die kleinen, 30 bis 50 Quadratmeter großen Wohnungen wurden nicht nur für die Beschäftigten der Straßen-Eisenbahn-Gesellschaft, sondern auch für die „Sanierungsopfer" der Freihafenerweiterung (Kehrwieder- und Wandrahminsel) errichtet. In den 20 Kopfbauten am Falkenried und an der Löwenstraße entstanden 124 Wohnungen, 20 Ladenlokale sowie 534 Wohnungen in den dazwischen liegenden Häusern, wie die heutige Mietergenossenschaft Falkenried-Terrassen in ihrer Broschüre „Einsichten Aussichten" berichtet.

In diesem „größten zusammenhängenden Terrassenensemble aus wilhelminischer Zeit" in Hamburg, so das Denkmalschutzamt, besteht „eine eindrucksvolle Gesamtanlage, die die Entwicklung des Stadtteils Hoheluft um die Jahrhundertwende von einer ehemaligen, beschaulichen Landhausgegend zum dicht besiedelten großstädtischen Vorort dokumentiert."

Das Amt hat die 89 Terrassenhäuser dieses Areals als Denkmäler ausgewiesen.

Man kann nicht sagen, dass die „Siedlung" prosperierte. Im Gegenteil. In den folgenden Jahrzehnten verfielen die Häuser immer mehr, so dass die Bewohnerinnen und Bewohner einen Mieterrat bildeten, um eine Verbesserung der Wohnverhältnisse zu erreichen.

Anfang der 40er Jahre mussten vier Terrassenhäuser einem Luftschutzbunker weichen, denn der Zweite Weltkrieg hatte begonnen. 1943 wurden in der Olga-Passage zwei Kopfbauten und sechs Terrassenhäuser und in der SAGA-Terrasse drei Häuser durch Brandbomben zerstört. Ein Kopfbau in der Olga-Passage wurde nach dem Krieg wieder aufgebaut.

1961 bestimmte die Stadt das Falkenried-Ensemble zum Sanierungsgebiet. In den Jahren 1965 bis 1973 kauften Neue Heimat Nord und die städtische Wohnungsbaugesellschaft SAGA (zum kleineren Teil) die meisten Wohnungen im Auftrag der Stadt auf, um Abriss und Neubebauung folgen zu lassen.

Terrasse zwischen Halbmond und Olga-Passage

Kunst am Bunker: aus dem Leben der Mietergenossenschaft

Die 1973 gegründete Mieterinitiative Falkenried/Löwenstraße kämpfte nun gegen den Abriss und das systematische Verfallenlassen der Häuser. Die Bewohner mussten sich auch gegen eine starke Öffentlichkeit wehren, die das Leben in den Terrassen als menschenunwürdig anprangerte.

1981 beschloss die Bezirksversammlung Hamburg-Nord den mittelfristigen Erhalt der Terrassenhäuser. In den folgenden Jahren setzte die SAGA ihre Häuser und die Neue Heimat ihre Kopfbauten instand.

Zehn Jahre später kaufte die Johann Daniel-Lawaetz-Stiftung die Terrassenhäuser der NH ab. Die Stadt übernahm mit 5,4 Millionen DM den Löwenanteil der Kosten, die neugegründete Mietergenossenschaft die Selbstverwaltung. Nun konnte die Grunderneuerung der Anlage unter Federführung der Genossenschaft und starker Beteiligung der STATT BAU Hamburg als Baubetreuer und der Architektin Christine Reumschüssel beginnen.

1999 schloss man die Sanierung und den Erhalt von 324 Wohnungen erfolgreich ab und sicherte die Bausubstanz langfristig. Für die Mietergenossenschaft hat sich die Selbstverwaltung bewährt.

Aus dem Leben einer Arbeiterin

Originalgetreue Auszüge aus der Dokumentation „Hauswart Gross oder ich zieh hier nicht weg!" von der Falkenried-Bewohnerin Sabine Schwabroth. Der Arbeit lagen Tonbandaufzeichnungen zugrunde.

„Ich, Hertha Gross, kenn das Gebiet ganz genau. Ich bin hier aufgewachsen, hab hier geheiratet und hab meine eigene Familie hier großgezogen."

„Nur um Ihnen mal so`n Einblick zu geben, was ich alles durchstehen mußte:
Beide Weltkriege habe ich miterlebt. 1929 – da gab`s keine Arbeit. Als mein Ältester geborn war, war mein Mann arbeitslos, sieben Jahre lang. Mein Mann ist noch mit der Mundharmonika losgegangen und hat unsere Miete zusammengespielt."

„Wir haben hier immer zusammengehalten und uns gegenseitig geholfen in den Notzeiten. Wenn jemand ein Kind kriegte, denn haben wir uns abgewechselt; also jeder hat einen Tag Essen hingebracht für die Wöchnerin.

Tja, dieses Viertel war mal als ‚rot` verschrien. In den Augen vieler anderer war`n wir hier der Abschaum der Menschheit. Das war ja auch so, daß es ein Unterschied war wie zwei verschiedene Welten, ob einer im Vorderhaus wohnte oder in der Terrasse. Die im Vorderhaus waren schon was Besseres.

Und viele sind hier auch einfach durchgetrampelt, die nich hier bei uns wohnen und haben gesagt: ‚Wie kann das bloß angehen, daß diese Arbeiter sich solche schönen Gardinen leisten können?` Dann hab ich runtergerufen: `denn arbeiten wir eben so lange, bis wir das zusammenhaben, und dann kaufen wir uns das! Ne ganz einfache Sache!"

„Wir hatten früher nie Tischdecken und sowas. So`n Zeug mochten meine Männer nicht. Die mußten abends die Füße hochlegen können, wenn sie von der Schicht nach Hause kamen. Jeder hatte seinen Platz, auch für die Füße: mein Mann da, der Große da, der Lütte da und ich hier beim Herd. Heute woll`n meine Jungs natürlich, daß ich Tischdecken hinleg und extra Teller für Salat und so – wenn sie zu Besuch kommen."

„Ach ja, diese Wohnung ist doch viel zu klein für vier große Menschen. Kann einer sagen, was er will – das merkt man erst jetzt, wo man alleine hier wohnt. Ich brauch das heute einfach: meine Stube, mein Schlafzimmer und so. Schön ist das. Hab ich ja früher nie gekannt. Für mich ist diese Wohnung gut genug ..."

„Bevor die ‚Neue Heimat' 1974 die Verwaltung ihrer Häuser selbst übernahm, war es Frau Gross, die bestimmte, wer im Falkenried einzog oder nicht. Das galt natürlich nur für die Terrasse, in der sie zuständig war. Das ist die Terrasse mit den Bäumen.

Die Industrie entdeckt Hoheluft

Der erste Betrieb: die Hansa-Brauerei

Es ist noch gar nicht so lange her, dass die Industrialisierung auch Hoheluft erreichte. Sie begann mit der Ansiedlung zweier Brauereien in nord-westlicher Randlage. Sie vollzog sich nicht auf der grünen Wiese, sondern in einer Gegend, in der die Bebauung mit Etagenhäusern bereits im Gange war.

Als die Hansa-Brauerei am 30. April 1883 ihren Betrieb in der Gärtnerstr. 66 aufnahm, war östlich davon, über die Wrangelstraße hinaus, bereits rege gebaut worden. Das westlich davon gelegene Terrain zwischen Gärtnerstraße und Ependorfer Weg war dagegen noch nicht besiedelt. Das Erscheinungsbild

Hansa-Bier aus Hoheluft

der Gärtnerstraße bestimmten seit Mitte des 19. Jahrhunderts zahlreiche Gärtnereien.

Zwei Jahre nach der Hansa-Brauerei begann das Brauhaus Hammonia mit seiner Produktion am Scheideweg. Unweit davon folgte 1892 Beiersdorf am damaligen Lockstedter Weg, und ebenfalls in den 1890er Jahren begann die Firma Traun & Co. an der Gärtnerstraße Fässer herzustellen.

Und die Industrialisierung in dieser Gegend schritt nicht nur in Randlagen voran: 1902/03 kam die Tabakfabrik von Eicken an der Hoheluftchaussee hinzu und 1914 an der Ecke Hoheluftchaussee/ Gärtnerstraße die Firma Bauer & Häselbarth. Weitere Firmen ließen sich östlich der Hoheluftchaussee nieder.

Die Gründungen der beiden Hohelufter Brauereien waren Ausdruck eines Booms, innerhalb dessen sie sogar die Bill-Brauerei und die Bavaria hinter sich ließen. (Grobecker 1979, S. 27)

Bereits ein knappes Jahr nach ihrem Start wurde die Hansa-Brauerei in eine Aktiengesellschaft umgewandelt. Nach anfänglichen Schwierigkeiten konnte sie ihren Absatz auf 36 000 Hektoliter steigern und Ende der 1880er Jahre größere Kellereien einrichten, so dass sie ihre Produktion in der Folge auf 70 000 Hektoliter erhöhen konnte. Im nächsten Zehn-Jahres-Schritt schaffte

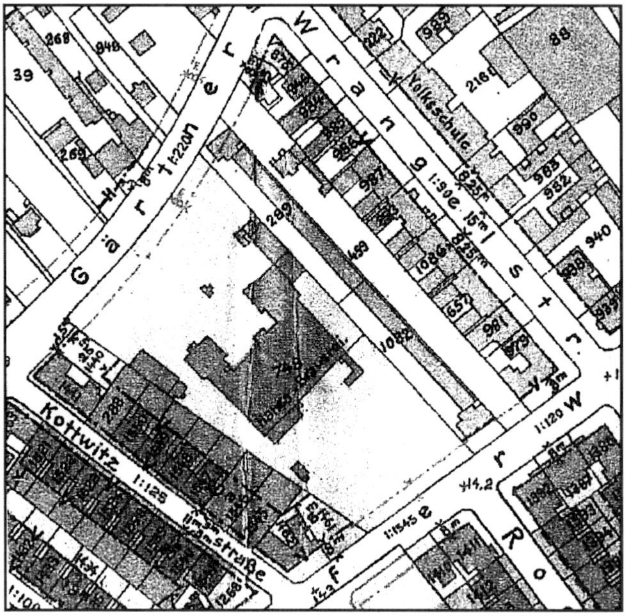

Das Areal der Hansa - Brauerei zwischen Gärtnerstraße und Eppendorfer Weg (1903)

: Hansa- :
Brauerei.
Hamburg - Gärtnerstrasse 66 - Hoheluft.
Telephon: 5. 1135.
Garantiert reine
Lager- und Pilsener
Biere
nur aus Malz und Hopfen eingebraut.

Anzeige in der „Hamburger Woche“ (1912)

Hansa-Brauerei-Gesellschaft
Hamburg-Hoheluft.
Brauerei und Comptoir: Gärtnerstr., Hoheluft.
Bank-Conto: Volksbank e. G.
Direction:
G. W. Hemm, Osw. Kroker.

die Brauerei einen Ausstoß von etwa 100 000 Hektolitern. Diese Zahlen veröffentlichte sie in verschiedenen Ausgaben von Hamburgs Handel und Verkehr, dem illustrierten Export-Handbuch der Börsen-Halle, in denen sie selbstdarstellend eine eigene Mälzerei, Eis- und Kühlmaschinen und ihre musterhafte Einrichtung hervorhob und betonte:

„Das Bier, aus reinem Malz und Hopfen hergestellt, wird in Hamburg und Umgegend als eins der besten Produkte gepriesen und hat sich an fast allen transatlantischen Plätzen mit grossem Erfolge eingeführt.“ Oder: „Ihre hellen und dunklen Biere werden nur aus Gersten-Malz und Hopfen, unter absolutem Ausschluss jeglicher Surrogate hergestellt.“

Kurz nach dem Ersten Weltkrieg kam das Ende, als die Bill-Brauerei die Hohelufter Firma schluckte und in den 1950er Jahren selbst von der Holsten-Brauerei übernommen wurde. (Grobecker 1979, S. 113)

So warb das Brauhaus Hammonia

Das Brauhaus Hammonia folgte

Am 1. März 1886 eröffnete das Brauhaus Hammonia nach einjähriger Bauzeit am Scheideweg 12 – 16 mit einer Produktionsanlage von 30 000 Hektolitern. Wie die Hansa-Brauerei wurde es bald, und zwar am 1. Oktober 1888 in eine Aktiengesellschaft umgewandelt.

In den folgenden beiden Jahren konnte die Brauerei dank neuer Anlagen ihre Jahresproduktion auf 55 000 Hektoliter steigern, und zwar mit den Marken Lagerbier, Klosterbräu und Pilsener Tafelbier, „welche Sorten sich bereits Eingang für den Export gebahnt haben.“ (Hamburg`s Handel)

Dem Brauhaus Hammonia erging es in den 1910er Jahren wie der Hohelufter Konkurrenz. Das Bürgerliche Brauhaus in Hamburg hatte sich das Brauhaus Hammonia einverleibt, wurde dann aber 1920 selbst von der Holsten-Brauerei geschluckt. (Grobecker 1979, S. 59)

Beiersdorf : Erfolge und Schicksale

Paul Beiersdorf

Nach verschiedenen Stationen ließ sich der Apotheker Carl Paul Beiersdorf aus Neuruppin in Hamburg nieder, wo er in der Nähe der St. Michaelis-Kirche, in der Mühlenstraße, eine, wie sich bald herausstellte, schlecht gehende Apotheke erwarb. Deshalb versuchte er, sein Apotheken-Laboratorium auszubauen und Dienstleistungen für Ärzte zu erbringen.

Dabei lernte er den jungen Arzt Dr. Paul Gerson Unna kennen. Sie gründeten eine höchst erfolgreiche Arbeitsgemeinschaft, die in der Erfindung eines Verbandes aus Guttaperchapapier und Mull gipfelte. Als Pflastermasse setzten sie erstmals in Deutschland Kautschuk statt Harz ein. Für die Guttaperchapflastermulle erhielt Beiersdorf am 28. März 1882 sein erstes Patent.

Paul Gerson Unna hatte sich 1876 in Hamburg als Allgemeinmediziner niedergelassen. Sein wahres Interesse aber galt der Dermatologie. Als er Beiersdorf kennenlernte, richtete er gerade eine Poliklinik für Hautkranke ein und bald darauf eine Privatklinik in Eimsbüttel. Unna sollte später einer der berühmtesten Dermatologen Deutschlands werden. (100 Jahre, S. 10)

Das Geschäft mit der Pflastermulle florierte, so dass Beiersdorf seine Apotheke verkaufen und sich ganz der Fabrikation dieses Pflasters und anderer Präparate widmen konnte. In größeren Räumen in Altona baute er deshalb ein Laboratorium dermato-therapeutischer Präparate auf, das sich schon bald als zu klein herausstellte. Auf Anregung eines Spekulanten ließ er sich auf den Bau einer Fabrik ein, von deren Nutzen er aber nichts mehr hatte. (Kaum 1982, S.15 ff)

Im Frühjahr 1890 traf ihn mit dem Tod seines ältesten Sohnes ein schwerer Schicksalsschlag. Der 16jährige Carl Albert hatte sich erschossen, weil er im Gymnasium sitzengeblieben war. Der Vater war dermaßen schockiert, dass er sich wochenlang nicht im Betrieb blicken ließ. Er glaubte, nicht mehr die Kraft für die Fortführung der Firma zu haben und verkaufte deshalb sein Laboratorium am 1. Oktober 1890 an den Apotheker Dr. Oscar Troplowitz, der die Fabrik unter dem Namen P. Beiersdorf & Co. fortführte. (Als eigentliches Gründungsdatum der Firma gilt der 28.März 1882, der Tag der ersten Patenterteilung.)

Carl P. Beiersdorf schied am 30. September 1890 aus der Altonaer Firma aus.

x Neben pharmakotechnischen Aufgaben, die ihm 1893 ein weiteres Patent einbrachten, bemühte sich Beiersdorf mehrere Male um eine Zulassung als Apotheker. Als ein solcher Antrag erneut abgeschlagen wurde und er fast gleichzeitig durch die erwähnte Spekulation sein Vermögen verlor, setzte Beiersdorf seinem Leben am 17. Dezember 1896 im Preußischen Kultusministerium in Berlin ein Ende, indem er Gift nahm. (100 Jahre, S. 14)

Die Ära Troplowitz in Hoheluft

Oscar Troplowitz schlug ein neues Kapitel in der Firmengeschichte auf, indem er P. Beiersdorf & Co. an den nördlichen Stadtrand von Hamburg verlegte, wo er 1892 am Lockstedter Weg ein etwa 20 Meter breites und 58 Meter langes Terrain erwarb. In Höhe der Ottersbekstraße ließ Troplowitz binnen weniger Monate zwei Häuser errichten: an der Straße ein zweigeschossiges Wohnhaus und 25 Meter dahinter ein dreigeschossiges Fabrikationsgebäude, in dem der Betrieb noch 1892 aufgenommen werden konnte.

Oscar Troplowitz

In das Wohnhaus Lockstedter Weg 56, gegenüber dem alten Forsthaus, zog er Ostern 1893 mit seiner Frau ein. (Wenig später änderte sich die Adresse in Eidelstedter Weg 42). Das Hamburger Bürgerrecht hatte er zum damals üblichen Preis von 30 Mark erworben.

Da sich die Fabrik bald als zu klein erwies, weil sie florierte, kaufte Oscar Troplowitz systematisch die benachbarten Grundstücke auf. Im Laufe von sieben Jahren konnte er die Fabrik mehrere Male ausbauen: 1895 durch einen rund zwölf Meter breiten, 1897 durch einen fast 30 Meter breiten Anbau nach Norden. 1899 folgte ein Speichergebäude in südlicher Richtung. Das Erdgeschoss nahm die Ställe für zwei Reitpferde und die Lastpferde auf. Darüber wohnten zwei Kutscher. Die drei anderen Etagen dienten als Lager.

Bei allem Tatendrang bemühte sich der Firmenchef um ein gutes Verhältnis zu seinen Arbeitern und Angestellten, das sich durch vorbildliche Sozialleistungen ausdrückte. Schon früh führte er ein Weihnachtsgeld ein, das etwa einem Wochenlohn entsprach. Er reduzierte die Arbeitszeit bei vollem Lohnausgleich, gründete eine Unterstützungskasse für die Arbeiter und die niederen Angestellten und gewährte an drei Tagen im Jahr bezahlten Urlaub. (Kaum, S. 65 ff)

In der Firma setzte Oscar Troplowitz die Zusammenarbeit mit Dr. Unna nicht nur fort, sondern er vertiefte sie noch. Doch sein erstes Patent erhielt der Beiersdorf-Chef 1894 aufgrund eigener

Frühe Anzeigenschaltung in der „Hamburger Woche“ (1912)

Experimente für ein „Verfahren zur Herstellung trocknender Salben“, das auf der Basis von Kasein beruhte.

Als sehr erfolgreich entpuppte sich die erste Zahnpasta (Pebeco), die sich nach verschiedenen Verbesserungen unter Mithilfe von Unna zu einem Markenartikel entwickelte.

„Das Hauptgewicht seiner Forschung legte Troplowitz aber nach wie vor auf die Entwicklung von Pflastern,“ schreibt Kaum. Und seine Anstrengungen wurden belohnt. Unter dem Namen Leukoplast „wurde das erste Zinkoxydkautschuk-Heftpflaster der Welt der Prototyp aller modernen Heftpflaster.“ Es kam 1901 auf den Markt und wurde innerhalb von zehn Jahren in alle Erdteile exportiert.

Nachdem Troplowitz 1904 eine Seifenfabrik gekauft hatte, versuchte er intensiv, die Grundseife zu veredeln, und es gelang ihm, eine weiß aussehende und günstige Toilettenseife für den Massenmarkt zu produzieren. „Nivea“ war erfunden. Unterstützt von Unna, machte sich die Firma neue dermatologische Erkenntnisse zunutze und entwickelte eine Hautcreme, die 1911 als Nivea-Creme in die Geschäfte kam. Im Laufe vieler Jahre wurde sie ein Riesenerfolg und eine weltweit bekannte Marke. 2011 konnte Beiersdorf stolz „100 Jahre Nivea-Creme“ feiern.

Dem Firmenchef war immer klar, „daß der Erfolg eines Produkts nicht im Labor, sondern auf

Die Hohelufter Unternehmenszentrale um 1924

dem Markt, beim Arzt und Verbraucher entschieden wurde. Der Apotheker Troplowitz war eben das, was seinem Vorgänger so schwer gefallen war: er war Unternehmer." (Kaum, S. 37 ff)

Beiersdorf-Produkte waren 1914 in fast allen Ländern der Welt zu haben. Der Export machte über 40 Prozent des Umsatzes aus.

Als erfolgreichem Unternehmer schien ihm das Wohnhaus am Fabrikgebäude mit der Zeit nicht mehr adäquat zu sein, so dass er den Berliner Architekten William Müller beauftragte, eine repräsentative Villa an der Agnesstraße mit freiem Blick auf die Außenalster zu schaffen. Das geschah 1908. Der sich nun von einer ganz anderen Seite zeigende Fabrikherr bat den Maler Friedrich Ahlers-Hestermann, ihn in Sachen Kunst zu beraten, und der empfahl ihm, französische Impressionisten und neuere Meister zu sammeln. Es entstand eine Kollektion mit vielen Glanzpunkten. Von insgesamt 37 Werken vermachte er je einen Corot, Renoir und Sisley sowie 23 andere Gemälde der Hamburger Kunsthalle. (Baark 1991, S. 8 f.)

Bei Beiersdorf in Hoheluft betrug die Betriebsfläche 1913 fast das 30fache des ursprünglichen Umfangs. In jenem Jahr wurde ein weiteres Fabrikgebäude eingeweiht, das sich westlich anschloss. Zwei Jahre zuvor hatte die Firma wenige Meter jenseits der Stadtgrenze, am Bötelkamp in Lokstedt, eine Blechwarenproduktion aufgebaut, um Tuben für Zahnpasten und medizinische Salben sowie Dosen herstellen zu können

Bis zum Beginn des Ersten Weltkrieges hatte sich Beiersdorf schon weltweit mit Produktionsstätten unter anderem in Buenos Aires, Mexiko, Moskau, New York und Sydney positioniert. (100 Jahre, S. 26 f.)

Blick ins Zentrum des Werkes

Mitten im Ersten Weltkrieg, 1916, erwarb Oscar Troplowitz das Gut Westensee in Schleswig-Holstein. Hier starb er wenig später, am 27. April 1918, im Alter von nur 55 Jahren an einem Hirnschlag. Er wurde auf dem Ohlsdorfer Friedhof in Hamburg beerdigt (Kaum, S. 74 f.), und zwar unter einem von Fritz Schumacher entworfenen Rundtempel. Der neue Hamburger Baudirektor war ein gern gesehener Gast in der Villa Troplowitz. (Baark, S. 10) Auf Initiative von Anwohnern wurde am 26. März 2012 an der Villa eine Gedenktafel angebracht.

Nach seinem Tod übernahm sein Schwager Dr. Otto Hans Mankiewicz, seit zwölf Jahren Mitinhaber von Beiersdorf, die Geschäftsleitung. Er konnte sie aber nur kurze Zeit ausüben, da

1921: Beiersdorf bewirbt sein reichhaltiges Programm

er ebenfalls 1918 starb. Daraufhin wurde die Firma zuerst in eine GmbH und 1922 in eine Aktiengesellschaft umgewandelt. „Damit begann die kontinuierliche Weiterentwicklung in ein internationales Unternehmen sowie der gleichzeitige Auf- und Ausbau des Unternehmens zu einem führenden Hersteller von Markenartikeln zur Haut- und Schönheitspflege.“ So die Firma im Internet über ihre frühen Jahre.

In den folgenden Jahren brachte sie weitere Produkte heraus, zum Beispiel 1935 ein transparentes Klebeband aus Folie, das sich bis heute als tesafilm zu einer der wichtigsten Marken des Unternehmens auf dem Weltmarkt entwickelte.

Ständig wachsendes Unternehmen

Aufgrund des Erfolgs musste Beiersdorf expandieren. Im Werk I an der Quickbornstraße wurde das Fabrikationsgebäude um mehrere Stockwerke erhöht und von 1935 bis 1937 ein längst fälliges Verwaltungsgebäude errichtet. Auch eine zentrale Werkstatt entstand. Außerdem erwarb die Firma am Eidelstedter Weg und in Lokstedt mehrere Häuser und Grundstücke, um für die Zukunft gewappnet zu sein.

Der Zweite Weltkrieg hinterließ auch bei Beiersdorf deutliche Spuren. Bei den Luftangriffen von 1942 bis 1944 wurde das Werk III in Lokstedt fast ganz und das Werk I zu etwa 40 Prozent zerstört. Das Verwaltungsgebäude blieb unversehrt und war daher für die britischen Besatzungstruppen eine willkommene Beute, denn unbeschädigte größere Gebäude waren rar.

1948 wurde der bis zum Heußweg reichende Teil des Eidelstedter Wegs in Unnastraße umbenannt.

In der Nachkriegszeit galt es, den Wiederaufbau zu meistern und sich im In- und Ausland neu zu orientieren. Mit den nach 1949 entwickelten Artikeln konnte Beiersdorf einige Jahre später bereits 30 Prozent des Umsatzes erzielen. Mit dem Aufschwung ging der Ausbau der Fabrikanlagen Hand in Hand. So wurden in diesem Jahrzehnt zahlreiche Neubauten im Werk I errichtet, durch die das Stammhaus sein heutiges Gesicht erhielt.

Auch das Werk III wurde auf das Dreifache vergrößert. 1959 entstand dort ein Rohwarenlager mit 10 000 Quadratmeter Grundfläche, einer bis dahin bei Beiersdorf für ein einzelnes Gelände nie erreichten Größe.

Wenige Jahre zuvor hatte die Firma an Unna- und Quickbornstraße einen Gebäudekomplex für die Verwaltung erbauen lassen, der 1955 fertiggestellt wurde. Noch heute fällt er durch seine Gestaltung auf.

Die nach Beiersdorf und Troplowitz wohl hervorragendste Persönlichkeit an der Spitze des Unternehmens war Georg W. Claussen, der von 1957 an über 22 Jahre lang den Vorstand und weitere neun Jahre den Aufsichtsrat leitete. Seit 1989 hatte er das Amt des Ehrenvorsitzenden inne. Der am 5. Juni 1912 geborene Firmenpatriarch starb am 21. März 2013 im Alter von über 100 Jahren. Beiersdorf ehrte „nicht nur eine außerordentliche Persönlichkeit, sondern auch einen großartigen Menschen“ mit einer ganzseitigen Traueranzeige im Hamburger Abendblatt.

„1967 gelang es nach schwierigen Verhandlungen mit Senat, Bürgerschaft und Bezirksversammlung, ein Gelände zwischen den Werken Eimsbüttel und Lokstedt zu erwerben, auf dem sich ein erst wenige Jahre vorher eingerichteter Bauhof der Stadt befand. Auf diesem mehr als 40 000 Quadratmeter großen Areal sollte nach einer weit in die Zukunft reichenden Konzeption das neue Forschungszentrum in drei Stufen entstehen. 1968 wurde mit dem ersten Abschnitt begonnen. Die feierliche Eröffnung des Zentrallaborgebäudes und des Technikums erfolgte im Mai 1971 durch Bürgermeister Professor Herbert Weichmann, der bei dieser Gelegenheit die Umbenennung des bisherigen Bötelkamps in Troplowitzstraße bekannt gab.“ (100 Jahre, S. 61 ff)

Anlässlich des 100. Bestehens 1982 ließ BDF den tristen Bunker an der Ecke Heußweg/ Unnastraße farbenfroh bemalen. Knapp 20 Jahre später zog Elektromeister Andreas Xaver Wutz in den äußerlich renovierten und wieder farblosen Bunker und nahm wenig später auf dem Dach eine zweigeschossige Wohnung in Besitz. Eine Bunkerbebauung mit zwei Etagen hatte es bis dahin in Hamburg noch nicht gegeben.

Anlässlich des 100. Bestehens 1982 ließ BDF die Fassade des tristen Bunkers an der Ecke Heußweg / Unnastraße farbenfroh gestalten

Ende der 80er Jahre drei Neubauten errichtet

Ende der 80er Jahre konnte das Unternehmen gleich mehrere Gebäude einweihen, so 1989 die umgestaltete Firmenzentrale mit dem leicht geschwungenen Eingang in der Unnastraße. Außerdem kamen am Wiesingerweg ein Rotklinkerbau mit blauen Fensterrahmen sowie die cosmed-Verwaltung mit auffallend schrägen Fenstern an der Ecke Troplowitzstraße hinzu.

Einen anderen Schauplatz ließ die Firma in jenen Jahren in einer Anzeige im Eimsbütteler Wochenblatt vom 22. August 1991 im „Beiersdorf Karree“ so schildern: Durch das Einfahrtstor in der Quickbornstraße sieht man „ein altes Maschinenhaus mit einem hohen Schornstein,

Beiersdorf ließ diesen verkleideten Bunker 2012 abreißen

dann einen gelben Klinkerbau. Hier werden noch bis Mitte der 90er Jahre tesa-Spezialbänder hergestellt. Dann wird auch die restliche Produktion im ‚Wohngebiet' nach Hausbruch verlagert."

Dem Auszug der tesa-Produktion nach Hausbruch folgte an der Quickbornstraße ein Strukturwandel. Dienstleistung löste Industrie ab. Freizeitgeräte ersetzten Produktionsmaschinen, denn 1999 zog der Fitness- und Wellnessanbieter MeridianSpa mit dem – im wahrsten Sinne des Wortes – abwegigen Zusatz „Eppendorf" in den ehemaligen Fabrikflügel ein. Die anderen Geschäftsbereiche von tesa verblieben am alten Standort. In naher Zukunft werden sie jedoch in eine neue Firmenzentrale in einem Norderstedter Gewerbegebiet verlagert, wo obendrein Erweiterungsmöglichkeiten bestehen.

Anfang 2000 konnte Beiersdorf ein großes Hindernis auf dem Lokstedter Werksgelände beseitigen lassen. Hier trennte ein Hohlweg als letzter Teil des Veilchenstiegs, der in Höhe der Wrangelstraße in die Troplowitzstraße mündete, die Betriebsablaufe. In einem Bebauungsplanverfahren ließ das Bezirksamt Eimsbüttel den Veilchenstieg auf Kosten von Beiersdorf um das Firmenareal mit den Parkplätzen herumführen und 2003 fertigstellen.

Ein Jahr später entstand das hochmoderne neue Hautforschungszentrum. „Im Eingangsbereich in der Troplowitzstraße ragt ein silber schimmerndes Gebäude hervor – es ist der einer Hautzelle nachempfundene Hörsaal. In Deutschland ist es das größte und modernste Forschungszentrum dieser Art und eines der bedeutendsten weltweit," so die Firma in einer Anzeige.

Rund 450 Wissenschaftlerinnen und Wissenschaftler entwickeln in Hamburg pro Jahr etwa 100 neue Produkte und prüfen Substanzen wie Rezepturen auf ihre Verträglichkeit und Wirksamkeit.

Diese Forschung stärkt vor allem die Kernmarken Nivea, Eucerin, La Prairie, aber auch andere wichtige Produkte wie Labello oder Hansaplast.

An die „Hautzelle“ schließt sich eine von den Betriebssportlern der Firma genutzte ehemalige Schulturnhalle an, die seit einiger Zeit von einem großen Firmenparkhaus überragt wird. In unmittelbarer Nachbarschaft lässt das Unternehmen an der Stresemannallee einen neuen Betriebs-Kindergarten bauen. Er ersetzt die nur wenige Schritte entfernte, mit 56 Plätzen zu klein gewordene Kita am Bötelkamp, der hier seinen alten Namen behalten hat. Das neue Gebäude an der Stresemannallee bietet rund 100 Kindern Platz und soll im Herbst 2013 bezogen werden.

Im Laufe der zweiten Hälfte des Jahres 2012 ließ die Firma aus einer Reihe von drei Bunkern den von ihr erst kurz zuvor erworbenen Betonklotz am Wiesingerweg abreißen. Bei den Arbeiten auf dem Bunker waren zeitweise zwei Abrissbagger gleichzeitig im Einsatz. In der Schlussphase musste die Abbruchfirma auch Sprengstoff nutzen.

Beiersdorf ist seit 2008 Hamburgs einziges DAX-Unternehmen, das mit rund 150 Tochtergesellschaften und etwa 17 000 Mitarbeitern weltweit präsent ist. Rund drei Viertel des Umsatzes von 5,6 Mrd. Euro im Jahre 2011 erzielte die Firma nach eigenen Angaben im Ausland.

Von der Fassfabrik zur Volks-Oper

Mit dem Bau der Fassfabrik Traun & Co. an der Gärtnerstr. 18 schritt die Industrialisierung in den 1890er Jahren in dieser Gegend fort. Die 1885 gegründete Firma errichtete einen Flachbau mit Schornstein (Frühauf 1991, S. 109). Beide sind bis heute erhalten und Teil eines von mehreren Betrieben genutzten Gewerbehofs, der der Richter-Gründungsverwaltung gehört. Inhaberin ist Gabriele Spina-Richter, eine gelernte Journalistin.

Alexander Richter im Alter von 70 Jahren

Mit ihrer Person ist eine ganz andere, nicht industrielle, sondern künstlerische Geschichte verbunden, denn sie ist die Tochter von Alexander Richter, der vor dem Zweiten Weltkrieg einer der berühmtesten Hamburger Theaterdirektoren war.

„Er und sein Vater setzten sich mit vielen glänzenden Opern- und Operetten-Premieren am Millerntor und am Spielbudenplatz ein musisches Denkmal,“ schrieb das Abendblatt am 24. August 1967 anlässlich des 70. Geburtstags von Alexander „Xandi“ Richter.

Carl Richter und sein Sohn Alexander, zwei Österreicher, waren 1917 nach Hamburg gekommen. In der imposanten Hamburger Volks-Oper am Millerntor, „deren architektonisches Gewand ein bißchen mit dem Wiener Burgtheater kokettierte“, kriselte es. „Man griff zu – und tat einen guten Griff. Mit Unterbrechungen regierten die Richters in der Volks-Oper bis 1933. Auch im Operettenhaus und kürzere Perioden im Carl-Schultze-Theater, Hamburgs ‚Hoftheater` am Nobistor.“

Aus Dresden engagierten die Richters Richard Tauber, der in Hamburg als „Paganini“ stürmisch gefeierter Operettentenor wurde. „Ohne Tauber und die Richters wäre ‚Paganini` vielleicht nie ein Welterfolg geworden.“

Hamburger Volks-Oper

Direktion: Carl Richter

Fernsprecher: Kasse Merkur 605, Kanzlei Merkur 604.

Sonnabend, den 4. Oktober — Anfang 6½ Uhr

Die Fledermaus.

Komische Operette in 3 Akten nach Mallhac und Halevy.

Bearbeitet von C. Haffner und Richard Genée.

Musik von Johann Strauß.

Dirigent: Georg Bruno.

Personen:

Gabriel von Eisenstein, Rentier	Karl Waschmann
Rosalinde, seine Frau	Phila Wolff
Frank, Gefängnisdirektor	Leo Wulffarth
Prinz Orlofsky	Margarete Sendlinger
Alfred, sein Gesanglehrer	Hans Siegfried
Dr. Falke, Notar	Fritz Guntram
Dr. Blind, Advokat	Ernst Liebich
Adele, Stubenmädch. Rosalindens	Käthie Zürner
Frosch, Gefängnisaufseher	Josef Albrecht

Carl Richter und sein Sohn Alexander betrieben die Hamburger Volks-Oper

Großen Erfolg hatten die österreichischen Theaterdirektoren auch mit Kalmans „Gräfin Mariza“, die in der Volks-Oper über 700mal gegeben wurde. Sie bekamen alle deutschen Kalman-Premieren, wie zum Beispiel die „Zirkusprinzessin“. (v. Wiese, S. 182 ff)

Mit den von ihnen gemanagten Darbietungen beglückten die Richters nicht nur das Publikum, sondern auch sich selbst. Alexander legte einen Teil seiner Einnahmen 1925 in Immobilien in Hoheluft an.

Knapp drei Jahre nach seinem 70. Geburtstag starb Alexander Richter, der im Mai 1970 neben seinem Vater im Ohlsdorfer Familiengrab beerdigt wurde.

Im Gewerbehof an der Gärtnerstraße erinnert der Schornstein an die ehemalige Fassfabrik. Hier unterhält das Hohelufter Modelabel Closed einen Showroom

Alte Zeichnung der Tabakfabrik von Eicken

Tabakfabrik von Eicken: ein Industriedenkmal

Wie schon die Hamburg-Altonaer Trambahn-Gesellschaft bzw. die Straßen-Eisenbahn-Gesellschaft siedelte sich die Tabakfabrik Joh. Wilh. von Eicken um die vorige Jahrhundertwende auf einer benachbarten Hinterhoffläche an.

J.W. von Eicken gründete das Unternehmen

Die bereits 1770 in Mülheim an der Ruhr von Johann Wilhelm von Eicken gegründete Fabrik verlegte jedoch bereits nach 16 Jahren Firmen- wie Wohnsitz nach Hamburg, wo Inhaber Carl H. von Eicken eine kleine Tabakfabrikation gekauft hatte. Der Betrieb in Westdeutschland blieb jedoch bestehen. Bis 1901 produzierte von Eicken in gemieteten Räumen der Firma H. W. Heidmann in der Hafenstraße. Ein Brand zwang jedoch den Neu-Hamburger, den Standort aufzugeben und gleich einen Neubau zu errichten. So schildert Joh. Wilh. von Eicken als „IV. Träger des Firmennamens“ den Beginn der Hamburger Aktivitäten in der Festschrift zum 200. Firmenjubiläum.

Vorher hatte von Eicken 1899 am Rütersbarg 8 in Lokstedt ein verfallenes Wohnhaus an einem prachtvollen, aber

Tabak von der Hoheluftchaussee

verwilderten Park gekauft und 1914 durch einen Neubau ersetzt. (Kollauer Chronik 1922, S. 714 ff). Heute heißt die grüne Oase von Eicken-Park. Ebenfalls in Lokstedt erinnert die von Eicken-Straße an die Tabakfabrik. Als nach dem Groß-Hamburg-Gesetz 1937 durch die Eingemeindungen Straßennamen geändert werden mussten, erhielt der Brahmsweg diese neue Bezeichnung.

Als von Eicken an der Hoheluftchaussee ein geeignetes Terrain für seinen Fabrikneubau gefunden hatte, beauftragte er das Architekten- und Ingenieurbüro Gustav Schrader mit diesem Projekt. Dem Hamburger gelang „einer der eindrucksvollsten Fabrikbauten." (Hipp, S. 388)

Die 1902 erbaute Fabrik wurde am 18. Januar 1903 eingeweiht. Carl H. von Eickens Frau hatte mit ihrem stattlichen Vermögen maßgeblichen Anteil an der Finanzierung.

„Das feuersichere Hauptgebäude verfügt über Keller, Erdgeschoss, vier Obergeschosse sowie ein Dachgeschoss und wird durch das Treppenhaus in zwei gleich große Abteilungen getrennt. Eine dient der Verarbeitung, die andere der Lagerung. Der Rauchtabak wird auf dem vierten Boden abgewogen und angefeuchtet, auf dem dritten geschnitten und getrocknet, auf den beiden folgenden verpackt und im Erdgeschoss versandfertig gemacht. Die erforderlichen Versandkisten werden im Keller hergestellt und die dafür nötigen Hölzer gelagert.

Spezialitäten für die Pfeife

Die Nebengebäude enthalten Kontore, Garderobenräume für die Arbeiter, Stall und Wagenschuppen sowie Wohnungen für Pförtner,

Maschinisten und Fuhrmann. Alle Maschinen werden elektrisch angetrieben. Die Lagerräume stehen zum Teil unter Zollverschluss. Zwei Räume sind zur Herstellung von unverzolltem Tabak (sogenannte Veredlung) vorgesehen.

Im Jahre 1912 verarbeitete die Fabrik 14 500 Zentner Tabak und beschäftigte etwa 100 Mitarbeiter." (HusB II 1914, S. 533)

Bürckel: Konkurrent in der Nachbarschaft (1909)

Und in der Chronik heißt es: „Während die Fabrik in Mülheim außer Rauchtabak auch sogenannten Strang- und Kautabak herstellte, ging mein Bestreben in Hamburg hauptsächlich dahin, die besseren Feinschnittsorten mit Rauchtabakmischungen in englisch-amerikanischer Geschmacksrichtung herzustellen, um damit die ausländischen Fabrikate entbehrlich zu machen. Die neue Fabrik in Hamburg, die uns anfangs als ausreichend für Jahrzehnte erschien, mußte schon 1910 um ein erhebliches Stück erweitert werden." Es kam ein fünfgeschossiger Anbau mit Wasserturm/Schornstein hinzu. 1914 gehörte von Eicken zu den größten Tabakfabriken in Deutschland.

1926 bahnte das Hohelufter Unternehmen einen losen Kontakt mit der Londoner Tabakfabrik Alfred Dunhill an, um ihn 1938 in einen Lizenzvertrag übergehen zu lassen. Diese Beziehung sollte sich nach dem wenig später ausgebrochenen Krieg als wichtig erweisen.

Wie so viele Objekte in Hoheluft wurde auch von Eicken bei den Luftangriffen der Alliierten im Juni 1943 getroffen – „zunächst meine Fabrikgebäude in Mülheim, dann vier Wochen später mein Hamburger Kontorgebäude mit Arbeitergarderoben, fünf Werkswohnungen ...," schreibt Johann Wilhelm von Eicken. Alt und krank geworden, übergab er die Leitung seiner Firma am 1. Januar 1945 in die Hand seines Sohnes, der 1948 erst einmal die „von offizieller Seite" verfügte Stilllegung der Fabrik verdauen musste, da die Gebäude für die Herstellung von Röntgenapparaten benötigt wurden. 1963 konnte von Eicken wieder Tabak produzieren. Anknüpfend an die Zusammenarbeit mit Dunhill diversifizierte die Firma 1970 ihre Produktpalette als Importeur der Pfeifentabake der MacBaren Tobacco Company.

1983 entschied sich Johann Wilhelm von Eicken, den inzwischen deindustrialisierten Standort Hoheluft zu verkaufen und sich in Lübeck niederzulassen. Von hier liefert das mittlerweile über 240 Jahre alte Unternehmen seine Tabakprodukte in über 100 Länder.

1984/85 wurde die Fabrik zu einem Büro- und Atelierhaus umgebaut, in dem das Restaurant „factory" in seinem nicht alltäglichen Ambiente jahrelang Gäste aus nah und fern anzog. Als das Interesse erlahmte, musste das Lokal schließen. Nach Jahren fanden sich neue Pächter, die die Räume modernisierten und als „New York New York“ im Mai 2012 neu eröffneten.

Weil die ehemalige Tabakfabrik „zu den wichtigsten wilhelminischen Industriedenkmälern Hamburgs“ zählt, nahm das Hamburger Denkmalschutzamt diesen Komplex am 8. Januar 1986 unter der Nummer 781 in seine Denkmalliste auf und würdigte ihn so: “Das durch ein (heute nicht mehr zu sehendes, d. Verf.) Jugendstilgittertor an der Hoheluftchaussee und über eine gepflasterte Hofzufahrt erschlossene Fabrikgebäude umfaßt als eindrucksvoll erschlossene Gesamtanlage neben dem von der Straße aus sichtbaren fünfgeschossigen, breitgelagerten Hauptbaukörper einen eingeschossigen Kessel- und Maschinentrakt, ein abgesetztes zweigeschossiges Kontor- und Portiersgebäude, das über eine Garagenzeile mit einem dreigeschossigen Stall- und Wohngebäude verbunden ist.“

Außerdem hebt das Amt die „herausragende baukünstlerische Bedeutung als Hauptwerk des dem Ingenieurbau verpflichteten Büros Gustav Schrader sowie qualitätsvolles Beispiel einer bewußt Elemente großbürgerlicher Repräsentationsbauten aufgreifenden Fabrikarchitektur der Gründerzeit“ hervor.

Über eine Pappel zum Druckereibesitzer

Mit der Ansiedlung in Hoheluft ergab es sich, dass von Eicken zum Eppendorfer Weg hin mit der Druckerei Gebrüder Lüdeking einen Nachbarn bekam, der schnell von der neuen Firma profitieren konnte, denn sie ließ dort fast alle Drucksachen einschließlich neuer Tabakverpackungen herstellen.

Knapp 20 Jahre später passierte Folgendes: „Bei einem im Juni 1921 notwendig werdenden Erweiterungsbau meines Kontorgebäudes wollte ich gern auf der Grenze ein Fenster einbauen. Auch ein hoher Pappelbaum nahm mir viel Licht weg, seine Beseitigung schien mir unbedingt notwendig. Um beides zu erreichen, mußte ich die Zustimmung der Firma Gebrüder Lüdeking einholen, die mir, als dem damals größten Kunden, auch bereitwillig erteilt wurde,“ schreibt Joh. Wilh. von Eicken.

So weit so gut. Aber es kam noch besser für den Fabrikherren.

„Der Geschäftsführer, Herr Fritz Fiedler, fragte mich bei meinem Besuch, ob ich nicht Lust hätte, den ganzen nachbarlichen Gebäudekomplex, bestehend aus den beiden am Eppendorfer Weg 209 und 211 gelegenen Etagenhäusern und dem Druckereigebäude 213 – hinter dieser Adresse verbirgt sich heute ein Gewerbehof, d. Verf. – zu kaufen. Da der Kaufpreis mir günstig erschien und die Papiermark immer mehr absackte, willigte ich ein. Aber ich hatte meine Rechnung ohne den in Berlin wohnenden Besitzer gemacht. Als dieser Mann von der zwischen seinem Geschäftsführer und mir geplanten Absicht erfuhr, bestand er auf der Bedingung, daß ich auch das Druckereigeschäft mit übernehmen müsse, sonst würde er seine Grundstücke nicht abgeben. Kurz entschlossen willigte ich dann innerhalb dreier Tage ein, obgleich sich dadurch der Ankaufspreis verdoppelte. So wurde ein lästiger Pappelbaum die indirekte Ursache, daß ich Druckereibesitzer wurde." Was hatte Herr von Eicken davon? Mehr als doppelt so großen Grundbesitz in Hoheluft. „Dieses Geschäft habe ich später nie bereut, denn die Flucht vor der Papiermark in Realwerte stellte sich später als sehr richtig heraus!"

Auch Fritz Fiedler profitierte von dieser Transaktion. Er wurde zunächst von Eickens Prokurist und übernahm am 1. Januar 1939 die Firma Gebrüder Lüdeking, die prosperierte und sich zu einem „sehr beachtlichen Betriebe" entwickelte, so dass 1923 ein Erweiterungsbau errichtet werden musste.

Im Juni 1943 trafen Bomben nicht nur das Etagenhaus Eppendorfer Weg 211, sondern auch das Druckereigebäude mit allen seinen wertvollen Maschinen. Die Firma Lüdeking fand aber bald eine neue Wirkungsstätte und strebte hoffnungsvoll einen Neuanfang an.

Orientalische Düfte von Kyriazi Frères

Als sich die Cigaretten- und Tabakfabrik Kyriazi Frères, die bereits 1873 in Kairo gegründet worden war, an der Ecke Hoheluftchaussee/Breitenfelder Straße niederließ, hatte sich die Firma Bauer & Häselbarth schon längst an ihren gegenüber liegenden Standort gewöhnt.

Über Amsterdam (1922) hatte sich Kyriazi 1925 nach Hamburg ausgedehnt, um einen neuen Markt für seine Orientzigaretten zu erschließen. Damit verfügte Hoheluft über zwei Tabakfabriken, denn Joh. Wilhem von Eicken war ja schon länger vor Ort.

Mitte der 1930er Jahre brachte die Firma ihre neue Marke „Astra" als „natürlich-nikotinarm" auf den Markt und versprach, den nikotinarmen Gehalt dieser Zigaretten durch einen vereidigten Hamburger Handelschemiker überprüfen zu lassen. Zu den eingeführten

Nicht nur Cairo, sondern auch Hamburg

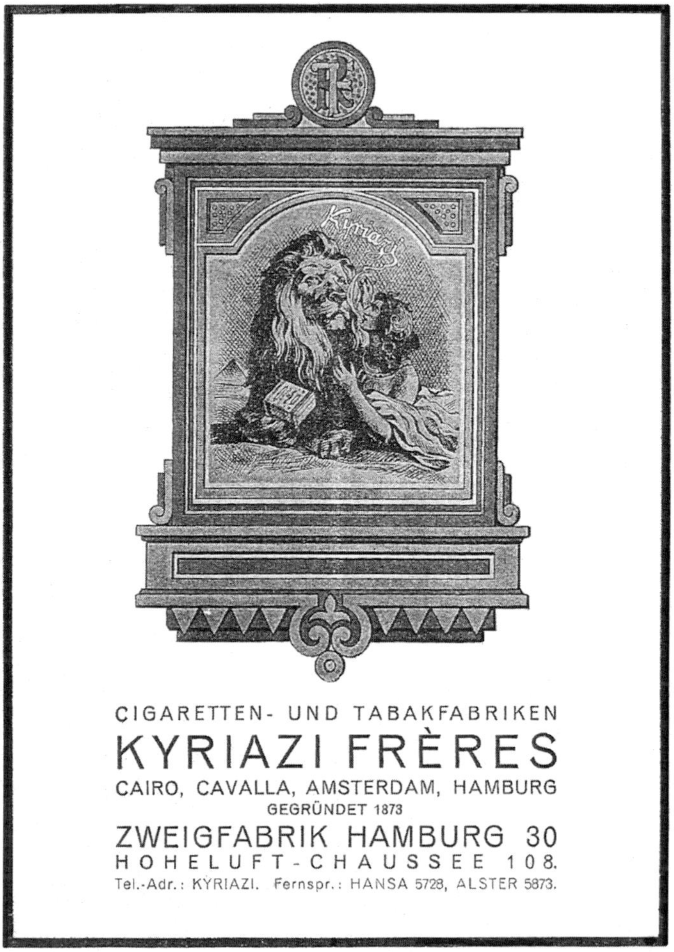

Auch Kyriazi produzierte an der Hoheluftchaussee

Kyriazi-Marken gehörte auch „Finas", die feine.

Durch die Bombenangriffe der Engländer im Sommer 1943 musste das Unternehmen seine Produktion an der Hoheluftchaussee einstellen. Nach dem Krieg erschwerten die Besatzungstruppen den Tabakfabriken den Neubeginn, denn diese durften keine Zigaretten von der einen in eine andere Besatzungszone liefern. Wollte eine Firma zum Beispiel in der amerikanischen Zone verkaufen, musste sie dort auch produzieren.

Von Anfang 1940 an stellte British American Tobacco (BAT) daher mit den befreundeten Kyriazi Frères in Heidenheim zehn Jahre geme Zigaretten her. Wenige Jahre später, 1960, erwarb die große Hamburger BAT die wesentlich kleinere Konkurrenz, wie das „BAT magazin" anlässlich des 50jährigen Firmenjubiläums 1976 berichtete.

Der Name Kyriazi Frères blieb jahrelang als Marke erhalten und tauchte noch Ende der 70er Jahre im Hamburger Adressbuch unter der BAT-Anschrift am Alsterufer 4 auf.

Christa Breuer Mitte der 50er Jahre vor Wartehäuschen und Firmengelände an der Breitenfelder Straße

„Chirurg“ von Bauer & Häselbarth

Die Firma hatte sich als Handwerksbetrieb zur Reparatur und Herstellung ärztlicher Instrumente in Hamburg schon längst einen Namen gemacht, als sie 35 Jahre nach der Gründung ihr neues Fertigungsgebäude – unweit der Fassfabrik von Traun & Co. – am Stadtrand bezog.

Katalog für chirurgische Instrumente (1925)

Nachdem Mitbegründer Bernhard Häselbarth ausgeschieden war, weihte die Firma 1914 ihre Instrumentenfabrik nebst Wohnhaus an der Hoheluftchaussee 139 ein.

Die handwerkliche Herstellung der Instrumente beruhte auf Konzepten einzelner Ärzte und war speziell auf diesen Berufszweig zugeschnitten. „Jeder Werker fertigte das Instrument komplett mit all seinen Teilen selbst. Die Materialien waren Silber, Kupfer, Messing, Stahl und zum Beispiel Elfenbein für Griffe,“ schreibt die Firma in einer kurzen Chronik ihrer Geschichte. Sie unterstützte damit den zunehmenden Fortschritt im Bereich der Chirurgie. Dabei profitierte sie von der Nähe zum Eppendorfer Krankenhaus.

Nach dem Ersten Weltkrieg erfolgten die ersten Exporte nach Skandinavien, so dass die Erzeugnisse unter dem Warenzeichen „Chirurg“ auch im Ausland bekannt gemacht wurden. 1920 übergab der andere Mitbegründer, Carl Otto Bauer, die Geschäftsführung an seine Söhne Max und Otto, die aufgrund des technischen Fortschritts feinmechanische Maschinen anschafften.

1940 verkauften die Brüder das Unternehmen an H. Leszczynski und H. Schlünz, die einen Stanzbetrieb eingliederten.

In den Nachkriegsjahren ließen sich chirurgische Instrumente in Deutschland kaum noch absetzen, so dass sich die Firma mit der Produktion von branchenfremden Artikeln wie Fahrradklingeln oder Konservendosen behelfen musste. Erst 1950 ging es mit der Fertigung chirurgischer Geräte wieder aufwärts. Dabei half auch eine Ausweitung des Sortiments.

Nach erneutem Besitzwechsel – die Scheidemandel AG in Wiesbaden übernahm 1967 die Hohelufter Firma – wurde der Geschäftsumfang wiederum erweitert und der Maschinenpark modernisiert und ausgebaut, so dass Bauer & Häselbarth seinen Ruf als renommierter

Hier produzierte Bauer & Häselbarth bis 1984

Hersteller von chirurgischen Instrumenten in der Bundesrepublik zunächst festigen konnte. Besonderen Anteil daran hatte ein modernes Stethoskop.

Doch Konkurrenten aus Asien und eigene Managementfehler setzten den Hamburgern stark zu, so dass die über 100 Mitarbeiter um ihre Arbeitsplätze bangen mussten. Glücklicherweise wurde die Krise überstanden.

Nach genau 70 Jahren verließ Bauer & Häselbarth 1984 den Standort Hoheluft, weil Gebäude und Lage einfach nicht mehr modernen Ansprüchen genügten. Die Firma produzierte auf fünf Stockwerken in einem Hinterhofhaus. Zwei Etagen dienten als Lager. Da kein Aufzug existierte, mussten alle Materialien, wie 1914, mit einer Außenwinde „hochgehüsert“ werden, so dass ein Produkt bis zu 20mal über die Winde durch den Gebäudekomplex pendelte.

Weiteres Manko: Lastwagen über fünf Tonnen konnten die enge und zudem an der vielbefahrenen Straßenecke Hoheluftchaussee/Gärtnerstraße gelegene Einfahrt nicht passieren.

Das Unternehmen zog nach Ellerau bei Kaltenkirchen um, weil die Stadt kein Interesse gezeigt hatte, Bauer & Häselbarth in Hamburg zu halten. Sie wäre gern geblieben. Die Gemeinde Ellerau nahm die Firma dagegen mit offenen Armen auf und benannte sogar die Erschließungsstraße in einem Gewerbegebiet nach dem weltbekannten Chirurgen Sauerbruchstraße.

Hier und an zwei weiteren Produktionsstätten fertigt das Unternehmen unter anderem Instrumente für die gynäkologische Diagnostik, für Hals, Nasen, Ohren (HNO), für den Rektalbereich, zum Absaugen von Flüssigkeiten sowie Wundspreizer und Wundhaken.

Inzwischen besteht es seit über 100 Jahren.

Inzwischen ist die Firma über 130 Jahre alt

Schiffsmodelle von Stührmann

Man muss das Hinterhofareal am Lehmweg 10 betreten, um dort das fast 100 Jahre alte, 1914 von Christel Stührmann errichtete Werkstattgebäude zu entdecken. Es diente jahrzehntelang einem Gewerbe, das man in dieser Lage nicht unbedingt vermutet hätte, nämlich „zur Fertigung von Präzisions-Schiffsmodellen für Reedereien, Werften, Marine, Museen und Weltausstellungen," wie auf einem Erinnerungsschild neben dem Eingang zu lesen ist.

Der erste Tag an der neuen Wirkungsstätte begann mit einem Paukenschlag. Es war der 1. August 1914, der Tag, an dem der Erste Weltkrieg ausbrach.

Christel Stührmann

Der junge Feinmechaniker Stührmann mit dem irritierenden Vornamen Christel hatte sich bereits 1899 im Alter von 25 Jahren in der Bartelsstraße auf St. Pauli selbständig gemacht und in einer kleinen Werkstatt feinmechanische Geräte aller Art hergestellt. Hier bekam er es eines Tages mit Hermann Blohm, dem Seniorchef von Blohm & Voss, zu tun. Der alte Herr empfahl ihm, Einzelteile für Schiffsmodelle zu fertigen, die bis dahin nicht in Hamburg hergestellt wurden.

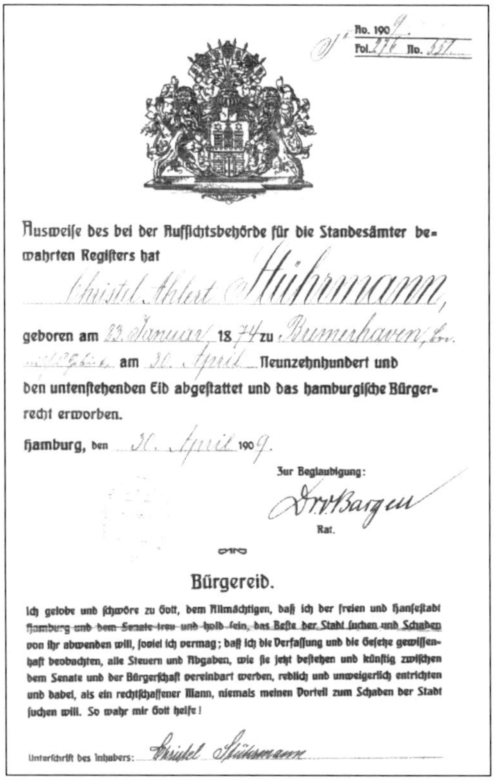

No. 1909. Fol. 276 No. 351.

Ausweise des bei der Aufsichtsbehörde für die Standesämter bewahrten Registers hat

Christel Ahlert Stührmann,

geboren am 23. Januar 1874 zu Bremerhaven, ... am 30. April Neunzehnhundert und den untenstehenden Eid abgestattet und das hamburgische Bürgerrecht erworben.

Hamburg, den 30. April 1909.

Zur Beglaubigung:

Dr. v. Bargen

Rat.

Bürgereid.

Ich gelobe und schwöre zu Gott, dem Allmächtigen, daß ich der freien und Hansestadt Hamburg und dem Senate treu und hold sein, das Beste der Stadt suchen und Schaden von ihr abwenden will, soviel ich vermag; daß ich die Verfassung und die Gesetze gewissenhaft beobachten, alle Steuern und Abgaben, wie sie jetzt bestehen und künftig zwischen dem Senate und der Bürgerschaft vereinbart werden, redlich und unweigerlich entrichten und dabei, als ein rechtschaffener Mann, niemals meinen Vorteil zum Schaden der Stadt suchen will. So wahr mir Gott helfe!

Unterschrift des Inhabers: Christel Stührmann

Nie Vorteil zum Schaden der Stadt suchen: Bürgereid mit 35 Jahren

Stührmann folgte dem Rat, und die Nachfrage nach diesen Teilen war bald so erfreulich, dass er größere Räume in der Brigittenstraße anmieten musste. 1904 gliederte er dem Betrieb eine Modelltischlerei an, um komplett aufgetakelte Präzisionsmodelle fabrizieren zu können. Die zusätzlichen Aufträge bewirkten erneuten Platzbedarf, so dass die Firma zwei Jahre später in die Bismarckstraße umzog.

Bedeutende Aufgaben standen bevor, denn die großen deutschen Ausstellungen und die Weltausstellungen mussten eingeplant werden. Alle namhaften Werften und Reedereien wollten dort mit hochwertigem Propaganda-Material, wie es damals hieß, vertreten sein und werben. Die inzwischen über 30 Mitarbeiter der Hamburger „Modellschmiede" bekamen alle Hände voll zu tun. Modelle von vier, fünf, ja bis zu sechs Meter Länge der schönsten und bekanntesten Passagier-Dampfer, von großen Brücken, Baggern, Kranen und Docks gingen in alle Welt

Lehmweg 10-12: vorne Kohlenhandel hinten Schiffsmodelle

hinaus. Stührmann-Modelle waren ein Begriff geworden! Einige der Schiffsmodelle mussten gleich mehrfach angefertigt werden; das des Luxusdampfers „Imperator" allein 17mal. Das damals größte Schiff der Welt lief 1912 für die HAPAG, die größte Reederei der Welt, vom Stapel. Eines der „Imperator"-Modelle kann man heute noch im Museum für Hamburgische Geschichte bewundern.

Während Reeder die Modelle zum Zweck der Präsentation herstellen ließen, bestellten Werften maßstabsgetreue Miniaturen als anschauliche Vorlagen für zu bauende neue Schiffe.

Der „Imperator" im Museum für Hamburgische Geschichte

Kein Wunder, dass die Stührmannsche Produktionsstätte bei der großen Nachfrage ein weiteres Mal nicht ausreichte, so dass sich die Firma nun in einem eigenen Fabrikationsgebäude am Lehmweg für die folgenden Jahrzehnte – in unmittelbarer Nachbarschaft der Falkenried-Werkstätten – etablierte.

Auf den Ersten Weltkrieg folgten schwere Jahre mit Inflation, Wirtschaftskrise, Zweitem Weltkrieg, Zusammenbruch der deutschen Schifffahrt und des deutschen Schiffbaus. Während des WK II geriet das Werkstattgebäude gleich zweimal unter Beschuss: 1943 brannte das Dachgeschoss ab, das jedoch gelöscht werden konnte, und 1945 durchschlug eine große Luftmine sämtliche Decken des Hauses. Auch diese Schäden ließen sich beheben.

Doch es ging wieder aufwärts, und kurz nach Christel Stührmanns 75. Geburtstag konnte die Firma 1949 ihr 50. Bestehen begehen und auf die Herstellung von insgesamt fast 1000 Modellen zurückblicken. Der Chef konnte auf das Erreichte und auf die Tatsache stolz sein, nicht nur die älteste, sondern auch die führende Firma auf dem Gebiet des Schiffmodellbaus in Deutschland zu leiten.

Mitte der 50er Jahre bestellte der griechische Reeder Onassis für seinen Superturbinentanker „Tina Onassis“ in Hoheluft ein Modell im Maßstab von 1:200, und der indische Ministerpräsident Nehru nahm an Bord des auf der Howaldtswerft gebauten Frachtdampfers „Indian Resource“ ein Stührmann-Modell dieses Schiffes entgegen.

In all den zurückliegenden Jahren konnte sich der Firmenchef auf seinen Schwiegersohn Rudolf Raabe verlassen, der ihn seit 1932 in der Firma unterstützte. In dritter Generation übernahm Dieter Raabe die Geschäfte, nachdem sein Großvater 1953 und sein Vater 1957 gestorben waren. Die Hochzeit des Schiffsmodellbaus war jedoch vorbei. 1998 gab Dieter Raabe die Firma auf.

Auch die direkt am Lehmweg gelegene Kohlenhandlung Meincke & Hertz ist Geschichte. Der letzte Stührmann-Chef erinnert sich noch gut an sie und ihre beiden schweren Brauereipferde, die in der Nachkriegszeit mit vollbeladenen Wagen die Kohle zu einem Lagerplatz am Isebekkanal transportierten, wo regelrechte Halden aufgeschüttet wurden.

2014 wird das Werkstattgebäude 100 Jahre alt

Schlepper und Schuten auf dem Isebekkanal

Wie es auf dem Isebekkanal in den 40er Jahren zuging, hat der pensionierte Berufsschullehrer Reinhard Reuss, der damals in der Isestraße wohnte, in seinen 2010 erschienenen Kindheitserinnerungen niedergeschrieben. Als Junge schätzte er auf der Hoheluftbrücke die weiten Blicke in Richtung Klosteralleebrücke und Mansteinstraße. Hier einige seiner Eindrücke:

„Auf dem Kanal kündigten sich durch dicke Qualmwolken die starken Schlepper der Firma Lütgens & Reimers GmbH & Co an, die teilweise bis zu drei Schuten mit Koks oder Anthrazit im Schlepp hatten. Sie belieferten Kohleumschlagbetriebe wie Risch & Rosendahl am Isekai sowie Meincke & Hertz am Lehmweg, Ecke Klosterbrücke, Depoteinfahrt Falkenried. Es gab und gibt noch teilweise regelrechte Kais zum Anlegen von Schuten mit entsprechenden Pollern für Tampen zum Vertäuen.

Es war nun spannend, die Manöver des Schlepperführers zu beobachten, weil die Schuten bei Fahrtverringerung nach links und rechts ausbrachen und teilweise auf den Kanalgrund krachten, weil sie durch die Kohlelasten (80 bis 100 Tonnen) tief im Wasser lagen.

Ausgesprochene Künstler waren Schutenmänner, die mit langen Stangen auf dem Grund herumstakten, um die Fahrzeuge wieder flott zu machen bzw. mit einem Ruder an der Schute die Richtung zu halten. Bisweilen gab es auch Einzelkämpfer, d. h. Schutiers, die eine Schute allein durch die Gegend bugsierten. Das ging so: Er stellte sich an den Bug der Schute, bohrte eine lange Holzstange in den Grund des Kanals, drückte die Stange gegen die Schulter und schob die Schute – indem er vom Bug zum Heck tief gebeugt die Schute an der Stange vorbei schob – heckwärts. Dieses Verfahren wiederholte sich abwechselnd an der Steuerbord- und Backbordseite, so dass die Richtung stimmig blieb. Jede Schute hatte für diese Art der Fortbewegung an beiden Seiten einen ca. 50 cm breiten Rand, der diese Art der Bewegung ermöglichte.“

Mord auf der „Marieville“

Ein gänzlich anders geartetes Wasserfahrzeug bewegte in den 70er und 80er Jahren vor allem die Gemüter der Anlieger am Isebekkanal nahe der Hoheluftbrücke, das vornehmlich als schwimmende Discothek bekannt wurde.

Thomas Osterkorn, zuletzt Co-Chefredakteur des „stern“, hatte am 6. September 1983 für das Hamburger Abendblatt berichtet: „Die Nachbildung des legendären Mississippi-Dampfers liegt schon seit 1971 im Isebekkanal. Gastronom Helmer Prelle hatte eine alte Kiesschute für 400 000 Mark zu einem Restaurantschiff ausbauen lassen. In seinem ‚Marieville‘ war Prominenz ebenso wie Halbwelt zu Gast. Vor zwei Jahren aber wurde Prelle frühmorgens auf seinem Schiff erschossen, nachdem er mit vier Mitgliedern einer dubiosen Sekte seinen 41. Geburtstag gefeiert hatte.“

Mit einem neuen Pächter folgte die Fortsetzung des Krimis am Isebekkanal. Er wandelte das Schiff in ein Bordell namens „Love Boat“ (mit einer nackten Neon-Dame) um. Doch damit kam er beim Bezirksamt nicht durch und musste sein Etablissement umbenennen. Das geschah mit dem „Traumschiff“. Des Pächters Traum geriet jedoch wenig später zum Albtraum, denn das Schiff fiel Anfang September 1983 einem Brand zum Opfer.

Paul Rother: Ein Meister des Orgelbaus

„Der Biograph des Orgelbauers Arp Schnitger, Dr. Gustav Fock, schrieb am Beginn seines grundlegenden Buches ‚Arp Schnitger und seine Schule`: „Unter allen deutschen Städten darf Hamburg sich diejenige mit der ruhmreichsten Vergangenheit im Orgelbau nennen.` Diese Feststellung darf dahingehend erweitert werden: unter allen Städten weltweit!“ betont Günter Seggermann, und er weist darauf hin, dass „Hamburg durch die Scherer, Fritzsche, Schnitger, Wolfsteller, Wohlien, Rother, v. Beckerath und deren Umfeld in den vergangenen über 500 Jahren ohne Unterbrechung mehr oder weniger weltweite Orgelbaugeschichte geschrieben hat.“ (500 Jahre, S. 262)

Einer von ihnen, Paul Rother, beeindruckte später seine Auftraggeber mit den Werken seiner Kirchen-Orgelbau-Anstalt an der Hoheluftchaussee 40.

Paul Rothers Orgelbau-Anstalt (1928)

Der am 5. Januar 1871 im schlesischen Schweidnitz geboren Rother absolvierte in seinem Geburtsort eine Lehre als Orgelbauer und kam nach Erfahrungen bei Firmen in Süddeutschland, im Elsaß, in Belgien und Frankreich als Geselle nach Hamburg, wo er die Orgelbauwerkstätte von Christian Heinrich Wolfsteller, der 1897 gestorben war, 1899 übernahm und zu neuer Blüte führte. Schon bald konnte er die Johanniskirche in Eppendorf umbauen und erweitern.

Der als ausgezeichneter Intonateur geltende Rother musste dank zunehmender Aufträge die Firma aus den beengten Verhältnissen in Altona zunächst in die Gärtnerstraße und 1910 dann endgültig in die Hoheluftchaussee verlagern.

Eine Mitte der 1920er Jahre in Hamburg von Hans-Henny Jahnn ausgelöste Orgelbewegung stieß auf Paul Rothers ganzen Widerwillen und belastete das Geschäft. Der Orgelbauer fühlte sich nicht mehr „gefragt“. Von den evangelisch-lutherischen Kirchengemeinden in Hamburg bekam er keinen Neubauauftrag mehr, weil er sich nicht mit den Bestrebungen und Erkenntnissen der Orgelbewegung identifizieren wollte.

Niederschmetternd wirkte sich bald auch der Zweite Weltkrieg auf die Werkstatt aus, die im Juli 1943 völlig zerstört wurde. Dadurch verlor der inzwischen 73jährige nicht nur seinen Betrieb, sondern auch seine Alterssicherung, ein Mietshaus mit zwölf Wohnungen.

Paul Rother ließ sich jedoch nicht unterkriegen und versuchte einen Neubeginn. Dabei half ihm die benachbarte Kirchengemeinde von St. Markus, indem sie ihn beauftragte, die im Krieg ramponierte Orgel um- und einzubauen.

Eine welch bedeutende Rolle Paul Rother im Hamburger Orgelbau eingenommen hat, geht aus seinem Werkverzeichnis hervor. Danach schuf er zwischen 1899 und 1951 46 Kirchenorgeln; Orgeln in Schulen, Krankenhäusern etc. nicht mitgezählt.

„Paul Rother konnte sich bis an sein Lebensende nicht entschließen, die Neuerungen im Zuge der Orgelbewegung für seine Arbeit zu akzeptieren ... Bis 1958 führte Rother noch kleine Reparaturen und Stimmungen aus. Nach dem Tode des Meisters am 9. Juni 1960 wurde der Betrieb aus der Handwerksrolle gelöscht.“ (Seggermann 1999, S. 8 ff)

A. H. Wessely – eine Firma zwischen Kunst und Kommerz

Dieses ist in erster Linie die Geschichte von Adam Hermann Wessely, dem es in seiner beruflichen Laufbahn immer wieder gelang, mit kunstsinnigen Personen zusammenzuarbeiten. So zum Beispiel mit den Bildhauern Hermann Perl und Richard Kuöhl, dem Blaumaler Hermann Haase, dem Gründer des Museums für Kunst und Gewerbe, Justus Brinckmann, oder dem Baudirektor Fritz Schumacher. Diese Kontakte führten zu Arbeiten, die zum Teil noch heute in Hamburg zu sehen sind: Keramiken im alten Elbtunnel oder das Hamburger Wappen am Wasserturm im Stadtpark, dem heutigen Planetarium.

Feine Töpferartikel, Öfen, Kamine und Herde von Wessely

Wie hoch Wesselys Stellenwert damals war, geht auch daraus hervor, dass die deutsche Reichsregierung einen von ihm 1893 auf der Weltausstellung in Chicago präsentierten Ofen für das Reichstagsgebäude in Berlin kaufte. Er konnte aber auch weniger kunstvolle, dennoch spektakuläre Aufträge erfüllen. So baute er den seinerzeit größten Herd Hamburgs für das Eppendorfer Krankenhaus mit vier Heizungen, acht Bratöfen und Wärmeschränken für 1000 Teller.

Wie der Vater so der Sohn: Curt führte nicht nur die Zusammenarbeit mit Schumacher fort, es gelang ihm auch, mit dem Architekten Fritz Höger zu kooperieren und nach dessen Vorstellungen Arbeiten am Chilehaus, Sprinkenhof, Verlagshaus von Broschek & Co. am Heuberg/Große Bleichen sowie am Pressehaus des Hannoverschen Anzeigers auszuführen.

Vom Gängeviertel zum Falkenried

Als sich die Kunsttöpferei, Ofen- und Thonwaaren-Fabrik von A. H. Wessely Ende des 19. Jahrhunderts in Hoheluft niederließ, war die Firma noch jung, ihr Inhaber aber bereits sehr erfolgreich. Nach dem Bau der Keramikfabrik am Falkenried 3 – 5 (1896) ließ er zwei Jahre später ein Wohnhaus folgen.

„Auf Grund des Baupolizei-Gesetzes zeige ich Ihnen hierdurch ergebenst an, daß ich an der Grenze Ihres Grundstückes am Lehmweg, Ecke Falkenried einen Neubau (Etagenhaus) zu errichten beabsichtige und mit der Errichtung desselben in nächster Zeit beginnen werde," teilte er der Straßen-Eisenbahn-Gesellschaft am 31. August 1898 mit, wie aus Firmenunterlagen hervorgeht. Die SEG hatte sich in den Jahren 1890-92 am Falkenried angesiedelt.

Diese Flächen hatte Adam Hermann Wessely durch einen Grundstückstausch erhalten, indem er die zuvor von ihm gebaute Straße Isekai samt seiner Villa Isekai 8 dafür einsetzte.

Der Fabrikant hatte einer historischen Entwicklung Tribut zollen müssen, die Hamburg nachhaltig veränderte. Die Firma musste die Neustadt verlassen, weil der Staat die Kaiser-Wilhelm-Straße durch das Gängeviertel führen wollte. Die Straße querte den Bäckerbreitergang genau an der Stelle, an der der Betrieb lag. Der Staat kaufte das für den Straßenbau erforderliche Grundstück auf und ließ die Kaiser-Wilhelm-Straße von 1890 bis 1893 bauen.

Nach umfangreichen und vielseitigen Wanderjahren quer durch Deutschland war der 1845 in Königsberg geborene Keramiker und Töpfer 1863 nach Hamburg gekommen, wo er in der traditionsreichen Ofen- und Thonwaaren-Fabrik der Gebrüder Spiermann am Bäckerbreitergang 74 eine Stelle fand.

Hier verliebte er sich in Johannes Spiermanns Tochter Mathilde. Da beide nicht volljährig waren, kam eine Hochzeit nicht in Frage. So verließ A. H. Wessely wieder Hamburg und sammelte Erfahrungen in weiteren Ofenfabriken. Im Sommer 1869 kehrte er in die Hansestadt zurück und heiratete gut ein Jahr später seine Mathilde. Aus der Ehe gingen drei Töchter und zwei Söhne hervor.

Wessely interessierte sich aber nicht nur für sein Handwerk, sondern auch für Politik und das aktiv. Im Alter von 32 Jahren zog er 1877 auf der Liste der Handwerkspartei in die Bürgerschaft ein, nachdem er vier Jahre zuvor „zum Hamburgischen Staatsangehörigen aufgenommen" worden war und den Bürgereid geleistet hatte. Er wirkte in vielen Ausschüssen mit, in denen ihn vor allem Bau- und Verkehrsfragen beschäftigten. In Erinnerung an den Bürgerschaftsabgeordneten benannte der Senat der Hansestadt 1964 eine nördlich des Stadtparks gelegene Straße „Wesselyring".

Adam Hermann Wessely engagierte sich auch im Eppendorfer Bürgerverein von 1875, den er um die Jahrhundertwende als Vorsitzender sogar führte. Anliegen des Vereins vertrat er auch in der Bürgerschaft. Als Hamburger Persönlichkeit kann man ihm und seiner Frau noch

Adam Hermann Wessely mit Frau Mathilde zieren das Kaminzimmer der Handwerkskammer am Holstenwall

heute im Kaminzimmer der Handwerkskammer auf Gemälden begegnen. Wessely war unter anderem auch Obermeister der Töpferinnung.

Beruflich machte er sich zunächst selbständig, um dann wenig später mit August Spiermann die Handelsgesellschaft A. Spiermann & Wessely zu gründen, und zwar am Bäckerbreitergang 74. Nach dem Tode seines Geschäftspartners wurde die Firma gelöscht und Wessely am 1. Januar 1880 alleiniger Inhaber der Firma A. H. Wessely. „Die Firma A. Spiermann & Wessely hat ihre Töpferwerkstätte noch in demselben Grundstück, in welchem das Geschäft vor über 150 Jahren begründet wurde, wenngleich dasselbe durch hinzugezogene Nachbar-Grundstücke allmählich erweitert und der Betrieb mit Dampfkraft eingerichtet wurde,“ wirbt die Firma in einer zeitgenössischen Selbstdarstellung.

Kunstvolle Öfen und Kamine

Er baute Öfen im Stil der deutschen Renaissance mit weit ausladenden Krönungen, in der zierlicheren Art des Rokoko und der schlichteren Form des Empire und des Biedermeier, auf besonderen Wunsch auch in gotischen Formen.

Schon bald zog er namhafte Künstler zur Gestaltung seiner Öfen und Kamine heran, ohne die er bereits vorher eine Goldmedaille erhalten hatte. Dank eines engen, persönlichen Verhältnisses zu dem Bildhauer Hermann O. G. Perl durfte Wessely die von dem Bildhauer für den Elbtunnel entworfenen Keramikarbeiten ausführen.

Entwurf eines Wessely-Ofens

Weitere Kontakte entstanden zu dem Gründer des Museums für Kunst und Gewerbe, Justus Brinckmann, und dem Blaumaler Hermann Haase, dessen Blaumaleransichten aus dem Hamburger Gängeviertel bald einen von Wessely gefertigten Rokokoofen schmückten. Haase schuf die in Blaumalerei gehaltenen Ansichten der Stadt Hamburg sowie der Schlösser Bergedorf und Ritzebüttel in der Ratslaube des Hamburger Rathauses und die Kacheln mit Hamburg-Motiven im Ratsweinkeller.

Auch für Wesselys Treppenhaus am Falkenried 1 schuf Haase Blaumalereien mit Bildern aus dem alten Hamburg. Sie sind noch heute dort zu sehen. Mit bekannten Architekten wie Martin Haller arbeitete der Keramikexperte ebenfalls zusammen.

Die Öfen und Kamine von A. H. Wessely fanden weite Verbreitung im In- und Ausland. Viele reiche Hamburger gehörten zu seinen Kunden. Auf zahlreichen Ausstellungen stellte er seine Erzeugnisse aus und errang damit goldene, silberne und bronzene Medaillen, zum Beispiel auf den Weltausstellungen in Paris 1889 und Chicago 1893 sowie natürlich auch in deutschen Städten. Den auf der Chicagoer Weltausstellung präsentierten großen Kamin kaufte die deutsche Reichsregierung für das Reichtagsgebäude in Berlin.

In den besonders ertragreichen Jahren zwischen 1885 und 1895 beschäftigte er am Bäckerbreitergang durchschnittlich 300 Mitarbeiter. Seine Firma stellte jedoch auch weniger Kunstvolles her. So belieferte sie Krankenhäuser und Hotels mit Herden, Kücheneinrichtungen und Bädern. Für das Eppendorfer Krankenhaus baute sie den größten Herd Hamburgs mit vier Heizungen, acht Bratöfen und Wärmeschränken für 1000 Teller.

Schumacher propagiert Schmuckkeramik

Nach der Berufung Fritz Schumachers 1909 zum Hamburger Baudirektor ergaben sich für den tüchtigen Unternehmer zusätzliche Möglichkeiten. Schumacher knüpfte an den mittelalterlichen Backsteinbau an und ließ Keramik als Schmuck an seinen Bauten verwenden. Da der sächsische Töpfer und Bildhauer Richard Kuöhl Schumacher nachgezogen war, bahnte sich eine Zusammenarbeit zwischen ihm und Vater und Sohn Wessely an. Kuöhl schmückte zahlreiche Bauten des Baudirektors mit Keramikarbeiten, von denen viele bei Wessely gebrannt wurden. Den aus grauglasiertem Steinzeug geschaffenen Keramikschmuck an der Fassade der heutigen Hochschule für bildende Künste stellte Wessely ebenso her wie die Terrakotten an Schumachers

Ein schmuckvoller Ofen für das Wohnzimmer

Schule Hoheweide. Außerdem lieferte er für die heutige Handwerkskammer einen Brunnen in Steinzeug und fabrizierte das Hamburger Wappen am Wasserturm im Stadtpark.

Der Erste Weltkrieg und die bald folgende Inflation lähmten die Entwicklung der Keramikfabrik. Am 1. Januar 1913 trat Wesselys Sohn Curt Jacob als Gesellschafter in die Leitung des Betriebes ein. Am 7. März 1922 starb der Vater im Alter von 76 Jahren, und der Sohn übernahm die Firma am 1. Juni 1922 endgültig.

Haasesche Blaumalereien schmücken den Flur des Hauses Falkenried 1

Der neue Chef baute die Herstellung von Baukeramik weiter aus. So entstanden mehrere Brunnen für von Schumacher entworfene Schulgebäude. Terrakottaarbeiten lieferte der junge Wessely für Brückenbauten des Baudirektors, zum Beispiel für die am Eppendorfer Baum (1927).

Auch die Zusammenarbeit mit dem Baumeister Fritz Höger wirkte sich für die Firma vom Falkenried sehr bedeutsam aus. So konnte sie Fensterumrahmungen für das Chilehaus sowie Baukeramik für den benachbarten Sprinkenhof liefern. Weitere Aufträge in der Innenstadt folgten. Mit einer neuen Goldglasur hergestellte Keramikarbeiten verwendete Höger an zahlreichen seiner Bauten. So benutzte er am Gebäude des Verlagshauses von Broschek & Co. am Heuberg/Große Bleichen bis heute erhaltene feuervergoldete Klinkerspitzen. Für das 1927-28 von Höger entworfene Pressehaus des Hannoverschen Anzeigers (heute: Hannoversche Allgemeine Zeitung) fabrizierte der Hohelufter Betrieb die Goldsteine und feuervergoldeten Buchstaben.

Den schwersten Verlust im Zweiten Weltkrieg erlitt Firmenchef Curt Wessely nicht durch Schäden an den Wohnhäusern und der Fabrik, sondern durch den Tod der beiden Söhne, die in Russland bzw. in Italien fielen. Nur das Brennhaus und die Schornsteine blieben erhalten. Unter unsäglichen Schwierigkeiten gelang es ihm und seiner Frau, Schutt und Trümmer mit einem Tempowagen, für den es kein Benzin gab, abzutransportieren. Nach und nach gelang es, den Betrieb in stark verkleinertem Umfang wieder aufzubauen. Unglücklicherweise stürzte 1949 ein Sturm einen der Schornsteine um. Die Firma beschränkte sich nun auf die Herstellung von Kacheln sowie den Bau von Öfen und Kaminen und konnte noch attraktive Aufträge acquirieren. Die Zeit der großen Backsteinbauten war vorbei. 1958 verkaufte Curt Wessely einen Teil des Betriebes an die Hamburgischen Electricitätswerke, die auf dem Gelände ein heute noch vorhandenes Umschaltwerk errichteten.

Von Wessely zu Kohlwey

Trotz fortgeschrittenen Alters gab er nicht auf, denn er fühlte sich gegenüber dem ererbten Werk verpflichtet. In Töpfermeister Herbert Kohlwey fand er einen vertrauenswürdigen Mann, dem er am 6. Oktober 1967 die Firma übertragen konnte. Knapp zehn Jahre vermochte der ehemalige Eigentümer die weitere Entwicklung von A. H. Wessely noch zu verfolgen. Am 20. Juni 1977 starb er. (Diese Darstellung beruht auf einem Beitrag von Hartwig Fiege.)

Auch Herbert Kohlwey übertrug die Leitung der Firma seinem Sohn. Joachim löste ihn 2001 ab und verlegte den Betrieb einige Jahre später, 2006, zum Holstenkamp. Ausgerechnet im Jahr des 250. Bestehens der Firma, am 28. Januar 2010, starb auch Kohlwey sen. Trotz des Standortwechsels ist die Firmenadresse Falkenried 3 erhalten geblieben.

Herbert Kohlweys Sohn Joachim leitet heute die Firma

Großbäckerei und Mühle an der Hegestraße

1899 aus einer kleinen Gruppe hervorgegangen, entwickelte sich die „Produktion" im Laufe der Zeit zu einer großen genossenschaftlichen Gemeinschaft, die sich in ihren frühen Jahren als „Schutz- und Trutzbund der kleinen Leute" erwies, die sich „in gemeinsamer Arbeit ein starkes Bollwerk gegen wirtschaftliche Bedrängnis und soziale Not" schufen.

Zwischen 1924 und 1930 eröffnete die „Produktion" über 200 neue Läden in Hamburg, so dass sie insgesamt fast 500 Verteilungsstellen erreichte, in denen die Mitglieder alles kaufen konnten, was sie für ihren Haushalt brauchten. Ein großer Teil dieser Waren wurde in eigenen Betrieben hergestellt. „Es gab praktisch nichts, was der Genossenschafter nicht durch sein eigenes Unternehmen zu kaufen in der Lage gewesen wäre."

So war die Großschlachterei einer der größten Betriebe seiner Art in Europa. Hinzu kamen vier Bäckereien, zwei Molkereien, eine Kaffeerösterei, eine Mineralwasserfabrik und Bierabfüllerei, eine Möbelfabrik, eine chemisch technische Fabrik, eine Ziegelei, ein Landgut sowie große Werkstätten.

1931: die Brotfabrik der Produktion in der Hegestraße

Mit 5000 Mitarbeitern hatte sich die „Pro" zu einem der größten Arbeitgeber in der Hansestadt entwickelt. Sogar eine Sparkasse hatte sich die Genossenschaft zugelegt. (Postelt 1949, S. 17 f.)

Auch die erwähnten Bäckereien waren Großbetriebe. Einer davon entstand in der Hegestraße. „Als im Jahre 1903 der erste Bäckereibetrieb in der Wendenstraße eröffnet wurde, mußten auch Gegner anerkennen, daß damit Hamburg seinen modernsten und größten Betrieb dieser Art erhalten habe. Acht Jahre später übertraf die ‚Produktion' ihre eigene Leistung durch die Errichtung einer Großbäckerei in der Hegestraße. Krieg und Inflation hielten die Entwicklung auf. Der Betrieb in der Wendenstraße wurde geschlossen und in den folgenden Jahren genügte die Bäckerei in der Hegestraße, um den durch gesetzliche Regelung und mangelnde Kaufkraft beschränkten Bedarf der Mitglieder zu befriedigen," teilte die „Pro" in ihrem „Führer durch die Bäckerei 3" mit.

Der Herstellungsprozess des Brotes umfasste das ganze 1911 errichtete Fabrikgebäude. Im fünften Stockwerk befand sich der Mehlboden, von dem das Mehl in die Silos im vierten Stock und von dort in die Teigmengmaschinen in der dritten Etage gelangte. Nach der Bearbeitung in diesen Maschinen fiel der Teig in das zweite Stockwerk. Hier und im ersten Stock befanden sich die Teigteilmaschinen sowie 24 Doppelauszugöfen, die den für den Backprozess zubereiteten Teig aufnahmen.

Jahre später: Heide-Brot und Schuten am Isebekkanal

Drei automatische Rundstücköfen produzierten 36 000 Brötchen in der Stunde. Die tägliche Brotproduktion belief sich auf stattliche 30 000 Stück.

Im August 1914 baute die „Produktion" die alte Bäckerei für andere Zwecke um und errichtete zwei Jahre später im vierten Stock der neuen Bäckerei eine Keksfabrik. Einen bedeutenden Umfang nahm auch die Konditorei an.

„Nachdem die Vorteile erkannt waren, die eine eigene Ausmahlung des Roggens für den Betrieb und für die Güte des Brotes besitzt, hielt man die Angliederung eines Mühlenbetriebs an die Bäckerei für dringend geboten. 1916 wurde diese Mühle erbaut und am 22. August in Betrieb genommen. Das am Isebekkanal gelegene, mit der Bäckerei verbundene Gebäude besteht aus Keller, Erdgeschoß und fünf Stockwerken."

Gerd Heide mit dem Bild seines Vaters und einem Fabrikmodell

Eine Sauganlage beförderte das auf dem Wasserweg angekommene Korn in das oberste Stockwerk, wo es selbsttätig gewogen, vorbereitet, in vier Silos gelagert, gereinigt und gemahlen wurde. Schließlich wurde das Mehl durch Transportschnecken von der Mühle direkt in die Bäckerei befördert, wo es in Silos aufgefangen und nach Bedarf in die Knetmaschinen geleitet wurde.

Als die Nationalsozialisten 1933 die Macht übernahmen, hatten genossenschaftliche Vorstellungen keine Chancen mehr. Schnell machten die Nazi Betriebe und Läden der „Pro“ dicht. Das betraf natürlich auch die Brotfabrik in der Hegestraße. Adolf Heide, der Betriebsleiter aller „Pro“-Bäckereibetriebe, machte sich daraufhin selbständig und pachtete die hiesige Fabrikation, wie sein Sohn Gerd berichtet.

Rückwärtiger Flügel der ehemaligen Fabrik

Mit seiner Frau und vier Angestellten fertigte Adolf Heide auf den beiden unteren Etagen nun „Heide-Brot“. Die anderen Stockwerke wurden vermietet. Das benachbarte Wohnhaus Hegestr. 28 – 32, das die „Pro“ seinerzeit für ihre Mitarbeiter hatte errichten lassen, übernahm er nicht.

Während des Zweiten Weltkrieges stellte „Heide-Brot“ als Vertragsbäckerei Kommisbrot für die Wehrmacht her. Bei den Luftangriffen hatte das Gebäude lediglich Glasschäden davongetragen.

Gerd Heide (Jahrgang (1927) war nach einer Bäckerlehre und einigen Auslandsaufenthalten in die Firma eingestiegen, um sie 1952 zu übernehmen. Sie beschäftigte damals 150 Mitarbeiter. Da seine Kinder den Betrieb später nicht weiterführen wollten, blieb ihm nichts anderes übrig, als das immer noch stattliche Unternehmen mit 80 Beschäftigten und zahlreichen Firmenwagen 1974 zu schließen, zumal sich die Anlieferung von Rohstoffen und der Vertrieb von Backwaren bei rapide wachsendem Verkehr als immer schwieriger gestaltete. Außerdem klagten die Nachbarn über Lärmbelästigung.

Gerd Heide behielt jedoch das große Gebäude und vermietete die Etagen nach und nach. Bis heute verwaltet er das Gebäude, in dessen Parterre ein Discounter und, wie könnte es anders sein, eine Bäckerei ihre Kunden bedienen. Weitere Firmen sind in den anderen Stockwerken tätig.

Gerd Heide denkt sehr gern an seine Kindheit zurück, an die Zeit, als er mit Freunden unter anderem im Isebekkanal schwamm, paddelte und im Winter, wenn das Wasser zugefroren war, Schlittschuh lief. „Für uns Kinder war Eppendorf ein Paradies.“

1952: Anzeige für Heide-Brot

Das Fabrikgebäude mit einer im Eisenbetonskelettbau gestalteten und mit Volutengiebeln versehenen Fassade ist heute ein Denkmal.

Die Entwicklung zur Selbständigkeit

Die Eigenständigkeit von Hoheluft begann im Grunde genommen mit einem kirchlichen Verwaltungsakt, als sich Anfang des 20. Jahrhunderts der evangelische Pfarrbezirk Hoheluft von der Kirchengemeinde St. Johannis in Eppendorf löste. Am 28. Mai 1905 veröffentlichte das Amtsblatt der freien und Hansestadt Hamburg die „Bekanntmachung, betreffend Bildung der Kirchengemeinde Hoheluft", die am 1. Juli 1905 in Kraft trat. Mit diesem historischen Ereignis wurden gleichzeitig die Gemeindegrenzen festgelegt, die praktisch bis heute auch für die Kommune gelten.

Ein weiterer Schritt auf dem Weg zur politischen Eigenständigkeit Hohelufts folgte mit den Nationalsozialisten, die 1937 das Groß-Hamburg-Gesetz erließen. Es führte zu einer neuen Gebietseinteilung der Hansestadt, die der Reichsstatthalter in Hamburg und Leiter des Gaues Hamburg der NSDAP, Karl Kaufmann, am 26. Oktober 1938 im Hamburgischen Verordnungsblatt verkündete.

Danach wurde die Stadt in zehn Kreise, 110 Bezirke und 178 Ortsteile eingeteilt und Hoheluft offiziell als Ortsteil wahrgenommen. Im Kreis 1 wurde sie nach Eppendorf als zwölfter Bezirk mit den vier Ortsteilen 118, 119, 120 und 121 eingeführt.

Die Nazis gliederten den Bezirk in die Ortsteile Otto Böcker, Falkenburg, Gneisenau und Flandern, die mit den Ortsgruppen der NSDAP identisch waren.

Diese Aufteilung musste in der Nachkriegszeit revidiert werden. Das geschah mit der „Bekanntmachung über die Gebietseinteilung der Hansestadt Hamburg vom 11. Mai 1951, die eine Woche später im Hamburgischen Gesetz- und Verordnungsblatt veröffentlicht wurde. Größte Gebietseinheit war nun der Bezirk vor dem Stadtteil und dem Ortsteil.

Damit bestand die Stadt aus sieben Bezirken, unter anderen aus Eimsbüttel und Hamburg-Nord, 106 Stadtteilen und 179 Ortsteilen

Mit seiner Bekanntmachung von 1951 stellte der Senat die „Geburtsurkunde" für die neuen Stadtteile Hoheluft-West (im Bezirk Eimsbüttel) und Hoheluft-Ost (im Bezirk Hamburg-Nord) aus. Statt der Ortsteile 120 und 121 erhielt „West" nun Nr. 315 sowie 316 und „Ost" die Ortsteile 401 und 402 statt der 119 und 118.

Im Norden grenzt die Troplowitzstraße Hoheluft-West von Lokstedt ab. Im Westen reicht der Stadtteil hauptsächlich bis zur Unnastraße und zum Scheideweg, im Süden bis zum Isebekkanal.

Hoheluft-Ost ist das Gebiet von der Martinistraße im Norden bis zum Isebekkanal im Süden. Im Osten ist es von der Curschmannstraße und einem wesentlichen Teil des westlichen Eppendorfer Baum begrenzt. In der Mitte trennt die Hoheluftchaussee beide Stadtteile.

Flächenmäßig ist Hoheluft-Ost etwas größer als –West, das damit Hamburgs kleinster Stadtteil ist.

Seite 211

Amts-Blatt der freien und Hansestadt Hamburg.

Das Amtsblatt nebst Beiblatt erscheint, soweit zu Veröffentlichendes vorliegt, täglich mit Ausnahme des auf einen Sonntag oder sonstigen Festtag folgenden Tages.

Abonnementspreis ℳ 2 vierteljährlich einschließlich Bestellgebühr.
Abonnements nehmen entgegen unsere Expeditionsstelle J. W. Basedow, Brodschrangen 19/21, und die Postanstalten (Zeitungspreisliste unter „Amtsblatt der freien und Hansestadt Hamburg mit Beiblatt Öffentlicher Anzeiger").

№ 73. Sonntag, den 28. Mai. 1905.

Inhalt: Bekanntmachung, betreffend Bildung der Kirchengemeinde Hoheluft. S. 211.

Bekanntmachungen der Kirchenbehörden.

Bekanntmachung,

betreffend

Bildung der Kirchengemeinde Hoheluft.

Es wird hierdurch zur öffentlichen Kunde gebracht, daß von den zuständigen kirchlichen Behörden die Abtrennung des Pfarrbezirks Hoheluft von der Kirchengemeinde St. Johannis-Eppendorf und die Bildung einer selbständigen, zum zweiten Kirchenkreise gehörenden Kirchengemeinde in Hoheluft beschlossen worden ist.

Die Grenzen der neuen Gemeinde, welche den Namen:

„Kirchengemeinde Hoheluft"

führen wird, sind:

der Straßendamm des Eppendorferbaums vom Isebeckkanal ab, der Straßendamm der Curschmannstraße bis zur Martinistraße, der Straßendamm der Martinistraße von der Curschmannstraße bis zur Verlängerung der Löwenstraße, der Straßendamm der zu verlängernden Löwenstraße von der Martinistraße bis zur Gebietsgrenze, die Gebietsgrenze gegen Lokstedt, die politische Grenze (jetzige Eppendorfer Kirchspielsgrenze) gegen Eimsbüttel, der Isebeckkanal.

Die Abtrennung erfolgt mit dem 1. Juli 1905. Mit diesem Tage hört der bisherige Parochialverband des vorbezeichneten Teiles der Gemeinde St. Johannis-Eppendorf mit dieser auf.

1905 wird die Kirchengemeinde Hoheluft gebildet

Nach der Trennung von Eppendorf: Die Kirchengemeinde Hoheluft entsteht

Die ständige Zunahme der Bevölkerung links und rechts der Hoheluftchaussee und die damit verbundene Überlastung der zuständigen, riesigen evangelischen Kirchengemeinde St. Johannis in Eppendorf führten 1893 zu dem Beschluss, einen selbständigen Pfarrbezirk Hoheluft einzurichten. Die Trennung erfolgte jedoch erst am 1. Juli 1905. Die Gemeinden Eimsbüttel und Harvestehude waren bereits 1882 von Eppendorf gelöst worden.

Mit der Bildung der Kirchengemeinde und ihrer Bekanntmachung im Amts-Blatt der freien und Hansestadt Hamburg wurde die Ortsbezeichnung Hoheluft erstmals amtlich dokumentiert.

Die Geschichte der Hohelufter Kirchengemeinde St. Markus begann mit Hilfsprediger Heinrich Voß, der die ersten Gottesdienste unter sehr provisorischen Bedingungen in der Turnhalle der Volksschule Wrangelstraße abhalten musste. Als Kanzel diente ein Rednerpult, und die Stühle aus den Klassen- und Konferenzzimmern boten Platz für 100 Personen. „Zwar hatte ich im ersten Winter nur 32 Konfirmanden zu unterrichten, aber die Zahl der Taufen – 270 gleich im ersten Jahr! – war ein deutliches Zeichen dafür, daß der Geistliche in Hoheluft eine Notwendigkeit war," erinnerte sich Heinrich Voß. Nach sechs Jahren erwies sich die Turnhalle endgültig als zu klein, so dass der Bau einer Kirche in Hoheluft immer dringlicher wurde.

Die Turnhalle in der Wrangelstraße dient als Kirchenersatz

St. Markus auf ehemaligem Parkgelände

Auf dem ehemaligen Landsitz von Wilhelm Goßler, auf dem inzwischen hohe Etagenhäuser entstanden waren, konnte die Kirchengemeinde auf einem vom Staat kostenlos zur Verfügung gestellten Platz zwischen Goßlerstraße und Neumünsterstraße mit dem Bau eines Gotteshauses beginnen. Das geschah im August 1898 nach Plänen des Architekten H. Groothoff. Gut ein Jahr später, am 28. November 1899, konnte St. Markus eingeweiht werden, eine neugotische Kirche von 33 Meter Länge, 18 Meter Breite und 610 Plätzen sowie einem Turm von 50 Meter Höhe. Wenige Jahre danach entstand 1904 gleich nebenan in der Neumünsterstraße das erste Pastorat. 1999 feierte die Hohelufter Gemeinde das 100jährige Bestehen ihrer Kirche mit einer Festwoche und einem Jubiläumsband, auf dem die Darstellung dieses Kapitels im wesentlichen fußt.

Ursprünglich hatte St. Markus einen spitzen Turm. Aufnahme von 1915

Gemeindehaus mit Kirche an der Gärtnerstraße

Und die Gemeinde wuchs und wuchs. Anfang des 20. Jahrhunderts umfasste sie 50 000 „Seelen“, wie man damals sagte. Mit dem Bau des Gemeindehauses an der Gärtnerstr. 64 im Jahre 1913 erweiterte St. Markus seine räumlichen Kapazitäten und schuf dort die zweite Predigtstätte, die 1920 den Namen Bethlehemkirche erhielt.

1904: erstes Pastorat in der Neumünsterschen Straße

Von den Bombenangriffen des Zweiten Weltkrieges blieben weder die St. Markuskirche (1943) noch das Gemeindehaus mit der Bethlehemkirche (1943/1944) verschont. Die nicht so stark getroffene Kirche an der Gärtnerstraße war bald wiederhergestellt. Während St. Markus als Ruine darniederlag, hatte das Pastorat die Luftangriffe heil überstanden. Zum Glück konnte die Markusgemeinde sechs Jahre lang in der Eben-Ezer-Kirche am Abendrothsweg ihre Gottesdienste feiern.

1913: Gemeindehaus und Bethlehemkirche in der Gärtnerstraße

Nach dem Krieg gelang es, das zerstörte Kirchenschiff von St. Markus in Form einer vom Lutherischen Weltbund gespendeten hölzernen Notkirche 1948 wieder aufzubauen und am 20. März 1949 einzuweihen, allerdings mit einem nur noch 26 Meter hohen Turm. Um die Brandschäden in den Außenmauern der Kirche zu übertünchen, hatte man das Gotteshaus mit einem weißen Anstrich versehen, der aber 1967 wieder beseitigt wurde, nachdem die defekten Stellen ausgebessert worden waren.

Die innere Kirchengestaltung erwies sich als so dauerhaft und fand soviel Gefallen, dass sie bis heute noch existiert. Bei der Notkirche handelte es sich um eine Konstruktion von Baumeister Otto Bartning. Neben vielen anderen derartigen Notkirchen in West- und Ostdeutschland wurde 1949 auch die St. Martinuskirche in der Martinistraße als Notkirche wieder aufgebaut.

Beide Kirchen und das Pastorat sind heute Denkmäler.

1959 ließ die Gemeinde in der Heider Str.1, neben der Kirche, ein neues Gemeindehaus errichten, das im November 1960 eingeweiht wurde. 1973 kam ein Kindertagesheim hinzu.

Nach dem Zweiten Weltkrieg kleinerer Turm und Kirche vorübergehend in Weiß

Neuer Standort für die Bethlehemkirche

Kurz nachdem die neue Bethlehemkirche Ende der 1950er Jahre nur wenige hundert Meter weiter entfernt, an der Ecke Eppendorfer Weg/Alardusstraße, erbaut worden war, wurde die neue Bethlehemgemeinde aus Teilen der Gemeinden Hoheluft und Eimsbüttel (Philippus) gebildet.

Die am 1. April 1908 an der südlichen Seite der Bismarckstraße/Ecke Goebenstraße geweihte neue Philippuskirche war im Juli 1943 samt Pastorat zerstört worden. Nach dem Krieg wurden beide Einrichtungen aufgegeben, weil inzwischen die Möglichkeit bestand, auf einem günstiger gelegenen Grundstück eine neue Kirche mit Nebengebäuden zu errichten. (Christuskirche 1961, S. 10 ff.)

Dank einer Initiative von Hohelufter Bürgern erinnern heute auf den alten Fundamenten gebaute Mauern an diese Kirche. Nahe der Fußgängerbrücke über den Isebekkanal laden die Mauern als Sitzgelegenheit zum Verweilen an diesem historischen Ort ein.

Auch der neuen Kirche war nur eine kurze Existenz als Gotteshaus beschieden. Im Zuge der Umstrukturierung der evangelischen Gemeinden in Eimsbüttel musste aus finanziellen Gründen innerhalb der 1998 gegründeten Großgemeinde die 1958/59 von dem Hamburger Architekten Joachim Matthaei entworfene Bethlehemkirche aufgegeben werden. Vier Jahre vor dem 50. Kirchweihfest entwidmete Bischöfin Maria Jepsen das Gotteshaus am 5. Januar 2005, wie der Evangelische Pressedienst berichtete.

Die ehemalige Philippuskirche an der Bismarckstraße

Ein wenig später beschlossener Abriss des Gebäudes scheiterte jedoch am Einspruch des Denkmalschutzamtes, das die „Bethlehemkirche samt künstlerischer Ausstattung und Glockenturm, ihrer Stellung zueinander und ihrer räumlichen Freistellung auf dem Flurstück“ am 24. Februar 2010 in seine Denkmalliste eintrug. Damit blieb auch das wertvolle Bronze-Eingangsportal der Kirche, das von dem Hamburger Künstler Fritz Fleer mit Motiven aus der Weihnachtsgeschichte geschaffen wurde, erhalten. „Innerhalb der Eimsbütteler Kirchen und auch innerhalb der Hamburger Nachkriegskirchen nimmt sie aufgrund ihrer Modernität eine hervorragende Stellung ein,“ schreibt Helga Schmal.

Glücklicherweise hatte der Kirchenvorstand nun die „zündende Idee“, den Kindergarten der Gemeinde in die Kirche zu verlegen. Dort entstand ein zweigeschossiger Bau mit unter anderen zwei großen Gruppenräumen sowie Fenstern. Und: „Unter einem zwölf mal drei Meter großen Oberlicht, das in Absprache mit dem Denkmalschutzamt in das Dach des Kirchenschiffes geschnitten wurde, befindet sich eine große Spielfläche aus hellem Holz,“ berichtete das Hamburger Abendblatt. Die Baukosten beliefen sich auf 1,2 Millionen Euro.

Heime für Senioren

Nach der Trennung von der Bethlehemgemeinde beschloss der Kirchenvorstand von St. Markus, auf dem Grundstück an der Gärtnerstraße ein Altenheim zu errichten. Das geschah recht zügig. Am 1. April 1962 konnte das Heim mit 25 Stiftswohnungen, 62 Heimplätzen und 16 Pflegeplätzen eröffnet und am 6. Juli 1962 offiziell eingeweiht werden.

1990 gab die Kirchengemeinde die Geschäftsführung an das Diakonische Werk ab, von dem vier Jahre später die evangelische Martha-Stiftung die Trägerschaft des Heimes übernahm. Anfang 2000 ließ die Diakonie-Einrichtung den Komplex neu gestalten und bietet dort jetzt in 45 Wohnungen unterschiedlicher Größe für Senioren Betreutes Wohnen an. Im September 2012 feierte das Altenzentrum sein 50. Jubiläum.

Bereits 2001 hatte die Martha-Stiftung gegenüber, an der Gärtnerstr. 63, das große Seniorenzentrum St. Markus eröffnet, um mit erweiterten Angeboten für alte Menschen aus der Umgebung Hoheluft noch intensiver mit in das Leben von St. Markus einbeziehen zu können. Außer Dementenarbeit offeriert das Zentrum Tagespflege, Kurzzeitpflege, ambulanten Pflegedienst sowie Betreutes Wohnen für Menschen in einer eigenen Wohnung – Möglichkeiten, die über 300 Personen im Stadtteil nutzen.

Der stationäre Wohnpflegebereich bietet 116 Menschen ein wohnliches Zuhause, überwiegend in Einzelzimmern. Im Jahre 2009 wurde das Seniorenzentrum St. Markus nicht nur mit dem Deutschen Altenpflegepreis, sondern auch bundesweit als „Bester Arbeitgeber im Gesundheitswesen“ (2011 ebenso) ausgezeichnet.

Neues Gemeindezentrum mit Wohnungen

Seit geraumer Zeit verfolgt St. Markus-Hoheluft ambitionierte Pläne. Der erste Schritt betrifft das bisherige Gemeindehaus in der Heider Str. 1. Es wird abgerissen und weicht auf dem gemeindeeigenen Grundstück einem Neubau, in dem rund 25 Wohnungen in Größen zwischen 50 und mehr als 100 Quadratmetern sowie im Erdgeschoss ein neues Gemeindehaus und außerdem Tiefgaragen entstehen sollen. Mit Unterstützung der Stattbau Hamburg GmbH soll das Gebäude in der zweiten Hälfte des Jahres 2014 bezugsfertig sein.

Das Gemeindehaus vor dem Abriss

Die Einnahmen aus den frei zu vermietenden Wohnungen dienen der Finanzierung neuer Gemeinderäume, „um die Arbeit in und für die Gemeinde langfristig auf eine dauerhafte und – neben den Kirchensteuereinnahmen – sichere finanzielle Basis zu stellen," heißt es im Gemeindebrief März – Mai 2012.

Am 1. Juli 2012 schloss die Gemeinde das 52 Jahre alte Gemeindehaus und nahm ihre Arbeit nach der Sommerpause am 1. September vorübergehend im ehemaligen Pastorat in der Löwenstr. 60 wieder auf.

Bereits im Sommer 2012 ließ St. Markus das Dach seiner Kindertagesstätte aufstocken und die anderen Räume umbauen, damit diese anschließend ganz auf Krippenplätze setzen kann. Die Gemeinde freut sich schon auf schönere, effektivere und modernere Räumlichkeiten für die Kleinen.

Begrüßenswert sind auch Ideen innerhalb der Gemeinde, den Platz vor der Kirche neu zu gestalten, wenn die Bauarbeiten beendet sind. „Ziel ist die Schaffung eines vielseitig nutzbaren Stadtplatzes, wie er in Hoheluft fehlt… Ein Platz, der ein natürlicher Treffpunkt im Stadtteil werden kann und auf dem Märkte und Stadtteilfeste stattfinden können," wie einem Gemeindebrief zu entnehmen ist.

Der Eingang der Eben-Ezer-Kirche am Abendrothsweg 43

Methodistisch: Eben-Ezer-Kirche

Als eine von mehreren evangelisch-methodistischen Kirchengemeinden in Hamburg ist die Eben-Ezer-Gemeinde am Abendrothsweg 43/Ecke Löwenstraße zu Hause. Der Name Eben-Ezer stammt aus dem Hebräischen und bedeutet Stein der Hilfe.

Wie bei Wikipedia zu lesen ist, wurde die Gemeinde Hamburg-Eppendorf 1897 gegründet. Am 11. August 1907 konnte die in ein Etagenhaus integrierte Kirche eingeweiht werden. Das Kirchenschiff erstreckt sich über zwei Stockwerke. Es bietet 200 Gläubigen dieser evangelischen Freikirche Platz.

Mit der Aufgabe des Krankenhauses Bethanien in der Martinistraße, das 2011 in das Diakonie-Klinikum in Eimsbüttel integriert wurde, besteht auch die ev.-methodistische Gemeinde Schwesternheim Bethanien nicht mehr. Sie besaß mit der Fachbibliothek für Methodismus und Diakonie eine der größten Sammlungen über Geschichte und Theologie des Methodismus in Norddeutschland. Ihre Gebäude gegenüber dem Krankenhaus wurden 2012 abgerissen.

Die Evangelisch-methodistische Kirche in Deutschland ist Teil der internationalen United Methodist Church, die am stärksten in den USA vertreten ist und nach der Southern Baptist Convention dort die zweitgrößte protestantische Kirche bildet. Die methodistischen Kirchen sind im 18. Jahrhundert aus der Anglikanischen Kirche hervorgegangen.

Neuapostolische Kirche

Ebenfalls am Abendrothsweg liegt die Neuapostolische Kirche, die mit Kirchengebäude, Gemeindehaus und Grundstückseinfriedung an der Ecke Curschmannstraße inzwischen unter Denkmalschutz steht. Sie wurde 1955/56 nach einem Entwurf von Theodor Hirte gebaut.

Ehe mit dem Bau begonnen werden konnte, mussten jedoch erhebliche Schwierigkeiten überwunden werden. So erschien den Behörden ein auf dem Grundstück befindliches Wasserbecken in der Nachkriegszeit unverzichtbar zu sein. Zu frisch war noch die Erinnerung an die verheerenden Bombenangriffe und Feuerstürme, und der Kalte Krieg konnte jederzeit eskalieren. Daher bestand die Luftschutzabteilung der Hamburger Baubehörde darauf, wie die Kirchengemeinde Hamburg-Eppendorf berichtet, das Wasserbecken unter dem Kirchensaal zu erhalten. Es sollte stets gefüllt sein und im Falle eines befürchteten Kriegsausbruches zur Brandbekämpfung in der Umgebung dienen.

Erst eine von der Kirchenleitung gegen diese Auflage geführte Klage brachte Erfolg. Die Baugenehmigung musste erteilt werden. Pech für die Stadt: Das Wasserbecken befand sich in Privatbesitz. Der Eigentümer Max F. H. Lendholm hatte das Wasserbecken sogar an den Schwimmverein „Stein“ von 1893 vermietet.

Auch als der Bau endlich in Gang gekommen war, blieb die Gemeinde von Problemen nicht verschont. Am 28. Juli 1956 konnte die Kirche schließlich eingeweiht werden. Mit über 1000 Sitzplätzen bot das Gotteshaus reichlich Platz für die bereits am 1. November 1922 gegründete Gemeinde. Der damalige Bezirksamtsleiter Kurt Braasch nannte das Bauwerk „eine Perle“ im Bezirk Hamburg-Nord. Hohe Anerkennung zollte ihm auch Oberbaudirektor Hebebrand.

Großes Gotteshaus der Neuapostolischen Gemeinde am Abendrothsweg

Bis Mitte der 1980er Jahre befand sich auf dem Kirchengrundstück an der Curschmannstraße eine kleine Ladenzeile, die dort 1987 einem Neubau für die Kirchenverwaltung weichen musste. 2006 feierte die Gemeinde das 50jährige Kirchenjubiläum.

An der Spitze der internationalen Neuapostolischen Kirche steht der Stammapostel mit Hauptsitz in Zürich. „Seine Stellung ist der vergleichbar, die Petrus vor 2000 Jahren im Kreis der Apostel innehatte," informiert die Religionsgemeinschaft im Internet. Ihm unterstellt sind die Bezirksapostel, die die Gebietskirchen leiten. Gemeinsam mit dem Stammapostel sorgen sie für die weltweite Einheit der Glaubenslehre und der Seelsorge. Am Gemeindeleben wirken auch Bischöfe, Bezirksälteste und Bezirksevangelisten sowie weitere Amtsträger mit.

Keine Synagoge mehr – nur Stolpersteine

„Zwischen 1870 und 1930 verlagerte sich das Hauptwohngebiet der jüdischen Bevölkerung Hamburgs aus der engen Alt- und Neustadt, wo 1871 noch drei Viertel aller Hamburger Juden ansässig waren, zunächst nach Harvestehude, Rotherbaum und Eppendorf, später vor allem in die beiden Gebiete vor dem Dammtor," schreibt Sielke Salomon in ihrem Internetbeitrag über das Grindelviertel in „Das Jüdische Hamburg". „Um 1900 hatten sich in Rotherbaum und Harvestehude ca. 40 Prozent aller im städtischen Teil Hamburgs lebenden Juden angesiedelt. Die Stadtteilkonzentration erreichte 1925 ihren Höhepunkt."

Diese Entwicklung erforderte den Bau neuer Synagogen. So entstand 1906 die Gemeindesynagoge am Bornplatz als neues jüdisches Zentrum. Doch schon bald erwies sie sich als zu klein, um alle Gläubigen aufnehmen zu können.

Deshalb schritt der alte Privatsynagogenverein Kelilath-Josi- und Agudath-Jescharim zur Tat und ließ, nachdem man ein geeignetes Grundstück gefunden hatte, eine neue Synagoge bauen. Dazu wurde im Februar 1909 das Hinterhaus Hoheluftchaussee 25 a umgebaut. So entstand ein „helles, hochfenstriges Gotteshaus mit geräumiger Frauensynagoge, ausreichenden Garderoben und einer Beamtenwohnung im oberen Stockwerk," berichtete das jüdische „Hamburger Familienblatt" am 2. August 1934 anlässlich des Jubiläums „25 Jahre Synagoge Hoheluft". „Die Frage der Inneneinrichtung der Synagoge wurde besonders geschickt gelöst. Das Gestühl der Synagoge Elbstraße stand seit deren Schließung (1906) unbenutzt im Keller der Kohlhöfensynagoge."

Die Synagoge an der Hoheluftchaussee 25

....und ihr Schrein

Das Schmuckstück der Inneneinrichtung stellte ein kunstvoller Schrein dar, für den sich das Museum für Kunst und Gewerbe sehr interessierte.

„Den veränderten Wohnverhältnissen folgend, mußte man sich 1910 entschließen, die Synagoge Großneumarkt feierlich zu schließen ... Die Kultusgeräte wurden in der neuen Synagoge weiter verwendet," so das Familienblatt.

Das von dem Architekten Semmy Engel entworfene Hohelufter Gotteshaus war am 12. September 1909 mit 120 Männer- und 60 Frauenplätzen eingeweiht worden. Engel hatte auch zusammen mit Ernst Friedhelm die Synagoge am Bornplatz sowie diejenigen an der Gluckstraße und an der Kielortallee entworfen.
Auch zahlreiche Etagenhäuser in Hamburg gehen auf ihn zurück. So stammen von Engel die 1909/10 errichteten Gebäude Husumer Str. 5, 7 und 9 im heutigen Stadtteil Hoheluft-Ost. Diese und die von Heinrich Mandix konzipierten Etagenhäuser Husumer Str. 4, 6, 8 und 10 sind Denkmäler.

In unmittelbarer Nähe der Synagoge befand sich von 1908 bis 1938 in der Hoheluftchaussee 19 die Schlachterei Moses. Da unter den Nationalsozialisten jüdische Metzger nicht mehr beliefert werden durften, untersagte die Handwerkskammer die weitere Eintragung in die Handwerksrolle. Die Schlachterei wurde mit dem Argument geschlossen, dass es mit sieben Metzgereien in der Umgebung zu viele Betriebe gebe. (Susanne Lohmeyer)

Alexander Moses und seine Frau Jenny wurden 1942 nach Theresienstadt deportiert und dort ermordet. Auf dem Bürgersteig vor Haus Hoheluftchaussee 19 erinnern zwei Stolpersteine an das Ehepaar.

Knapp 35 Jahre nach der Gründung war die Synagogengemeinde durch Deportationen vernichtet und das Gebäude vermutlich durch Bomben zerstört.

Stolpersteine erinnern an die Eheleute Alexander und Jenny Moses.

Hohelufter Bürgerverein für Wohlergehen der Nachbarschaft

Knapp ein Jahr nach dem Entstehen der evangelischen Kirchengemeinde erfolgte mit der Gründung des Bürgervereins eine weitere Hohelufter Identitätsinitiative.

„Es war am 25. Januar 1896, als sich ausweislich des Protokolls acht Herren in Wittorfs Bierhalle, Hoheluftchaussee, versammelten und sich als ‚Hohelufter Bürgerverein' konstituierten." So beginnt der Rückblick auf die zehnjährige Tätigkeit des Vereins. Denn: „Schon früher hatte sich, infolge des schnellen Anwachsens der Einwohnerzahl auf der Hoheluft verschiedentlich das Verlangen geäussert, zur wirksameren Betreibung der die ‚Hoheluft' im Besonderen angehenden Angelegenheiten eine Vereinigung zu bilden, die alles zusammenfasse, was zum tatkräftigen Eingreifen bei örtlichen Notständen, sowie zur gemeinschaftlichen Fürsorge für das allseitige Wohlergehen der Nachbarschaft gewillt und befähigt sei."

Zum 1. Vorsitzenden wurde Dr. Adolph Micolci gewählt, unter dessen Leitung der Verein von Anfang an großen Wert darauf legte, einvernehmlich mit dem Eppendorfer Bürgerverein sowie mit dem Bürgerverein für Hoheluft und Umgebung zu handeln.

Vereinslokal blieb zunächst Wittorfs Bierhalle an der Ecke Hoheluftchaussee/Gärtnerstraße. 1899 wechselte man jedoch in das Colosseum von A. Geveke und 1904 in das neu erbaute Hohelufter Gesellschaftshaus von A. Hake.

Ein besonderes Anliegen des Vereins war es, die junge Kirchengemeinde zu unterstützen und Geld für den Bau der Markuskirche zu beschaffen. Als es dann soweit war, spendete er zu ihrer Einweihung einen silbernen Altar-Leuchter.

Die Zahl der Mitglieder des Hohelufter Bürgervereins entwickelte sich erfreulich und stieg von 93 Personen im Gründungsjahr 1896 kontinuierlich auf 318 im Jahr 1905 an.

Wie heutige Kommunalpolitiker und ihre Parteien kümmerte sich der Klub um Probleme in der Nachbarschaft. So war es ihm zum Beispiel 1896 zu verdanken, dass in der Breitenfelder Straße öffentliche Laternen aufgestellt wurden. Auch für die Pflasterung des Abendrothwegs, des Eppendorfer Wegs, der Goßler- und der Neumünsterstraße sowie der Quickbornstraße sorgte der Verein, ebenso wie für Trottoirplatten auf der Ostseite der Hoheluftchaussee, deren Regulierung und die Beseitigung eines Vorbaues des Colosseums ihn ebenfalls beschäftigte. ..."das Jahr 1906 dürfte endlich das Verlangen des ‚Hohelufter Bürgervereins' erfüllt sehen," schrieb er in seinem Zehn-Jahres-Rückblick,

Auf seine Initiative hin konnten in der Turnhalle der Volksschule Wrangelstraße je eine Turnabteilung für Männer und für Knaben gebildet werden.

Als der Senat 1896 über einen Brückenbau über den Isebek an der Osterstraße diskutierte, machten sich die Hohelufter umgehend für eine Überbrückung des Wasserlaufes zwischen Bogen- und Mansteinstraße stark und hatten Erfolg. Mit einiger Hartnäckigkeit gelang es ihnen auch, dass das Postamt 30 auf der Hoheluft eingerichtet wurde.

Rückblick
auf die
10 jährige Tätigkeit
des
Hoheluffter Bürgervereins
Hamburg, Jan. 1896-1906
anlässlich
des am Sonnabend d. 20. Januar a.c.
stattfindenden
Stiftungsfestes.

Wie einflussreich der Verein damals agierte, geht daraus hervor, dass 1906 neun seiner Mitglieder der Bürgerschaft angehörten.

Gut 20 Jahre konnte sich der Bürgerverein in gewohnter Weise engagieren. Unter den Nationalsozialisten und ihrem Groß-Hamburg-Gesetz von 1937 schlossen sich der Hohelufter Bürgerverein und der acht Jahre ältere Bürgerverein zu Lokstedt zusammen. Über den Heimatverein Hoheluft-Lokstedt und die Aufnahme von Niendorfern und Schnelsenern, die früher Großlokstedt gebildet hatten, entwickelte sich schließlich der Bürgerverein Hoheluft-Großlokstedt, der sich nun schon seit Jahrzehnten um hiesige Belange kümmert, wobei sich sein Interessenschwerpunkt weit über die ehemalige Stadtgrenze hinweg verlagert hat. Über seine Aktivitäten berichtet der Verein alle zwei Monate in seiner Zeitschrift „Bürgerverein Hoheluft-Großlokstedt".

Nach 28jährigem Wirken legte der 71 Jahre alte Rainer Funke im Februar 2012 sein Amt als Vorsitzender nieder, übergab es an Roland Heintze, blieb aber weiterhin im Vorstand.

Eppendorfer Bürgerverein

Bereits 1875 hatten 25 Herren den Eppendorfer Bürgerverein, der zunächst den allgemeinen Namen Eppendorfer Verein trug, gegründet. Erst etliche Jahre später, am 13. April 1893, wurde er in einen Bürgerverein umgewandelt. Sein Anliegen war, die Entwicklung des Vorortes zu fördern.

Zu einer seiner ersten Aufgaben gehörte die Verbesserung der Schulverhältnisse in Eppendorf. So gelang es ihm, dass 1882 eine gewerbliche Fortbildungsschule und 1904 eine Realschule, die nach einigen Jahren den Status einer Oberrealschule erhielt, eingerichtet wurden.

„Seine bedeutendste Tätigkeit entfaltete der Verein jedoch in der Ausgestaltung des Vorortes Eppendorf. Er beeinflusste die Bebauungs-, Straßen- und Verkehrsverhältnisse, selbst in der Gesamtvaterstadt Hamburg, da er eigene Kandidaten für die Bürgerschaft aufstellte und einige durchbrachte. So wurde im Jahre 1886 Dr. Schröder gewählt, der 1889 sogar Senator wurde, 1898 Brückner und 1904 Dr. Knauer," schreibt der bis heute noch bestehende Bürgerverein in seiner Zeitschrift „der eppendorfer" (3/2010).

Bis 1920 wuchs die Zahl seiner Mitglieder auf etwa 200 an, und nach der 1921 erfolgten Vereinigung des Kommunalvereins mit dem Bürgerverein verdoppelte sich die Mitgliederzahl.

„Nach den beiden Weltkriegen endeten die großen Aktivitäten der (Bürger-)Vereine. Aber so sehr hat sich die Aufgabenstellung der Vereine heute gar nicht geändert." Man braucht nur jeden Monat in den informativen „eppendorfer" zu schauen.

Auch beim EBV gab es Anfang 2012 einen Wechsel an der Spitze. Nach zehn Jahren als Vorsitzender kandidierte Heinz Körschner nicht mehr. Thomas Domres rückte für ihn nach.

Hohelufter Zeitung

Erscheint jede Woche einmal am Freitag und wird in einer Auflage von 10000 Exemplaren verbreitet. Schluß der Anzeigenannahme Donnerstag mittag 1 Uhr. Anzeigenpreis: die fünfgespaltene Petitzeile 20 Pfg., Beilagegebühr 30 Mk.

1. Jahrgang Freitag, den 2. September 1910

Eine Zeitung für die Hohelufter

Der Bauboom und die starke Bevölkerungszunahme führten naturgemäß zu einer erheblichen Nachfrage nach Artikeln des täglichen Bedarfs und boten damit Geschäftsleuten und Handwerkern vieler Branchen gute Chancen, Kunden zu gewinnen. Dies galt auch für Verleger, zumal in Gegenden, in denen es noch keine Zeitungen gab.

So erschien am 2. September 1910 die erste Ausgabe der „Hohelufter Zeitung", die den Neubürgern damit auch vermittelte, in einem eigenen Stadtteil zu leben und (unausgesprochen) zu seiner Identität beizutragen.

Die Zeitung kam nach eigenen Angaben immer freitags in einer Auflage von 10 000 Exemplaren zu einem Preis von fünf Pfennig in einem Umfang von vier Seiten als Wochenblatt heraus, wurde von O. Mörike verantwortet und von der etablierten Druckerei Gebrüder Lüdeking am Eppendorfer Weg 267 gedruckt und vertrieben. (Der Verfasser fragt sich, warum eine solche „Heimatzeitung" nicht schon vorher für das größere und wichtigere Eppendorf publiziert worden ist.)

Redaktion und Verlag begründen das Erscheinen des Blattes in der Erstausgabe wie folgt:

„In den letzten Jahren haben die nordwestlichen Teile Hamburgs durch Bebauung von Eppendorf-Hoheluft und Eimsbüttel eine ungeahnte Ausdehnung angenommen. Eine neue Straße nach der anderen ist entstanden und ein Neubau reihte sich an den anderen. Wider Erwarten haben sich auch die Wohnungen und die Läden rasch vermietet, sodaß sozusagen ein neues Stadtviertel von modernstem Charakter mit all seinen Ansprüchen und Bedürfnissen entstanden ist.

Besonders günstig hat sich auch die geschäftliche Seite dieser neuen Ansiedelung entwickelt. Die Geschäfte scheuen weder Mühe noch Kosten, sich die Kundschaft ihrer Mitbewohner durch Verbreitung von Zirkularen und elegante Ausstattung ihrer Lokalitäten zu erwerben. Die Erfahrung hat jedoch gelehrt, daß die Verbreitung von Geschäfts-Anzeigen in Form von Zirkularen, welche in jede Wohnung hineingeworfen werden, erstens sehr teuer ist und zweitens oft nicht den erwünschten Erfolg hat. Auch die Reklame durch Inserieren in einer Hamburger Tageszeitung ist für den mittleren Geschäftsmann ein teures Vergnügen und im Verhältnis zu dem Resultat zu kostspielig.

Die Hohelufter Zeitung bietet sich daher als Vertreterin der lokalen Interessen an, und zwar nicht nur für den Kaufmann, sondern auch für den Privatmann sowie auch den einfachen Mann aus dem

Staatsarchiv Hamburg

Konzerthaus Eppendorf
Inh.: Carl Schultz — Ecke Lehmweg und Goßlerstraße
Täglich erstklassiges Künstler-Konzert
Anfang 8 Uhr — Eintritt frei
138 — Hierzu ladet ein CARL SCHULTZ.

Extra billiges Angebot
Die neuesten Modelle sind angekommen
Ulster 14, 18, 20, 30–60 Mk.
Kinder-Paletots . . 4.90 an
Kinder-Anzüge . . 3.90 „
Winterzeuge : Socken : Wollwesten
Max Fröhlich, Lehmweg 34.

Probieren Sie G.E.V. Oats (feinste präparierte Haferflocken) und Studieren Sie ihre Preiswürdigkeit!!

Die besten und billigsten Schuhwaren und Pantoffeln kaufen Sie bei
August Riechers, Gosslerstr. 85, gegenüber Lehmweg
Bei Einkäufen: 1 Handtuchhalter mit Spiegel gratis. 153

Wilhelm Ernst Schlachterei Eppendorferweg 169 Fernspr.: Gr. 5, 1094, II, 2 — Spezialität: Thür. Wurstwaren u. ff. gem. Aufschnitt von Mk. 1.20 an.

Damen-Frisieren in und außer dem Hause
Abonnement pro Monat von Mk. 6.— an.
Unterrichtskursus Mk. 20.—. Anfertigung sämtl. Haararbeiten.
Dora Weinreich, Klosterallee 110.

Ernst Stahl Hamburg Hoheluft Chaussee 72. Fernsprecher Gr. V. 9550
Internationaler Möbeltransport

Kayser-Nähmaschinen!
Das beste und billigste im Gebrauch — für Familien und Gewerbe — 18
Alte Maschinen werden in Zahlung genommen
Gebrauchte Maschinen von Mk. 25.— an — Reparaturen aller Systeme.
Fritz Meyer, Feinmechaniker, Eppendorferweg 49

Fort mit dem schädlichen Bohnen-Kaffee!
Versuchen Sie unseren vorzüglichen
Nährsalz-Frucht-Kaffee
Nr. 3 das Pfund nur 45 Pfg. Kein
Nr. 2 das Pfund nur 65 Pfg. Malz-
Nr. 1 das Pfund nur 100 Pfg. Kaffee!
Probe-Beutel werden gratis verabfolgt.
Verkauf an jedermann, Versand frei Haus.
Deutscher Verein für Gesundheitspflege
Grindelberg 13. 651

Zur Linderung der Fleischnot!
Bestes Beefsteak und Mürbebraten à Pfund 60 Pfg.
56 S. Fickweiler, Wrangelstraße 78.

Wo gehen wir hin, wenn wir einen vergnügten Abend verleben wollen?
Nach „Hohelufter Eiche"!
Martinistrasse 97, Ecke Hoheluftchaussee
Denn dort macht Musik der bekannte Klavierspieler HANS SCHOELER.

Spezial-Korsettgeschäft
Frau Minna Kutschewski
ALTONA, Eimsbüttelerstrasse 63
früher Gärtnerstrasse 52.
Anfertigung nach Maß. Reparaturen billigst.
Fertige Korsetts 10% billiger.
84 Telephon VIII, 3391.

Gute Ventilation — Grosses Orchester
Theater Blumenburg
Moderne Schattenspiele
Hoheluftchaussee 97
Am Freitag, Sonnabend, Sonntag und Montag:
Die schwarze Maske
Drama in 3 Akten; in der Hauptrolle:
Frau Lilli Beck aus Kopenhagen.
Bubi kommt aus dem Zirkus
grossartige Humoreske; gespielt von dem 3jährigen kleinen Bubi.
Am Dienstag, Mittwoch und Donnerstag:
Der grosse nordische Schlager
Seine schwierigste Rolle
mit Herrn Ferdinand Bonn in der Hauptrolle.
Am Sonntag von 2 bis 4 Uhr Kinder-Vorstellung.
Entree 10 Pfg.
Die 100 ersten Kinder erhalten einen Flieger
NB. Der nächste Asta Nielsen-Film „JUGEND UND TOLLHEIT" erscheint am 11. Januar. In diesem Stück spielt Asta Nielsen die Rolle eines jungen Mannes.

F. A. Lindner, Klempner, Mechaniker, Dachdecker u. beeidigter Gasfitter
Bismarckstraße 55. Fernsprecher: Gruppe VI, 3135.
Große Auswahl in Gaskochern u. Lampen, Gas- u. Wasser-Installation
Sanitäre Einrichtungen.
Sitzbadewannen in Miete per Woche 0.50 Mk.

Restaurant u. Gesellschaftshaus
St. Hubertus :: Bismarckstrasse 149
Vorzüglicher Familienaufenthalt.
Gesellschaftssaal für Klubs und Hochzeiten usw.
Abends dezente lauschige Musikunterhaltung.
141 Erstklassige Billards.
Anerkannt vorzügliche Küche.
Diners à Kuvert Mk. 1.25 und Mk. 1.50.
Spezialität: Fein belegte garnierte Butterbrote.
Salate und kalte Platten auch ausser dem Hause.
Gut temperierte hiesige und fremde Biere.

Fachschule für Damenschneiderei.
Praktischer und theoretischer Unterricht.
Anfertigung eigener Garderoben.
Eintritt täglich. ::: Referenzen stehen zur Verfügung.
Anna Friese, Hoheluftchaussee 58, Ecke Neumünsterstr.
Morgen- und Nachmittag-Kurse.

St. Anschar Hoheluft
Inh.: Albert Tolmien
Breitenfelderstr. 1, 1. Ecke Hoheluftchaussee
Ausführungen jeder Art.
10 Sargmagazin. Fernsprecher I, 8473 Hamburg 30.

Glaserei Leon Brand Gärtnerstr. 114 Tel. Gr. VI, 1545
Einrahmung von Bildern und Spiegeln. Einsetzen von Fensterscheiben. Fensterputzen in und ausser Abonnement.

Afrikanische 117
Straußenfedern
nur prima Qualität — enorm billig
nur: F. SCHRÖDER, Eppendorferweg 183 hochpt.

Museum-Lokstedt
Restaurant und Gesellschaftshaus
Neu eröffnet! 106 Elegant eingerichtet.
Haltestelle Linie 9. Inh.: Fritz Richter.

Hansa-Markthalle Eppendorferweg 167
empfiehlt Obst, Gemüse u. Konserven
in bester Qualität zu billigen Preisen. 125

Photographie-Atelier Fritz Buhr, Abendrothsweg 56 III.
liefert Bilder in tadelloser Ausführung bei mäßigen Preisen.
Abends und bei trüben Wetter Aufnahmen bei elektrischem Licht.

Emil Förster, Hamburg-Eppendorf
Eppendorferweg 271 (Nähe Hoheluftchaussee)
Wurst- und Rauchfleischhandlung
Spezialität: Aufschnitt feiner Fleisch- und Wurstwaren im Preise von 1.20 bis 2.40 per Pfd. Fernspr. V, 1276.

Verantwortlich für den redaktion. Inhalt: O. Mörike, für den Inseratenteil: R. Feldmann, beide Hamburg 30. — Druck und Verlag: Gebrüder Lüdeking, Hamburg 30.

Anzeigenseite der Hohelufter Zeitung vom 26.Januar 1911

Sonder-Angebote

für das Osterfest in allen Abteilungen unerreicht gut und billig

- Blusen
- Kostümröcke
- Wäsche
- Strümpfe
- Handschuhe
- Jabots
- Spachtelkragen
- Gürtel usw.

Kaufhaus Hoheluft

Hoheluftchaussee 115, gegenüber Abendrothsweg

Karstadt's Inventur-Ausverkauf

vom 8.–21. Januar einschließlich

bietet Ihnen große Vorteile

zu ungeahnt billigen Preisen

RUDOLF KARSTADT A.-G.

HOHELUFTCHAUSSEE 29

Willst gut Du kaufen, frag' nicht wo, gehe einfach ins Ka-Ho!

Denken Sie immer daran, daß Ihnen die vielseitigen Abteilungen des Kaufhaus Hoheluft zur Verfügung stehen

W.K.K.-Schecks werden in Zahlung genommen

DAS HAUS IHRER WAHL – KA-HO – KAUFHAUS HOHELUFT – Hoheluftchaussee 91-93 Ecke Eppendorferweg

Walter Krentz K. G.

Jetzt auch Betten

und alles was Sie zu einem **guten Bett gebrauchen,** wie

Bettstellen und Matratzen

kaufen Sie am **vorteilhaftesten** bei uns. Besichtigen Sie bitte ohne Kaufzwang unsere

Betten-, Gardinen- und Teppich-Abteilung:

Hoheluftchaussee 93

„Kaufhaus Hoheluft"

DESSAUER & CO.

Walter Fuhlendorf

Hamburg 30, Hoheluftchaussee 2, Ecke Lehmweg

Fernsprecher: Nordsee 396

Feine Kolonialwaren

Konfitüren, Konserven, Weine

Separatabteilung für Eisenwaren und Hausstandssachen

Spezialität: Rein Aluminium-Geschirre zu billigsten Preisen

Hugo Thönssen ◆ Elektrotechniker

John Fohrmann's Nflg. Hoheluftchaussee 67 Nordsee 9533

MODERNE BELEUCHTUNGSKÖRPER

RADIO

ELEKTR. LICHT- UND KRAFT-ANLAGEN

Bereits in den 1910er Jahren war das Kaufhaus Hoheluft aktiv. Jahrzehntelang prägte es als Ka-Ho das Geschäftsleben Hohefufts. Nach über 70 Jahren musste es 1989 weichen und mehreren kleinen Läden Platz machen

Volk. Das Blatt gibt der Hoffnung Ausdruck, daß durch die Herausgabe dieser Zeitung die Interessen der handels- und gewerbetreibenden Mitbürger gefördert werden. Durch die weite Verbreitung der Hohelufter Zeitung wird den Bewohnern von Hoheluft und Umgegend wöchentlich eine gute unterhaltende Lektüre geboten, welche in jeder Familie willkommen sein wird. Redaktion und Verlag der Hohelufter Zeitung."

Aus dieser Einführung geht deutlich hervor, dass der Herausgeber sich weniger von journalistischen Motiven leiten ließ, sondern in erster Linie kommerzielle Interessen verfolgte. Entsprechend dünn fiel das redaktionelle Angebot aus. Ein lokaler Bezug fehlte. So entwickelte sich die „Hohelufter Zeitung" zum Anzeigenblatt. Von Mai 1911 an sind Versuche festzustellen, Fotos zu veröffentlichen.

Nachdem das Blatt die Auflage Anfang 1913 auf 13 000 Stück erhöht hatte, legte es am 1. November 1913 noch einmal 2000 Exemplare drauf und verbreitete sie auch in einigen Straßen Eppendorfs. Deshalb erhielt sie nun den Untertitel „Wöchentlicher Anzeiger für Hoheluft und Eppendorf" – erhältlich für 60 Pfennig pro Quartal.

Die letzte Ausgabe der von O. Mörike verantworteten, im Hamburger Staatsarchiv verwahrten „Hohelufter Zeitung" erschien am 31. Juli 1914. In ihr befindet sich jedoch keine Angabe, ob das Blatt an diesem Tag tatsächlich eingestellt wurde. Laut Staatsarchiv sind keine weiteren Ausgaben herausgekommen.

Hohelufter Zeitung

Nachrichten- und Unterhaltungsblatt für Hoheluft und die angrenzenden Stadtteile

Erscheint monatlich zweimal. Auflage 6000.
Bezugspreis vierteljährlich 60 Pfg. frei Haus.
Einzelnummer 10 Pfg.

Herausgeber und Verleger:
Ed. Lanzenberger.
Geschäftsstelle: Hoheluftchaussee 15.

Anzeigenpreise: Reklamefeld 4×7 cm Mk. 7.50
Kleine Anzeigen die 4 gespaltene Zeile 15 Pf
Bei Wiederholungen Rabatt.

Bestellungen nehmen entgegen die Postämter und die Geschäftsstelle. — Anzeigenaufgaben nur bei der Geschäftsstelle, Hoheluftchaussee 15.

Nr. 4 | Hamburg, den 15. April 1924 | 1. Jahrgang

Ein zweiter Versuch

Knapp zehn Jahre vergingen, ehe die „Hohelufter Zeitung" in leicht veränderter Form und Schrift neu erschien, und zwar – so der Untertitel – als „Nachrichten- und Unterhaltungsblatt für Hoheluft und die angrenzenden Stadtteile".

Als Herausgeber und Verleger zeichnete Ed. Lanzenberger, der als Geschäftsstelle seine Buchhandlung in der Hoheluftchaussee 15 angab. Den Druck besorgten wieder die Gebr. Lüdeking, diesmal am Eppendorfer Weg 213.

Schlosserei J. G. Löhlein
Inh.: H. Hölscher
Hoheluftchaussee 41 – 43
Fernspr.: Merkur 3929
Übernahme sämtlicher Bauarbeiten. Reparaturen prompt u. billigst

Johann Chr. L. Helms
MAURERMEISTER
Hamburg 30, Hoheluftchaussee 61.
Ausführung von sämtlichen in diesem Fach vorkommenden Arbeiten

JOHANNES H. PIEL
INH. WILH. WEBER
EPPENDORFERWEG 198 – 200
KOHLEN
BRIKETTS
KOKS
GARTEN-GRAND
SILBERKIES
KRISTALL-EIS
NORDSEE 5550

Spezialhaus feiner Herrenhüte
HOHELUFTCHAUSSEE NR. 51
ALEXANDER WAGNITZ
HUTFABRIK
FERNSPRECHER: MERKUR 673, N.1
Stets Eingang von Neuheiten
Sämtliche Arbeiten werden in eigener Werkstatt ausgeführt

Wie aus den Anzeigen hervorgeht, gab es in den frühen 1910er und 1920er Jahren neben den einschlägigen Handwerkern und Händlern auch eine Hutfabrik im Stadtteil

In seiner Erstausgabe erwähnte Lanzenberger am 1. März 1924 die Vorgänger-Zeitung nicht und betonte in seiner Einführung unter anderem: „In knappen, übersichtlichen Artikeln werden wir wichtige Tagesfragen aus allen Gebieten behandeln, aber auch die rein örtlichen Interessen nicht vergessen.“

Die Zeitung begann mit einem Umfang von sechs redaktionellen und zwei Anzeigen-Seiten bei einer Auflage von 6000 Exemplaren und zweiwöchigem Erscheinen, wobei die Hoheluft betreffenden Inserate ein stärkeres Lokalkolorit zeigten als die Beiträge der Redaktion. Von Juni bis Dezember 1924 erschien das Blatt nur einmal im Monat, und zwar zu einem Stückpreis von zehn Pfennig. Die neue „Hohelufter Zeitung“ kam zwar noch 1925 heraus, doch schienen die Geschäfte nicht sonderlich gut zu laufen, denn mit der Januar-Nummer von 1926 endet die zweite Episode dieses Stadtteilblattes. Mit ihr verlieren sich jedenfalls die Spuren der „Hohelufter Zeitung“, diesmal in der Hamburger Staats- und Universitätsbibliothek.

Die

Buchhandlung

Ed. Lanzenberger

Hoheluftchaussee Nr. 15

Fernsprecher: Merkur 8680

unterhält ein reichhaltiges Lager nur guter Bücher aller Wissensgebiete, beschafft jedes nicht vorrätige Buch schnellstens ohne Mehrkosten, liefert größere Werke zu bequemen Teilzahlungen.

Geschäftsstelle und Verlag

der

Hohelufter Zeitung

Nachrichten- u. Unterhaltungsblatt für Hoheluft und die angrenzenden Stadtteile.

Die „Hohelufter Zeitung“ ist ein unpolitisches Blatt, das die geistigen Kräfte besonders Hamburgs fördern, Familiensinn und Heimatliebe wecken, wertvolle Veranstaltungen unseres Bezirks unterstützen und dem Gewerbe und Kleinhandel ein wertvolles Werbemittel sein will. Sie erscheint in einer Mindestauflage von 6000 Stück, die zum großen Teil kostenlos verteilt werden. Das Anrecht auf regelmäßige Zusendung ist gegen Zahlung von 10 Pfennigen für die Nummer bei der Geschäftsstelle zu erwerben.

Ein Buchhändler als Zeitungsverleger

Gebr. Lüdeking: erfolgreiche Drucker

Wesentlich erfolgreicher operierte die bereits 1874 von A.C.F. und F.A.W. Lüdeking gegründete Buch- und Steindruckerei Gebrüder Lüdeking, die 20 Jahre später ihre Geschäfte auf dem großen Grundstück Eppendorfer Weg 261 – 267 und Anfang der 20er Jahre am Eppendorfer Weg 213 tätigte. (Siehe auch „Tabakfabrik von Eicken: ein Industriedenkmal")

Die Firma druckte nicht nur Prospekte und Broschüren, sondern auch Zeitschriften in Massenauflagen. Im Verlag der Gebrüder Lüdeking erschienen seinerzeit unter anderem der „Ärztliche Centralanzeiger", der „Norddeutsche Baugewerksanzeiger" und der „Ärztliche Praktiker".

Die Steindruckerei beschäftigte um 1900 zeitweise acht Lithographen, um als Spezialität Plakate und Etiketten fertigen zu können. (Innung 1895, S. 116)

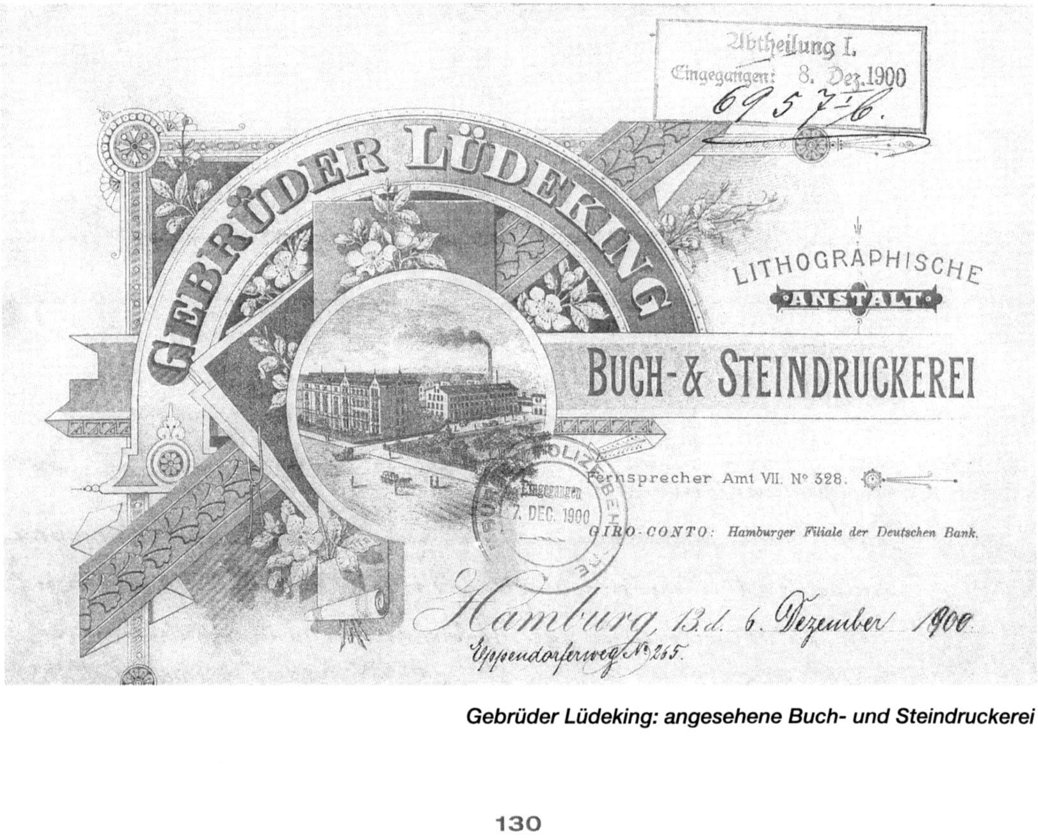

Gebrüder Lüdeking: angesehene Buch- und Steindruckerei

Victoria: Hohelufter Höhepunkt

Bei einem Namen wie Hoheluft kann man einerseits nach seinem im Ungewissen liegenden Ursprung fragen. Andererseits kann man die Frage, wie hoch Hoheluft eigentlich liegt, verhältnismäßig leicht beantworten. Blickt man in Höhe des Victoria-Stadions auf die Stadt hinunter, nimmt man einen deutlichen Höhenunterschied wahr. Er ist geringer, als man glaubt. Auf Bitten des Verfassers übermittelte der Kartograph Claus Carstens vom Institut für Geographie der Universität Hamburg für die Kreuzung Martinistraße/Troplowitzstraße eine Höhe von 18,2 m über N. N.

*

Wie kaum eine andere Organisation ist der Sportclub Victoria mit dem Namen Hoheluft verbunden.

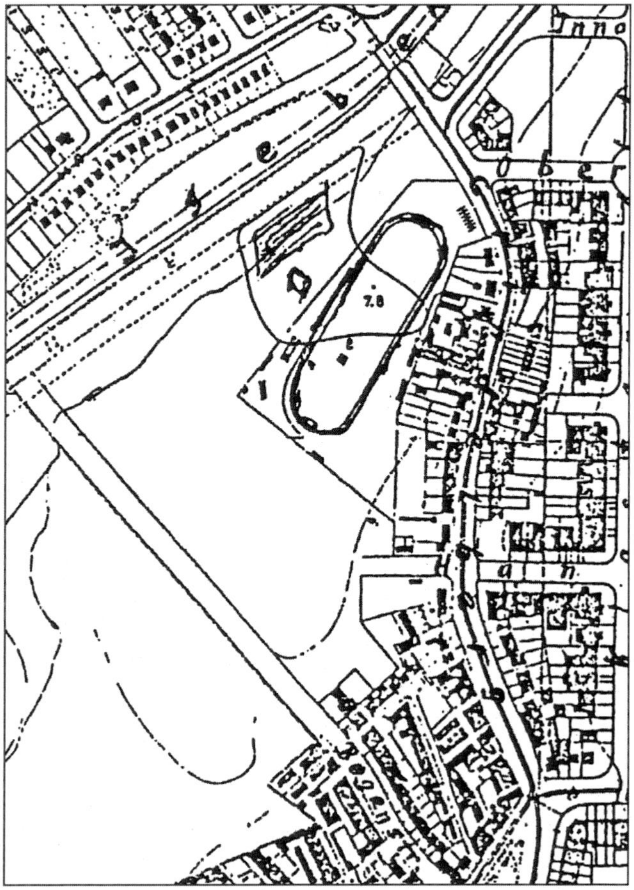

Von der Radrennbahn am Grindelberg nach Hoheluft

1895 als reiner Fußballclub auf St. Pauli gegründet, schickte er sich schon früh an, Fußballgeschichte zu schreiben; denn im Jahre 1900 gehörte er zu dem Kreis der Gründungsmitglieder des Deutschen Fußball-Bundes. 1904 näherte sich der Club unserem Stadtteil, als er im Innenraum der damaligen Radrennbahn am Grindelberg/Schlankreye nicht nur seinen ersten eigenen Fußballplatz, sondern dort auch zwei Tennisplätze pachtete.

Der Rennverein Hamburg-Altonaer Radfahrer hatte die 500 Meter lange Grindelbergbahn bauen lassen und am 26. Juli 1885 eröffnet. Bereits vier Jahre später konnten hier die Meisterschaften des Bundes Deutscher Radfahrer ausgetragen werden. (Hasperg 1933, S. 103)

Der Auftritt des Vereins unweit des späteren Bahnhofs Hoheluftbrücke stellte nur ein Intermezzo dar, denn bereits drei Jahre später zogen die Victorianer zu ihrem mittlerweile historischen Standort Hoheluft am Lokstedter Steindamm 87. Ehe der Sportplatz am 22.

Sportplatz (ohne Tribüne) und Tennisplätze im Jahre 1909 mit den Kassentürmen der ehemaligen Radrennbahn

September 1907 eingeweiht werden konnte, hatte die kleine Tennis-Abteilung dort bereits zwei Lawn-Tennisplätze präparieren lassen. Man spielte auf Rasen.

Kurz zuvor war die Anbindung der Sportanlage an das Verkehrsnetz durch die Verlängerung der Martinistraße bis zur Hoheluftchaussee (1905 – 1907) stark verbessert worden.

Zur Eröffnung hatte Victoria keinen geringeren als den Deutschen Meister des Vorjahres, den VfB Leipzig, eingeladen. Mit einem bravourösen 5:4 gelang den „Hoheluftern“ ein begeisternder Sieg, der den Club so sehr beflügelte, dass er sich mit 264 Mitgliedern zum zweitgrößten Verein im Deutschen Fußball-Bund – hinter dem Karlsruher FC – entwickelte. Kein Wunder, dass der Victoria-Sportplatz von nun an zu einem Anziehungspunkt für Tausende von Fußballfans wurde.

1908 musste der Verein seinen „Vornamen“ von Fußball- in Sportclub ändern, weil auch Leichtathleten und die schon genannten Tennisspieler offiziell zu dieser Sportgemeinschaft gehören wollten. Zwei Victoria-Leichtathleten erfanden 1909 sogar die Alsterstaffel.

Der Club verstand es immer wieder, die Aufmerksamkeit auf sich zu richten. So sorgte er 1911 mit dem Bau der ersten überdachten Sitzplatztribüne Norddeutschlands und einem Fassungsvermögen von 1000 Plätzen für Aufsehen.

Leider fiel das Bauwerk zehn Jahre später, am 5. Dezember 1921, einem Brand zum Op-

So präsentierte sich der Club 1912

fer. Das Hamburger Fremdenblatt beklagte am 9. Dezember den „Verlust der größten und schönsten Tribüne Norddeutschlands, die W. Melhop eine „Schaubühne“ nannte. Doch der SCV ließ sich nicht entmutigen und startete eine grandiose Spendenaktion, die es möglich machte, das neue Bauwerk bereits ein Jahr später einzuweihen, und zwar zünftig, gegen den HSV, der 2:1 gewann.

1911 entwickelte sich zu einem Jahr, das es in sich hatte. Den absoluten Höhepunkt bildete das erste Fußball-Länderspiel in Hamburg auf der Hoheluft, wo Deutschland gegen Schweden vor 7000 Zuschauern allerdings 1:3 verlor.

Offensichtlich stark euphorisiert und voller Pläne, engagierten die Fußball-Verantwortlichen des SCV mit dem Engländer Fred G. Coles den ersten hauptberuflichen Trainer, um ihn bereits nach kurzer Zeit wieder zu entlassen.

Der dritte Paukenschlag des Jahres 1911: Victoria ist mit 613 Mitgliedern mit Abstand größter Fußballverein in Norddeutschland.

Weitere Mitglieder und Abteilungen kamen hinzu und förderten das Ansehen des Clubs.

Sehr erfolgreich gestalteten sich die 20er Jahre für die Leichtathleten. So stellte der deutsche Meister Erwin Köchermann im Weitsprung mit 7,64 m den Europarekord ein und nahm, wie seine Vereinskameradin Paula Moldenhauer (Diskus) 1928 an den Olympischen Spielen in Amsterdam teil, wo er den fünften Rang belegte. Vier Jahre später trat der mehrfache deutsche Weitsprungmeister auch bei den Olympischen Spielen in Los Angeles an, kam aber über einen elften Platz nicht hinaus.

1932: Die Nazi-Zeitung kündigt den Auftritt von Hitler auf dem Victoria-Sportplatz an.

Anfang der 30er Jahre erlebte der Club die schwärzesten Tage seiner noch jungen Geschichte, als die Nationalsozialisten das Stadion als Schauplatz für einen riesigen Wahlkampfauftritt des Führers auserkoren. Anlässlich der Reichstagswahl am 31. Juli 1932 trommelten die Nazis nach eigenen Angaben 50 000 Anhänger für die Kundgebung Hitlers am 20. Juli auf der Hoheluft zusammen. Das nationalsozialistische Hamburger Tageblatt mobilisierte seine Leser zwei Tage vorher durch einen Hinweis auf der Titelseite. Nach der Propandaschau erhob das HT 1932 zum „Wendejahr der deutschen Geschichte, wenn das deutsche Volk am 31. Juli seine Pflicht tut." Ein halbes Jahr später waren die Braunhemden am Ziel.

Im November 1936 vermeldeten die Vereinsnachrichten des SC Victoria ein ganz anders gelagertes, freudiges Ereignis: „Erwin Seeler wurde von seiner Gattin mit einem dritten Kind beschenkt. Diesmal ist es wieder ein Junge geworden. Uwe soll der Sprößling heißen, der mit seinem Bruder zusammen erstmals in die Fußstapfen seines Vaters treten will. Wird es das nächste Mal wieder ein Junge, dann ist der Innensturm Victorias für 1954 zusammen! Ganz Victoria spricht von Herzen seine besten Glückwünsche aus und hofft auf ein gutes Gedeihen des jüngsten Erdenbürgers."

Erwin Seeler war 1932 vom Arbeitersportverein SC Lorbeer zur bürgerlichen Victoria gekommen und sechs Jahre später dem HSV beigetreten. Klein-Uwe schnupperte also noch „Hoheluft".

Das 50. Jubiläum des Traditionsclubs fiel mit dem Ende des Zweiten Weltkrieges zusammen, in dem Fliegerangriffe Platz und Stehtraversen stark zerstörten, die Trbüne jedoch unbeschädigt ließen.

Nach weit über 100 Jahren spielt der SCV an der Hoheluft immer noch eine bedeutende Rolle im Hamburger Fußball, in dem er in der Oberliga in jüngster Vergangenheit dreimal hintereinander den ersten Platz belegte und damit Hamburger Meister wurde.

Besonders erfolgreich spielten die Kicker von der Hoheluft 2007, als sie im Hamburger Pokalhalbfinale den FC St. Pauli vor über 4000 Zuschauern sensationell mit 3:1 besiegten, dann im Finale den VfL 93 1:0 schlugen und in der ersten Hauptrunde des DFB-Pokals gegen den Bundesligisten 1. FC Nürnberg vor heimischem Publikum 0:6 verloren.

Auch 2010 mischte Vicky im DFB-Pokal wieder mit und triumphierte mit 1:0 gegen den favorisierten Zweitligisten Rot-Weiß Oberhausen. In der zweiten Runde bekamen es die Hohelufter im größeren Millerntor-Stadion allerdings mit dem Bundesligisten VfL Wolfsburg zu tun, dem sie mit 1:3 achtbar unterlagen.

Dass Victoria zur Zeit die dritte Kraft im Hamburger Fußball darstellt, bewies der Club auch 2012, als er mit dem ersten Platz in der Oberliga erneut Hamburger Meister wurde, sich im Pokalfinale vor 4443 Zuschauern gegen Germania Schnelsen mit 2:1 durchsetzte und sich erneut für die erste Hauptrunde des DFB-Pokals qualifizierte. Hier empfing Vicky als neuer Regionalligist vor 4375 Zuschauern keinen geringeren als den Bundesligisten SC Freiburg, dem sie nur mit 1:2 unterlag. In der Regionalliga Nord hatte es der SCV 2012/13 unter anderem mit den zweiten Mannschaften des HSV, von Werder Bremen, Hannover 96 und VfL Wolfsburg sowie St. Pauli zu tun. Mit viel Glück konnte er die Klasse halten.

Auch im heimischen Pokalwettbewerb setzte sich Victoria 2013 wieder durch, indem sie den Hamburger Oberliga-Meister FC Elmshorn mit 2:1 nach Verlängerung. schlug und sich

In frischen Farben präsentiert sich die Tribüne des Regionalligisten

damit für die erste Hauptrunde des DFB-Pokals qualifizierte. Hier unterlag die Mannschaft am 4. August dem Bundesligisten Hannover 96 vor ausverkauftem Haus mit 0:2.

Dass im Herbst 2011 sogar die Fußball-Nationalmannschaft im Victoria-Stadion auflaufen würde, war für den Club die Überraschung des Jahres. Als Vorbereitung auf die Europameisterschaft hatte der Deutsche Fußball-Bund Testspiele in der Ukraine und in Hamburg gegen die Niederlande vereinbart und den hiesigen Sportplatz als Trainingsgelände ausgesucht. Leider blieb es bei einem einzigen Übungstag (9. November), da das Flutlicht nicht den Ansprüchen von Bundestrainer Joachim Löw entsprach. Asse wie Gomez, Özil, Müller oder Podolski blieben Schaulustigen ohnehin verborgen, da der DFB den Platz abgeschottet und die Öffentlichkeit ausgeschlossen hatte. Dennoch hatte er die Bandenwerbung der Hamburger gegen die des Verbandes austauschen lassen.

Als Sportverein mit diversen Abteilungen ist Victoria eine erste Adresse für Sport und Spiel in Hoheluft und nutzt die Turnhallen in den Schulen Löwenstraße, Curschmannstraße, Christian-Förster-Straße, Wrangelstraße und Lehmweg für Sportarten wie Tischtennis, Handball, Turnen und Gymnastik.

Auch der ETV zog zur Hoheluft

Auch der Eimsbütteler Turnverband zog zur Hoheluft und weihte dort im Sommer 1911, also vor gut 100 Jahren, seinen Rasensportplatz mit einem Fussballspiel gegen Minerva Berlin ein.

Kurz vor dem Ersten Weltkrieg begann der Club den Platz um eine Aschenbahn – die erste in Hamburg – für die Leichtathleten zu erweitern. Sie konnte jedoch erst nach dem Krieg fertiggestellt werden.

Pech hatte der ETV mit seiner am 1. August1920 eröffneten überdachten Tribüne, auf der die Zuschauer beim Einweihungsspiel gegen den 1. FC Nürnberg eine 2:3-Niederlage erlebten. Nach Bombenangriffen im Zweiten Weltkrieg brannte sie bis auf die Mauern nieder. Auch das Tennis-Clubheim wurde verwüstet.

Zur Zeit unterhält der ETV an der Hoheluft einen im Jahre 2012 mit einem Kunstrasen versehenen Fußballplatz nebst Klubheim sowie zwölf Tennisplätze, ein Tennis-Clubhaus und eine Tennishalle. Auf der anderen Seite des Lokstedter Steindammes profitiert der Verein auf dem ehemaligen Betriebssportgelände der Allianz von drei im Jahre 2010 entstandenen Kunstrasenplätzen für Fußball und Hockey sowie von der großen Sporthalle, die dort bereits existierte.

Vier Schulen – fünf Denkmäler

Die schon mehrfach erwähnte Zunahme der Bevölkerung und der mit ihr einhergehende Kinderreichtum machte Ende des 19. Jahrhunderts den Bau von Schulen notwendig. Innerhalb von 20 Jahren entstanden fünf Volksschulen: an der Wrangelstraße, am Lehmweg, an der Bismarckstraße, Alsenstraße sowie Breitenfelder Straße. Abgesehen vom Gebäude an der Wrangelstraße – die heutige Schule kam später hinzu – sind die anderen Schulbauten erhalten geblieben. Das trifft auch auf die erst 1926 bis 1928 errichtete Höhere Mädchenschule Curschmannstraße zu.

Allein zwei dieser fünf Schulen basierten auf Entwürfen des Architekten Albert Erbe, der etwa zehn Jahre lang das Hamburger Staatsbauwesen bestimmte.

„Erbes Aufgabe war es vor allem, den baulichen Rahmen für ein besonders wichtiges Reformanliegen zu schaffen: Ein öffentliches Volksschulwesen wurde in Hamburg durch das Unterrichtsgesetz vom 11. 11. 1870 begründet – vorher war Bildung in der Stadt Privatsache. Die Schulhäuser der 1880er Jahre für dieses neue Schulsystem waren einfachste Sparbauten ..." (Hipp 1996, S. 75 ff.)

Leider von Bäumen verdeckt: die Schule an der Wrangelstraße (1907)

Zwei Schulen in der Wrangelstraße

„Als für den mit dem Namen ‚Hoheluft' bezeichneten südwestlichen Theil von Eppendorf ein Volksschulhaus nöthig wurde, erwarb der Staat 1891 an der Ostseite der verlängerten Wrangelstraße einen ca. 3300 Quadratmeter großen Bauplatz, auf dem 1892 ein Doppel-Volksschulhaus nebst Turnhalle fertig gestellt worden ist." Drei Jahre vorher war die Straße vom Eppendorfer Weg bis zur Gärtnerstraße verlängert, verbreitert und gleich mit Wohnhäusern bebaut worden. 1904 folgte der Ausbau der Wrangelstraße bis zur Lokstedter Grenze. (Melhop, S. 296 ff.)

Im Zweiten Weltkrieg wurden nicht nur die Schule Wrangelstraße zerstört, sondern auch gegenüber liegende Etagenhäuser. Innerhalb eines Schulprojekts der 1974 gegründeten Grundschule Wrangelstraße stellten die Lehrerin Maria-Luise von Stritzky und ihr Kollege Martin Bischoff Nachforschungen über die Vorgeschichte ihres Schulgeländes an. Dabei fanden sie heraus, dass dort bis 1943 Wohnhäuser standen.

„Die Wrangelstraße war sehr dicht bebaut. Es gab neben der Straßenbebauung Hinterhäuser und Terrassenhäuser. Insgesamt gab es zwischen Eppendorfer Weg und Wrangelstraße 88 über 160 Wohnungen. Diese Bebauung entsprach in etwa unserem heutigen Schulgebäude," resümieren sie in einem kurzen Bericht. Bei ihrer Recherche erfuhren sie auch von Juden, die bis 1941 auf dem jetzigen Schulgrundstück gelebt hatten, in das Konzentrationslager Minsk deportiert und dort ermordet wurden. Es handelte sich um Angehörige der Familie Wagener, an die heute vor der Grundschule sechs Stolpersteine erinnern.

Volksschule Alsen-/Christian-Förster-Straße

Ehe hier auf die weitere Entwicklung dieser Schule eingegangen wird, heißt es, einen Blick auf die benachbarte, 1907 erbaute und im Frühjahr 1908 eröffnete Schule Alsenstraße (heute Christian-Förster-Straße) zu werfen. Ihr Entwurf stammt von dem oben erwähnten Albert Erbe, der von 1901 bis 1911 Hamburger Stadtbaumeister war und in dieser Eigenschaft stadtbildprägende Gebäude wie das Völkerkundemuseum, die Bergedorfer Sternwarte und die Kunsthalle schuf. Auch die Schule Breitenfelder Straße stammt von ihm.

Der 30klassige Volksschulbau an der damaligen Alsenstraße schloss eine Lücke in der vorhandenen Bebauung mit gründerzeitlichen Etagenhäusern, denen er im Stil angepasst wurde. Vorder- und Rückseite weisen vertikale Sandsteingliederungen auf. Besonders auffällig sind die mächtigen barocken Sandsteinportale für die nach Knaben und Mädchen getrennten Eingänge. (Feuerkasse 2007, S. 3 f.) Das Gebäude steht unter Denkmalschutz.

Rund 500 Kinder besuchten die Schule in den Stufen 1 bis 7. Sie hatte zwei Kollegien und damit auch zwei Schulleiter. Die beiden Kriege und die Nazizeit führten zu massiven Beeinträchtigungen des Schulbetriebes. Vom Sommer 1943 an musste die Lehranstalt nach Bombenangriffen geschlossen werden. Bis 1945 brachte die Stadt in einigen Bereichen der

Schule ausgebombte Menschen unter. Danach begann der Unterricht im Schichtbetrieb. Auch Jungen und Mädchen der Schule Döhrnstraße in Lokstedt mussten aufgenommen werden. Die Musikhalle diente als Wärmehalle für die Menschen aus der Nachbarschaft. Im Januar erhielt die Schule zehn Tonnen Kohle, und acht Jahre später konnte die alte Turnhalle wieder genutzt werden, wenn auch nur provisorisch.

Mit der Umbenennung der Alsen- in Christian-Förster-Straße 1948 erhielt auch die Schule diesen Namen. Mit der Entlassung der letzten Schülerinnen und Schüler der Oberstufe im Jahre 1969 wurde die Schule eine Grundschule mit Beobachtungsstufe. Bis dahin hatten hier bis zu 800 Mädchen und Jungen gelernt. 1982 folgte das Ende der Beobachtungsstufe und zwei Jahre später die Zusammenlegung mit der neuen Grundschule Wrangelstraße. (Diese Fakten sind dem Internet-Angebot der Grundschule Hoheluft entnommen.)

Anschließend nutzten die Beratungsstelle Rebus, das Landesinstitut für Lehrerbildung und Schulentwicklung sowie eine Hortgruppe kleine Teile des großen Gebäudes.

Seit 1974 entwickelt die Grundschule an der Wrangelstraße, zu der auch eine Vorschule gehört, ein vielfältiges Angebot, in dem seit über 20 Jahren Yoga nicht fehlen darf. Die Auszeichnung „Literaturschule 2010" bescherte ihr einen Preis in Höhe von 2000 Euro, der der Schulbibliothek zugute kam. Seit Sommer 2011 hat sie den Status einer Ganztagsschule mit Regelunterricht und Kursangeboten. In der Mittagspause erhalten die Kinder eine warme Mahlzeit.

Ein neues Gymnasium in Hoheluft

Zur großen Überraschung vieler Eimsbütteler hatte Schulsenator Ties Rabe (SPD) im Herbst 2011 mitgeteilt, dass in der Christian-Förster-Straße ein neues Gymnasium eingerichtet werde, und zwar als erste staatliche gymnasiale Neugründung in Hamburg seit 1997. Er begründete sie mit der starken Auslastung der benachbarten Gymnasien, die mit der neuen Schule einverstanden seien.

Unter der Leitung von Pia Brüntrup ging das Gymnasium Hoheluft mit 83 Jungen und Mädchen in drei fünften Klassen und elf Lehrerinnen und Lehrern im Sommer 2012 an die Arbeit. Vorher waren die erforderlichen Klassenräume in dem historischen Schulgebäude umgebaut worden. Für die folgenden Jahrgänge werden weitere Räume umgestaltet, und zwar Schritt für Schritt. Der naturwissenschaftliche Bereich ist vorübergehend in Containern auf dem Schulhof untergebracht.

Drei Jahre lang muss das Gymnasium noch mit der alten Sporthalle vorlieb nehmen, die auch von den Kindern der Grundschule Wrangelstraße genutzt wird. Dann wird sie einer neuen Halle weichen. Aus Kapazitätsgründen wird die Schule bis zum Jahre 2015 außerdem einen Neubau erhalten, um dann den achten Jahrgang aufnehmen zu können.

Früher Knaben- und Mädchenschule, neuerdings Gymnasium: die Lehranstalt an der Christian-Förster-Straße

Als Schwerpunkte hat das neue Gymnasium Naturwissenschaften, Technik und Ethik sowie ab der achten Klasse Management und ab der neunten Wirtschaft und Recht ausgewählt. Von der fünften Klasse an wird verstärkt Englisch und von der sechsten vermehrt Spanisch oder Französisch, jedoch nicht bilingual, unterrichtet.

Schule An der Isebek

Unmittelbar an der heutigen Westgrenze von Hoheluft entstand um die vorige Jahrhundertwende an der Bismarckstr. 83 – 85 das stattliche Schulgebäude am Isebekkanal, das ebenfalls von einem Hamburger Baudirektor entworfen worden war, und zwar von C. J. Christian Zimmermann. Es ist ein Denkmal.

Mit seinen Gebäuden hinterließ er in Hamburg einen bleibenden Eindruck. So stammt das Justizforum mit dem Ziviljustizgebäude, dem Oberlandesgericht und dem Strafjustizgebäude am Sieveking-Platz von ihm. Auch das Museum für Kunst und Gewerbe und das alte Wilhelm-Gymnasium an der Ecke Grindelallee/Moorweidenstraße hat er konzipiert. (Feuerkasse 2004, S. 3 ff.)

Die nach Knaben und Mädchen getrennte Volksschule Bismarckstraße wurde am 3. April 1902 – nur wenige Jahre nach der benachbarten Schule am Lehmweg – eingeweiht. Sie besteht also schon über 110 Jahre, heißt aber jetzt Schule An der Isebek und gehört zum Verbund der Grundschulen Kielortallee, Turmweg und Wrangelstraße.

Zum 1. Januar 1960 wurden beide Schulen zusammengeführt, da die Schülerzahlen stark rückläufig waren. Es begann die von der Mädchen-Schule nur ungern akzeptierte Koedukation.

Zum 75. Geburtstag im Jahre 1977 erhielt die Lehranstalt den neuen Namen. Schon lange arbeitete sie als Grund- und Realschule und wurde 1990 reine Grundschule. In dieser Zeit begann eine mehrjährige, bis 1996 dauernde Sanierung und Renovierung des Gebäudes, bei der der rechte Turm wieder aufgebaut wurde.

Seit 20 Jahren beherbergt die Schule Bergziegen, die einen Teil des pädagogischen Konzepts ausmachen und aus dem Schulleben nicht mehr wegzudenken sind. Vormittags werden sie von den Klassen in wöchentlichem Wechsel und nachmittags sowie am Wochenende von Eltern gepflegt und versorgt. (Angaben aus „100 Jahre An der Isebek 1902 – 2002").

Die Schule arbeitet als drei- bis vierzügige Grundschule mit einer Vorschulklasse und einem Schulhort. Die Klassenstärke liegt bei 23 bis 25 Kindern. Insgesamt werden hier rund 380 Schülerinnen und Schüler unterrichtet.

Schule Breitenfelder Straße

Wie das Gebäude des neuen Gymnasiums Hoheluft resultierte auch die von 1910 bis 1912 errichtete Schule Breitenfelder Straße aus einem Entwurf Albert Erbes. Der zweiflügelige Putzbau gehörte zu den letzten Schulbauten in Hamburg, die von Erbe konzipiert wurden. Der Entwurf stammte bereits von 1906 und ähnelte seinen früheren Schulen. So wurde die Turnhalle nicht integriert, sondern als separates Häuschen dem Hauptgebäude angegliedert.

„Das hohe, geknickte Steildach überhöht das fünfgeschossige Gebäude. Der Eingang auf der Hofseite liegt, wie schon bei anderen Schulen, in einem offenen Eingangsvorbau. Auf der Außenfassade bilden im zweiten Obergeschoss Märchenbilder in den Brüstungsfeldern der Fenster einen schönen, umlaufenden Schmuckfries. Kinder- und Tiermotive aus Sandstein und ein Hamburger Wappen über dem Eingang erweitern die Dekoration des Schulgebäudes. (Feuerkasse 2007, S. 35)

Die für 30 Klassen konzipierte Volksschule wurde am 1. April 1912 an der Ecke Breitenfelder Straße und der gerade verlängerten Löwenstraße eröffnet. Es entstanden eine 15klassige Knabenschule mit Eingang Breitenfelder Straße und eine 15klassige Mädchenschule mit Eingang Löwenstraße. Lehrerinnen unterrichteten die Mädchen, Lehrer die Jungen. Auch hier gab es zwei Kollegien.

Während des Ersten Weltkrieges und darüber hinaus bis zum Februar 1919 war die Schule als Lazarett mit Krankenbetten in den Klassenzimmern und Operationsräumen eingerichtet und dem Krankenhaus Eppendorf unterstellt.

Zwei auf einen Blick: die Stadtteilschule Eppendorf und das ehemalige Curschmann-Gymnasium

Nach dem Krieg gestattete die Schulbehörde der Knabenschule einen Versuch. In der „Wendeschule“ wollten die Lehrer nicht mehr reglementieren, sondern demokratisieren. Die Kinder sollten mitbestimmen. Alles sollte spontan kommen, ohne Lehrplan. Statt zu prügeln, wollten die Lehrer eine angstfreie Schule schaffen sowie Jungen und Mädchen gemeinsam und in Gruppen unterrichten.
Auch in den „normalen“ Schulen ging es nicht mehr so streng und starr zu wie in der wilhelminischen Zeit. Ende der 20er Jahre lief der Schulversuch aus.

Von 1929 bis 1933 besuchte ein gewisser Walter Jens die Grundschule an der Breitenfelder Straße. Aus ihm sollte viele Jahre später nicht nur ein Professor, sondern auch einer der bekanntesten deutschen Literaturwissenschaftler werden.

Am 11. Juni 1937 feierte die Schule ihr 25jähriges Bestehen, dem wenig später der Zweite Weltkrieg folgte, so dass ganze

Und weiter eilt die Zeit

Klassen mit ihren Lehrern von der nun einsetzenden „Kinderlandverschickung“ betroffen waren. Man transportierte sie in weit entlegene Gebiete. Nach der Bombenkatastrophe vom Juli 1943 stellte die Schule den Unterricht ganz ein. Glücklicherweise wurden die Schulgebäude nicht zerstört. Bis in die 50er Jahre bestimmten zwischen Breitenfelder-, Curschmann- und Martinistraße aufgestellte Nissenhütten, in denen Flüchtlinge und Ausgebombte untergebracht waren, das Straßenbild.

Im Dezember 1948 besuchten 943 Kinder die Schule, von denen lediglich 95 Mädchen waren, so dass es gemischte Klassen gab. Der Unterricht wurde nun nach Haupt- und Realschule qualifiziert. Die ständig wachsende Schülerzahl führte dazu, dass die Schule Löwenstraße 1965 zur Corveystraße nach Lokstedt umzog. Dafür übernahm die Schule Breitenfelder Straße 1967 die Schüler und Lehrer der Schule Lehmweg, die Ende 1966 geschlossen worden war.

Da der Zustand der Gebäude in den 70er Jahren sehr zu wünschen übrig ließ, mussten sie von 1977 bis 1979 renoviert werden.

Bis 1987, dem Jahr des 75. Bestehens, änderte sich am Status der Schule nichts. Zwei Jahre später erfüllte sich ihr Wunsch, Gesamtschule zu werden. (Fakten aus „75 Jahre Schule Breitenfelder Straße“).

Von 1989 an konnte die in Hoheluft gelegene GS-Eppendorf über das angrenzende leerstehende Gymnasialgebäude verfügen. Mit der Umwandlung in Grund- und Stadtteilschule Eppendorf folgte die nächste Änderung im Sommer 2011. Ihr 100. Jubiläum feierte die Schule im folgenden Jahr nicht.

Nissenhütten an der Breitenfelder Straße

Nissenhütten auf dem heutigen Schulgelände an der Martinistraße

Kleingärten und Nissenhütten neben Gymnasium und Martini-Platz

Armselige Behausungen vor feiner Schule

Gymnasium Curschmannstraße

„Wohl weniger auf den Bedarf der hier Wohnenden als vielmehr für Eppendorfer und Harvestehuder Bürger wurde 1926 – 28 die Mädchenoberschule, das Lyzeum Curschmannstraße, Curschmannstraße 39 errichtet," vermutet Hermann Hipp. Es handelt sich um eines der sehr wenigen öffentlichen Gebäude der Epoche Fritz Schumachers, für das der Oberbaudirektor nicht selbst die Entwürfe lieferte. Vielmehr sollte durch einen 1919 ausgeschriebenen Wettbewerb in der Nachkriegskrise des Bauwesens Architekten eine Beschäftigungschance gegeben werden. Fritz Höger siegte mit einem Entwurf im Sinne der Vorkriegsschulreform. „Kostbar ist wie immer bei Höger die Verwandlung dieses zweckmäßigen Gebildes in einen Schmuckkasten: Dunkler Klinker und teilweise vergoldete Keramik, Buckelglas in kleinteiligen Sprossenfenstern verhüllen den Stahlbetonbau." (Hipp, S. 392)

„Die Baufunktionen Aula und Turnhalle, Schulklassen, naturwissenschaftliche Räume und Zeichensaal wurden auf drei Bauteile verteilt, die jeweils rechtwinklig aneinander stoßen. Der Anbindungspunkt der Turnhalle und der Aula in der Form eines markanten Eckturms erinnert an einen Kirchenbau." (Feuerkasse 2003, S. 18)

Auf einem neben dem Haupteingang angebrachten Schild ist über den Gebäudekomplex ferner unter anderem zu lesen: „Die rhythmisch gegliederte Gruppe unterschiedlicher Baukuben mit den Außenanlagen zeigt den Einfluß der ‚Moderne', während die Wandgliederung und Detailgestaltung als expressionistisch gelten dürfen."

An der Ecke Breitenfelder Straße/Curschmannstraße hatte man bereits 1914 einen 5000 Quadratmeter großen Platz für den Bau einer staatlichen höheren Mädchenschule bestimmt. (Melhop 1923, S. 325) Doch wegen des Krieges war an einen Baubeginn nicht zu denken.

1928 war es dann endlich soweit. Mit der „Realschule und Realgymnasium für Mädchen an der Curschmannstraße" erhielt Hamburg neben der Klosterschule das zweite Mädchen-Realgymnsium, das am 21. April im Beisein von Bürgermeister Dr. Petersen feierlich eingeweiht wurde.

Fünf Jahre blieben der neuen Schule, ihre reformpädagogisch-freiheitlichen Ziele zu verwirklichen. Dann machten die an die Macht gekommenen Nationalsozialisten diese Ansätze zunichte. Gemäß ihrer Ideologie gehörte die Frau an den heimischen Herd. Das Mutterkreuz galt mehr als das Abitur. Weil das Gymnasium 1933 Vollanstalt geworden war, konnte es zum ersten Mal Abiturienten hervorbringen.

„Die Curschmannstraße hatte einen sehr guten Ruf, der vergleichbar mit dem der Klosterschule war.. Unter den Schulen gab es ein Prestigedenken, die Schule war gewiß ein Statussymbol und eine Empfehlung für das spätere Leben. Das Schulgeld betrug damals 240 RM im Jahr. Bevor die preußischen Gebiete (z.B. Altona) 1937 zu Großhamburg eingemeindet wurden, zahlten Schülerinnen aus Preußen doppeltes Schulgeld. Privatschulen waren noch teurer, aber lange nicht so angesehen," erinnert sich eine ehemalige Schülerin.

Eines der Opfer, die die Schule unter dem Nationalsozialismus zu beklagen hatte, war die Lehrerin Yvonne Mewes, über die eine andere frühere Schülerin berichtete. Frau Mewes war im Gegensatz zu den meisten Kollegen nicht bereit, der NSDAP beizutreten und lehnte den NS-Staat ab, deshalb ernannte der Oberschulrat sie auch nicht zur Studienrätin. Ihr Neffe war „Halbjude", und ihre Schwester stand wegen ihrer Verbindung mit einem Juden unter ständiger Polizeikontrolle.

Im Juli 1944 wollte Yvonne Mewes kündigen. Da aber durch den Krieg großer Lehrermangel herrschte, wies die Schulbehörde ihre Kündigung zurück. Doch sie beharrte auf ihrer Kündigung. Schließlich übergab die Behörde ihre Akte der Geheimen Staatspolizei mit der Folge, dass Frau Mewes in die Gestapo-Haftanstalt Fuhlsbüttel eingeliefert wurde. Von hier wurde sie in das KZ Ravensbrück transportiert, wo sie am 6. Januar 1945 ums Leben gebracht wurde.

Während des Krieges blieb die Schule fast völlig intakt, so dass der Unterricht schnell wieder aufgenommen werden konnte. Hinderlich erwiesen sich jedoch unwillkommene „Gäste", die vorübergehend einquartiert wurden: so die Meisterschule für Mode mit etwa 400 Schülerinnen und das „Neue Theater".

Ende der 50er Jahre zeichnete sich ab, dass dem Gymnasium eine ungewisse Zukunft bevorstand ... Ein erster Plan sah vor, es auslaufen zu lassen und mit dem Emilie-Wüstenfeld Gymnasium zu vereinigen. Weitere Pläne, die Schule wegen konstanter Abnahme der Schülerzahlen zu schließen, folgten. Mit einem gewissermaßen letzten Versuch hoffte man, sie durch Koedukation zu retten. 1968 ersetzte ein „Gymnasium für Jungen und Mädchen an der Curschmannstraße", später nur noch „Gymnasium Curschmannstraße", die reine Mädchenschule. Dieser Umwandlung war jedoch kein dauerhafter Erfolg beschieden.

„Das 50-jährige Jubiläum der Schule 1978 mit großem Festwochenprogramm war vielleicht nur noch ein letztes Aufflackern vor der endgültigen Finsternis, denn schon 1982 war der Beschluß der Schulbehörde, das Gymnasium auslaufen zu lassen, endgültig. Selbst der Antrag, das Gymnasium in eine Ganztagesschule umzuwandeln, wurde einige Jahre später abgelehnt," heißt es in der Festschrift der Schule. Ausgerechnet 1988, im Jahr des 60. Bestehens der Schule, musste das Gymnasium die Türen seines Höger-Baues verriegeln. (Angaben aus: „Gymnasium Curschmannstraße 1928 – 1988")

Gebäude und Schulareal gehören jetzt zur Grund- und Stadtteilschule Eppendorf. Damit verfügt diese nicht nur über ein weiträumiges Schulgelände, sondern – das dürfte einmalig in Hamburg sein – über zwei unter Denkmalschutz stehende Bauwerke. Am 4. August 2009 trug das Denkmalschutzamt die beiden Gebäude in ihre Denkmalliste ein: unter Nr. 1750 das ehemalige Gymnasium und unter Nr. 1751 die einstige Volksschule.

Schule Lehmweg

Sechs Jahre nach der Eröffnung der Volksschule Wrangelstraße wurde 1898 am Lehmweg die zweite Schule in Hoheluft eingeweiht. Ende 1966 wurde sie geschlossen. Auch dieses Gebäude ist ein Denkmal. Nebenan erhielt die Ida-Ehre-Stadtteilschule für ihre Oberstufenschülerinnen und –schüler vor Jahren einen Neubau, den auch die Oberstufenschüler der früheren Gesamtschule Eppendorf nutzten. 2013 werden die Schülerinnen und Schüler der hiesigen Stadtteilschule wahrscheinlich den Standort Lehmweg verlassen und in die Räume der ehemaligen Marie Beschütz-Grundschule an der Schottmüllerstraße in Eppendorf umziehen.

Die Ära der Kinos

Anfang des 20. Jahrhunderts erlebte die Gegend um die Hoheluftchaussee so etwas wie einen Medienboom. Mit der „Hohelufter Zeitung“ trat nicht nur die Presse auf den Plan, auch Kinos wandten sich an das Publikum.

Es begann 1909 mit der „Blumenburg“

„Alte Blumenburg“: erstklassige Bilder und Musikbegleitung

Am 21. Januar 1909 eröffnete Hugo L. Steigerwald mit der „Blumenburg“ ein Kino an der Hoheluftchaussee 117. „Zuvor soll er bereits Vorführungen in dem Gasthof „Rosenburg“ angeboten haben – möglicherweise inspirierte ihn das auch bei der Wahl des Namens für sein erstes eigenes Kino. Laut Eigenwerbung war es das ‚größte und vornehmste Theater am Platze‘ und bot Vorführungen in höchster Vollendung und vollständig flimmerfrei‘“, schreibt Volker Reißmann.

Das „Theater Rosenburg“ befand sich am Lehmweg 41 und zeigte „moderne Lichtbildspiele“. Im April 1913 eröffneten an gleicher Stelle die „Eppendorfer Lichtspiele“, wie aus einer Anzeige in der „Hohelufter Zeitung“ hervorgeht. Es bestand nur kurze Zeit.

Steigerwalds „Blumenburg“ erwies sich mit 116 Plätzen bald als viel zu klein, so dass er die Gelegenheit wahrnahm, einen Teil des direkt an der Hoheluftchaussee 97 gelegenen Grundstücks der Tabakfabrik von Eicken zu erwerben und dort ein neues Kino zu bauen. Die bisherige „Flohkiste“ verkaufte er an einen Herrn Abel, der sie als „Alte Blumenburg“ fortführte. Die „Neue Blumenburg“ eröffnete 1912 und bot 700 Besuchern Platz.

1913 eröffneten die Eppendorfer Lichtspiele

THEATER ROSENBURG

Hamburg-Eppendorf, Lehmweg 41

Moderne Lichtbildspiele in höchster Vollendung.

Kein Flimmern, kein Flattern, nur ruhig stehende, scharfe Bilder.
Nur erstklassige, hochkomische, dramatische und sensationelle Tableaux.

SPIELPLAN:

Sonnabend bis Dienstag, 28. bis 31. Januar 1911.

Die kleine
Streichholzverkäuferin.

Drama! Drama!
Freund Jack
Spannendes Drama von ergreifender realistischer Handlung.

Humor. Humor.
Ein unerschrockener Held
Stürmische Heiterkeit erregend.

Koloriert! Koloriert!
Eine Giraffenjagd in Uganda
(Zentral-Afrika).
Hochinteressant für Groß und Klein.

Ohne Vertrauen keine Liebe.
Drama! Ergreifendes Drama aus dem Leben, mit spannenden Szenen. Drama!

Humor! Humor!
Der letzte Tag des Junggesellenlebens.
Hochkomische Szene, jeden Abend wahre Lachsalven auslösend.

Pathe-Journal.
Die neuesten Tagesereignisse.

Mittwoch bis Sonnabend, 1. bis 4. Februar 1911.

SEMIRAMIS
Grosse Tragödie aus der babylonischen Geschichte.

Jeder kennt Semiramis, die siegreiche Königin von Babylon, welche jenes unsterbliche Werk, die hängenden Gärten von Babylon schuf, das zu den sieben Weltwundern gehörte.
Der Film zeigt uns die Hochzeit der Semiramis mit dem König Ninus, die Verschwörung der jungen Königin gegen den König, den Tod des Königs, die Kriege, welche sie führt, die Feste, die sie in ihren prächtigen Gärten feierte, und endlich nach ihrem Tode den

Zusammenbruch des babylonischen Reiches.

Humor! Humor!
Lotte und die Mode.
Ein Bild von drastischer Komik!

Max hat neue Stiefel an.
Komische Szene von Max Lindner.
Eine Lachpille für Jedermann

Drama! **Verlassen.** Drama!
Tiefergreifendes Drama.

Gardasee
Reizende Naturschönheit!

Humor! Humor!
Errötend folgt er ihren Spuren
oder:
Der verliebte Bildhauer.
Großer humoristischer Schlager.

Drama. Der Drama.
Roman eines armen Mädchens
Spannendes Drama aus dem Leben. Ergreifend geschildert.

Extra-Einlage: Othello, der Mohr von Venedig.

Kassenöffnung: Wochentags 4 Uhr, Sonntags 2 Uhr.

Preise der Plätze: Reserviert 30 Pfg., 1. Platz 20 Pfg., Kinder 10 Pfg. Sonntags: Reserviert 40 Pfg., 1. Platz 30 Pfg., Kinder die Hälfte. Sonntags zahlen Kinder von 2-5 Uhr 10 Pfg.

NB. Das Theater ist der Neuzeit entsprechend renoviert und mit allem Komfort ausgestattet. Sonntags von 2 bis 11 Uhr und wochentags von 4 bis 11 Uhr ununterbrochen Vorführung der neuesten Schöpfungen der Kinematographie. Jeden Mittwoch und Sonnabend neues Programm. Außerdem werden täglich die neuesten Schlager als Einlage zur Vorführung gegeben.

Für den Inhalt verantwortlich: O. Mörike, Hamburg 30. — Druck und Verlag: Gebrüder Lüdeking, Hamburg 30.

Klein Flimmern, kein Flattern: Theater Rosenburg (Anzeige in der Hohelufter Zeitung (1911)

Kleine Zwerge, große Werbung: die „Blumenburg"

Am 25 Juli 1943 wurde die „Blumenburg" bei den Luftangriffen nur beschädigt, so dass sie wieder aufgebaut werden konnte. Die Wiedereröffnung zog sich jedoch noch bis zum 27. Januar 1950 hin. Im Februar 1944 legten die Hamburger Architekten Zerbe und Harder, wie aus Eimsbütteler Bauakten hervorgeht, Pläne für ein „Lichtspielhaus Blumenburg-Grenzhaus" am Grenzhaus Hoheluft vor. Wer die Pläne in Auftrag gab, ist nicht bekannt. Sie wurden offensichtlich nicht realisiert.

Mit dem Aufkommen des Fernsehens gerieten die Kinobetreiber zunehmend in Bedrängnis, so dass das Kinosterben auch vor der Hoheluftchaussee nicht halt machte. 1962 musste das große „Capitol" schließen. Drei Jahre später folgte die „Blumenburg", die von einem Supermarkt abgelöst wurde. Heute befindet sich ein Billard-Café im Gebäude Hoheluftchaussee 97, in dem nach Reißmann noch viele Details des damaligen Kinosaals auszumachen sind.

Kinos in der Gärtnerstraße

Zum Hohelufter Kinoboom trugen auch das „Elysium" bzw. die „Astoria-Lichtspiele" an der Gärtnerstr. 92 von 1912 an bei. 1930 übernahmen Arthur Braun und Walter Metzel das Kino von der Witwe Paul Bülows, der das Haus unter dem Namen „Elysium-Theater" betrieben hatte, und benannten es in „Astoria-Lichtspiele" um. Ende 1935 mussten die jüdischen Inhaber das Kino verkaufen und kehrten in die Tschechoslowakei zurück, deren Staatsbürger sie waren. August Peters übernahm die Lichtspiele und führte sie bis zu ihrer Zerstörung im Zweiten Weltkrieg weiter.

Im Vergleich zu anderen jüdischen Kinobesitzern in Hamburg konnten Braun und Metzel das „Astoria“ am längsten betreiben, da die Kollegen ihre Kinos vor dem 1. Januar 1934 nicht mehr selbst führen durften. Für Juden war eine Mitgliedschaft in der Reichsfilmkammer verboten, und ohne die durfte man kein Lichtspielhaus leiten. (Angaben von Jan Pätjer Johannsen).

Gleich nach der Machtübernahme ordneten die Nationalsozialisten in Hamburg die Kino-Landschaft neu. Nach Michael Töteberg teilten sie sie in vier Klassen ein: Ur-, Erst-, Zweit- und Nachaufführungstheater mit entsprechenden Eintrittspreisen.

Zur ersten Kategorie gehörten in Hoheluft die Harvestehuder Lichtspiele am Eppendorfer Baum. Die Neue Blumenburg und die Capitol-Lichtspiele (sowie der Emelka-Palast an der Osterstraße) waren als Zweitaufführungstheater eingestuft. In der Kategorie der Nachaufführungstheater registrierte man die Astoria-Lichtspiele und die Alte Blumenburg.

Gärtnerstraße 92: erst das Elysium...

...dann das Astoria

Neben dem Colosseum entstand das „Capitol“

Jahrelang konnte Hugo L. Steigerwald an der Hoheluftchaussee „ungestört“ seine Kinovorstellungen anbieten. Das änderte sich 1926. Schräg gegenüber, neben dem traditionsreichen und gut besuchten Klub- und Ballhaus „Colosseum Hoheluft“ entstand an der Hoheluftchaussee 52 ein neues und höchst attraktives Kino: die „Capitol-Lichtspiele“.

Julius Carl Dänecke hatte ein Jahr zuvor von „Colosseum“-Besitzer Ernst Heeschen ein Grundstück erworben, um dort – nach den „Welt-Lichtspielen“ in Barmbek – ein zweites Kino zu eröffnen. Mit seinen 1258 Sitzplätzen avancierte das „Capitol“ gleich zu einem der größten Lichtspieltheater in Hamburg. Dänecke betrieb das neue Haus jedoch nicht allein, sondern zusammen mit Heeschen, wie Volker Reißmann berichtet. Da die Tonfilm-Ära noch nicht begonnen hatte, leistete sich das Hohelufter Kino ein Orchester zur Untermalungd er Stummfilme.

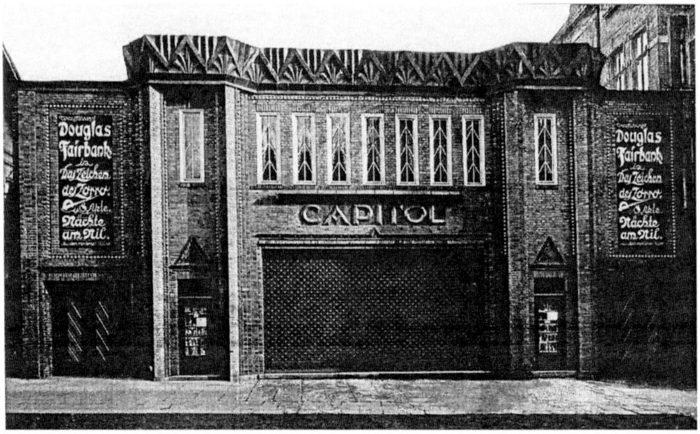

Das „Capitol“ mit Keramikschmuck von Wessely

Als das Filmtheater am 15. Oktober 1926 eröffnet wurde, gehörte auch Hans Albers zu den Ehrengästen der Eröffnungsparty in der großen Eingangshalle. Der Kontakt zu ihm riss nie ab.

1927 nannte sich das „Capitol“ stolz „das Erstaufführungstheater“.

Auch das „Capitol“ wusste aufzufallen

Während der Nazi-Zeit blieb Julius C. Dänecke unbehelligt, weil er Mitglied der Reichsfilmkammer war. Diese Tatsache führte später zu Schwierigkeiten bei der Entnazifizierung. Im Bomben-Juli des Jahres 1943 ging es dem „Capitol“ nicht besser als der „Blumenburg“. Glücklicherweise hielt sich der Schaden in Grenzen, so dass das Kino nach einem halben Jahr, am 21. Januar 1944, seinen Betrieb wieder aufnehmen konnte.

Anzeige des Lichtspiel-Palastes aus dem Jahre 1927

Es „gehörte aufgrund seiner relativ geringen Kriegsschäden zu den Filmtheatern, die bereits am 27. Juli 1945 zur Unterhaltung für die deutsche Zivilbevölkerung von der britischen Militärregierung die Erlaubnis erhielten, wieder zu eröffnen,“ schreibt Reißmann. Nachdem der Kinobesuch in den ersten Nachkriegsjahren noch recht zufriedenstellend verlaufen war, wurde die Lage durch Neugründungen, zum Beispiel durch das „Holi“, immer schwieriger.

Frau Gisela Bartels aus der Hoheluftchaussee erinnert sich noch an den Tag, an dem der Film „Das doppelte Lottchen“ hier uraufgeführt wurde. „Dazu hatte man Zwillingspärchen eingeladen. Ich hätte nie geglaubt, dass es so viele Zwillinge gäbe. An diesem Nachmittag wimmelte die Straße von „doppelten Lottchen“ (oder Hänschen) aller Altersstufen, vor allem von Kindern.“

Auf das noch glanzvoll gefeierte 25jährige Bestehen des „Capitol“ im Jahre 1951 folgte ein immer stärkerer Besucherschwund. Auch Investitionen in die CinemaScope-Technik brachten nicht den erhofften Umschwung. So blieb der Familie Dänecke nichts anderes übrig, als ihr Kino am 20. Juli 1962 zu schließen. Wenig später wurde es in Supermärkte umgewandelt: zunächst in „Pro“, „Basar“ und dann „Comet“.

„Im Zuge der Verbreiterung der Hoheluftchaussee Ende der 60er Jahre verschwand auch die markante Klinikerfassade, und nur ein Torso des ursprünglichen Gebäudes blieb noch bis zum endgültigen Abriss in den 1980er Jahren erhalten,“ resümiert Volker Reißmann.

"Harvestehuder Lichtspiele“

Zunächst war es der Tanzsalon „Eppendorfer Baum“, dann – nach einigen Besitzerwechseln – 1906 das „Eppendorfer Gesellschaftshaus“ unter der Leitung von Siegfried Simon und sieben Jahre später, am 1. April 1913, die „Harvestehuder Lichtspiele“ im ehemaligen unteren Tanzsaal des Gesellschaftshauses. Die Simons waren ausgezogen, um zunächst die „Flora“ am Schulterblatt und später das St. Pauli-Theater am Spielbudenplatz zu übernehmen. Mit 880 Plätzen etablierte sich das Kino am Eppendorfer Baum 35 gleich unter den größten Hamburger Lichtspielhäusern. (Alter 1976, S. 83) Es war also bedeutend kleiner als das „Capitol“.

Die Harvestehuder Lichtspiele am Eppendorfer Baum

Nach Helios-Theater und Belle-Alliance-Theater legte sich James Henschel von 1909 an auch das vornehme Waterloo-Theater sowie die Harvestehuder Lichtspiele zu. Ganz dem Nobelviertel entsprechend, besaß Hamburgs erster Kinokönig mit den Lichtspielen am Eppendorfer Baum ein Theater mit kostbarer Inneneinrichtung.

1918 verkaufte er seine Firma an die Ufa, die diese als Tochterfirma weiterführte. Von 1924 an wurden die Harvestehuder Lichtspiele direkt von der Ufa betrieben und hießen nun Ufa-Harvestehude. Im Zweiten Weltkrieg wurden in dem Gebäude ausländische Zwangsarbeiter einquartiert. (Töteberg/Reißmann 2008, S. 26 ff.)

„Die Auslese" löste das Kino ab

Nach dem Krieg fand das Theater „Die Auslese" Unterschlupf in dem Kino. In seinem Programm von 1947 teilte das Theater mit, es sei nun an die Stätte seiner ersten Erfolge zurückgekehrt. Aber bereits im Mai 1947 bezog es mit dem Stück „Gaslicht" als neue Spielstätte das evangelische Gemeindehaus in der Eppendorfer Ludolfstr. 53. Für ein Gastspiel in Somerset Maughams „Finden Sie, daß Constanze sich richtig verhält?" engagierte „Die Auslese" die herausragende Filmschauspielerin Lil Dagover. In diesem Haus blieb das Theater bis zur Spielzeit 1948/49. Anschließend eröffnete dort der Wahl-Hamburger Willi Kollo das „Eppendorfer Theater", mit dem sich der Sänger („Solang noch unter'n Linden") seinen Traum von einem eigenen Theater erfüllte, wie die Hamburger Allgemeine Zeitung berichtete.

Berühmte Schauspieler im „Künstlertheater"

Anfang der 60er Jahre machte der Maschinenfabrikant Dr. Bruno Maelger von sich reden, indem er Haus und Lichtspiele am Eppendorfer Baum kaufte, um dort als neuer Direktor das „Künstlertheater" zu etablieren.

Am 8. Oktober 1963 sollte sich der Vorhang für die „Bezaubernde Julia", den weltberühmten Komödienerfolg von Sauvajon, mit der Idealbesetzung Anneliese Born und Albrecht Schoenhals in dem mit 784 Plätzen nun größten Hamburger Privattheater fallen.

Wie die Presse damals einhellig berichtete, konnte „Julia" das Publikum ganz und gar nicht bezaubern. Doch das Künstlertheater blieb bei seiner Linie, gehobenes Boulevard-Theater zu bringen, auch mit Gastspielen etwa der Berliner Schaubühne. Und so traten in den folgenden Jahren berühmte Schauspieler wie Hildegard Knef, Maria Schell, Barbara Rütting, Luise Ulrich, Heidelinde Weis, Elisabeth Flickenschildt sowie Hans Clarin, Hansjörg Felmy und Volker Lechtenbrink am Eppendorfer Baum auf.

Diese „Besetzung" bedeutete aber leider keine Garantie für finanziellen Erfolg, denn um den musste das Theater ständig ringen. Ende der Spielzeit 1968/69 stellte die Bühne den Spielbetrieb ein. Im Programmheft Nr. 8 des 6. Jahrgangs (1968/69) teilte sie mit, dass das St.

Pauli-Theater wegen Umarbeiten ab 1. April 1969 in ihrer Spielstätte gastieren werde. (Theatersammlung der Universität Hamburg).

Wenn auch die Harvestehuder Lichtspiele nach dem Zweiten Weltkrieg wieder ihren alten Namen trugen, war dem großen Kino kein Erfolg mehr beschieden. Wie die beiden anderen Hohelufter Lichtspielhäuser wurde es in einen Supermarkt umgebaut.

Für sein am 29. Oktober 1970 eröffnetes „Abaton" im Uni-Viertel sicherte sich dessen Gründer Werner Grassmann eine Anzahl von Stühlen der Harvestehuder Lichtspiele (Töteberg/Reißmann 2008, S. 134 ff.)

Das Kino wich dem Künstlertheater.

Das „Holi" ist geblieben

Deutlich früher als das Programmkino, aber auch erst nach dem Krieg, wurde das „Holi" im Jahre 1951 gegründet. Es leitet seinen Namen nicht von der Hoheluft ab, wie man meinen könnte, sondern von den nahen (Grindel-)Hochhäusern. Das Kino entstand im Innenhof des 1925/26 errichteten Wohnblocks anstelle des im Krieg zerstörten Versammlungssaales des „Klinker". Die besondere Attraktion dieses Filmtheaters ist der Vorhang mit bekannten Hamburger Sehenswürdigkeiten, der in der Zwischenzeit restauriert wurde und mittlerweile unter Denkmalschutz steht (Filmmuseum Hamburg).

Das „Holi" gehört zur CinemaxX-Kette und verfügt über 610 Plätze in zwei Sälen. Mit ihm verfügt Hamburg nur noch über 21 Filmtheater.

Über 500 Läden: Hohelufter Geschäftswelt

Mit dem Eppendorfer Weg und der Hoheluftchaussee konzentriert sich das Hohelufter Geschäftsleben auf die beiden größten Einkaufsstraßen des Stadtteils. Während der Eppendorfer Weg als eine der schönsten Geschäftsstraßen in Hamburg rund 170 Läden und Restaurants zu bieten hat, bringt es die weniger attraktive Hoheluftchaussee auf etwa 130 Geschäfte – insgesamt also stattliche 300 Lokalitäten. Nimmt man den Lehmweg und die Hohelufter Anteile von Eppendorfer Baum und Hegestraße als weiteres sehr attraktives Geschäftsviertel hinzu, erhöht sich die Zahl der Läden und Restaurants um etwa 120. Das ist nicht alles. Der hiesige Einzelhandel ist noch breiter aufgestellt. Mit der Gärtnerstraße und ihren rund 40 Geschäften, den ca. 30 Läden an der Bismarckstraße sowie denen an der Breitenfelder Straße und den anderen hier nicht genannten Straßen summieren sich die Ein-kaufsmöglichkeiten in Hoheluft auf deutlich über 500, eine erstaunlich hohe Zahl. Ein Teil dieser Firmen ist in dem Interessenverein „Quartier Hoheluft“ organisiert.

Das Bemerkenswerte an diesem breiten Angebot ist seine Vielfältigkeit und Individualität. Die Zahl der Filialisten, die das Erscheinungsbild von großen Einkaufsstraßen immer monotoner erscheinen lässt, ist gering und beschränkt sich praktisch auf Hoheluftchaussee und Eppendorfer Baum.

Was die heimische Geschäftswelt ausmacht(e), versucht die folgende individuelle, überwiegend unter historischen Gesichtspunkten getroffene Auswahl darzustellen.

Die älteste in Hamburg: Oberdörffer`s Apotheke

Hamburg älteste Apotheke

Von allen seit Jahrzehnten an der Hoheluftchaussee tätigen Geschäften und Firmen ragt eines besonders hervor: Oberdörffer`s Apotheke in der Hoheluftchaussee 56. Hamburgs älteste, 1531 gegründete Pharmazie. Auch wenn Cornelia

Kohlhaas-Christ in ihrer Dissertation „Zur Geschichte des Apothekerwesens in Hamburg von den Anfängen bis zum Erlaß der Medizinalordnung von 1818“ feststellte, dass Oberdörffer`s Apotheke nicht 1531, sondern erst 1624 gegründet wurde (Abendblatt, 29. 11. 1984), ändert das nichts an der Tatsache, dass sie Hamburgs älteste Apotheke ist. Auf diesen Sachverhalt hingewiesen, sagte Inhaberin Marina Neugebauer, dass sie nicht daran denke, das Gründungsdatum zu korrigieren.

Die seinerzeit auf dem Großen Burstah in der Innenstadt betriebene Pharmazie ging 1808 in den Besitz von Johann Heinrich Christian Oberdörffer über und blieb vier Generationen in der Familie. 1842 fiel das Geschäft dem großen Hamburger Brand zum Opfer. Nach diesem folgenschweren Ereignis wurde die Apotheke am 1. Oktober 1894 in der Hoheluftchaussee wieder eröffnet. (Spitzner 1972, S. 24), allerdings nicht am heutigen Standort, sondern schräg gegenüber unter der Hausnummer 71. Das Haus wurde 1972 umgebaut und erhielt einen Vorbau wie andere benachbarte Geschäftshäuser.

100 Jahre Wrangel-Apotheke

Auf eine lange Vergangenheit kann auch die Wrangel-Apotheke an der Gärtnerstr. 32 zurückblicken. Am 1. Juli 2012 befand sie sich in vierter Generation im Besitz der Familie Rackwitz. Die Pharmazie ist aber schon älter, denn Dr. Ernst Heinrich Rackwitz übernahm sie vor über 100 Jahren nach dem Tod der Vorbesitzer Braune. Als besondere Leistungen bot er damals unter anderem eine Harnanalyse an.

Über 100 Jahre alt: die Wrangel-Apotheke

Als jüngste Apothekenleiterin in Hamburg trat Tochter Ruth mit 36 Jahren die Nachfolge an, als der Vater 1947 gestorben war. Von 1973 an führte Sohn Heinrich das Geschäft an der Ecke Wrangelstraße/Gärtnerstraße weiter. Als amtlicher Pharmazierat sorgte er auch dafür, dass die hohen Qualitätsmaßstäbe für den Apothekerberuf eingehalten wurden. Seit 1996 leitet die jüngste Tochter Kirsten die „Rackwitz-Apotheke“. Es versteht sich, dass diese im Laufe der Jahrzehnte immer wieder modernisiert und neuen Entwicklungen wie der Computertechnologie angepasst wurde.

Schlachterei Louis Richter

Als Louis Richter 1886 an der Hoheluftchaussee seine Schlachterei eröffnete, war die Umgebung noch sehr ländlich geprägt. Die benachbarten Gebäude hatten den Anschein von Bauernhäusern, wie das leider sehr blasse Foto mit dem Firmenautomobil, auf dem Richter für „Feine Fleisch- und Wurstwaren" wirbt, andeutet. Einen fortschrittlichen Eindruck macht die dekorative Schaufensterfront in der Chaussee, in der sich viele Jahre später die Capitol-Lichtspiele als Nachbar etablierten.

Die Erzeugnisse der Schlachterei erfreuten sich einer regen Nachfrage, denn nicht nur Fleisch- und Wurstsorten waren reichlich vorhanden, sondern auch Personal. Noch Anfang der 1950er Jahre stand die damals 66 Jahre alte Schlachterei Louis Richter den Hoheluftern zu Diensten, wie eine Anzeige aus der Festschrift der vom Bezirksamt veranstalteten Eimsbütteler Woche vom Herbst 1952 dokumentiert.

Neben dem Capitol: die Schlachterei Louis Richter (1911)

....in ländlicher Umgebung, mit Automobil

LOUIS RICHTER

seit 66 Jahren in der Hoheluftchaussee (neben dem Capitol)

Unsere Tradition: **Erste Qualitäten in Frisch- und Gefrierfleisch**

Unsere Spezialität: **Feinster Aufschnitt, Garnierte Aufschnittplatten in jeder Ausführung - Täglich frische Schweinebraten, Roastbeef Gek. Knochenschinken, Zunge, Gebr. Cassler, Lachsschinken usw.**

Telefon. Bestellungen erbeten — Ruf 44 61 65 — Lieferung frei Haus

1952: Louis Richter seit 66 Jahren an der Hoheluftchaussee

Schuhhaus Boës

Ebenfalls Ende des 19. Jahrhunderts, und zwar 1896, machte sich der Schuhmacher August Boës in der Hoheluftchaussee selbständig. Im Haus Nr. 72 begann er zunächst mit einer Werkstatt, in der er Schuhe reparierte, aber auch nach Maß anfertigte. Ihm und seiner Frau Bertha, die in dem Haus auch wohnten, waren sechs Kinder beschieden: drei Jungen und drei Mädchen.

Schuhhaus Boës: einst in der Hoheluftchaussee

Im Laufe der Zeit baute August Boës die Schuhmacherei zu einem Schuhgeschäft aus, das sein jüngster Sohn, Walter, nach dem 40jährigen Jubiläum im Jahre 1936 übernahm. Die Freude am Geschäft währte für ihn keine zehn Jahre, denn 1943 trafen Bomben auch das Haus Nr. 72.

Danach vergingen viele Jahre, ehe der Laden behelfsmäßig wieder eröffnet werden konnte, allerdings nicht an gleicher Stelle, sondern stadteinwärts neben dem Herrenausstatter Hans Reimann an der Hoheluftchaussee 54. Diese Lösung dauerte von 1954 bis 1961. Nach dem Tode von Walter Boës übernahm seine Tochter Christa Weidemüller das Geschäft, das ab 1961 wieder am ursprünglichen Standort seine Kunden bedienen konnte. Hier belebte das Schuhgeschäft die Hoheluftchaussee, ehe es Ende 2000 die Pforten schloss. An seiner Stelle befindet sich heute ein Sonnenstudio.

Schuhkay: Vom Überlandhandel zur Branchengröße

Bereits 1882 hatte Friedrich Kay „in Langenfelde bei Hamburg“ seine Schuhmacherwerkstatt gegründet. Mit Pferd und Wagen wurden zahlreiche Kunden direkt beliefert. Unter großen Anstrengungen vermochte die Firma 1900 in einem eigens gebauten Haus in der Eimsbüttler Straße (heute: Langenfelder Damm) einen Laden samt Werkstatt zu eröffnen. Da die Söhne Paul und Hermann hinzugekommen waren, belieferten die Kays nun mit drei Fuhrwerken auch Kunden in ganz Holstein. Doch das Überlandgeschäft stellte ein Problem dar:

„Die Kosten waren zu groß: Mit drei Mann, sechs Pferden und drei Wagen immer auf der Landstraße und immer bei fremden Leute übernachten, das kostete Geld. Die Reparatur an Wagen und Geschirr, Beschlag der Pferde, neue Wagen, wieder Pferde kaufen, es ging immerzu. So ist die Familie mit vielen Mühen und Sorgen durchs Leben gekommen,“ heißt es in einer Firmenchronik.

1910 übernahm Paul die Firma und führte sie mit seiner Frau Martha erfolgreich weiter. Während des Ersten Weltkrieges wurden die Fuhrwerke beschlagnahmt, nach dessen Ende aber keine neuen angeschafft. Damit war das Kapitel „Landhandel“ abgeschlossen.

In Langenfelde fing es an: Schuhe von Kay (Anzeige von 1897)

1921 traf Kay eine wichtige betriebliche Entscheidung. Er expandierte nach Hoheluft und machte in der Gärtnerstr. 97 die erste Filiale auf. Mit Herbert und Werner Kay trat 1930 die dritte Generation in die Firma ein. Trotz großer Umsatzeinbußen, aber mit Glück und harter Arbeit, überstanden sie die Weltwirtschaftskrise. Während des Zweiten Weltkrieges trugen die beiden Ehefrauen sehr dazu bei, die Geschäfte über die Runden zu bringen. 1945 fanden die Inhaber das Stammhaus zerstört und die Filiale zu 80 Prozent beschädigt vor, so dass die Geschäftstätigkeit unter großer Mühsal wieder aufgenommen werden musste.

Über die Gärtnerstraße zur Hoheluftchaussee

Am 1. Juli 1949 trennten sich die Brüder. Herbert übernahm das wieder aufgebaute Geschäft am Langenfelder Damm und Werner das in der Gärtnerstraße. Damit entstanden zwei Firmen unter einem Dach.

Am 7. Februar 1957 erwarb man das unbebaute Grundstück Hoheluftchaussee 36/38 und errichtete 1959/60 auf dem hinteren Teil des Grundstücks ein Gebäude für den Wareneingang. Im Vorderhaus fand die Zentrale Platz, und im Oktober 1961 eröffnete hier eine weitere Filiale. Mit Peter Gustav Werner und Klaus Paul Werner Kay war 1960 die vierte Generation eingestiegen.

Nachdem das 50. Firmenjubiläum 1932 in eine weltwirtschaftlich schwierige Zeit gefallen war, konnte SchuhKay am 29. September 1982 in ganz anderer Stimmung das 100. Jubiläum feiern. Mit Matthias, dem Sohn von Klaus Kay, trat 1994 die fünfte Generation in die Firma ein. Mit der Eröffnung weiterer Filialen – auch an überregionalen Standorten – konnte sich SchuhKay ständig vergrößern. 2007 begingen die Kays ihr 125. Jubiläum.

Die Firmen SchuhKay betreiben heute 48 Schuhhäuser in Hamburg, Schleswig-Holstein sowie Bremen und beschäftigen rund 600 Mitarbeiter. Zusammen mit elf anderen Großunternehmen tätigen sie auf allen wichtigen Märkten der Welt ihre Einkäufe. Die Hamburger zählen heute zu den bekanntesten und bedeutendsten deutschen Unternehmen im Schuheinzelhandel.

Die Schuhhaus Kay GmbH hat drei Geschäftsführer in der Hoheluftchaussee 36, von denen Seniorchef Peter Kay am 2. Juni 2012 im Alter von 72 Jahren starb. Ebenfalls drei Geschäftsführer leiten die KG Schuhkay GmbH & Co. in der Boschstr. 1 (Langenfelder Damm). Alle GF gehören zur großen Kay-Familie.

Seit Generationen Klempner: die Hauschildts

Unweit von Oberdörffer`s Apotheke ließ sich 1895 in der ruhigen Hoheluftchaussee 43 a Hans-Hinrich Hauschildt aus Hohenwestedt bei Rendsburg als Klempner, Mechaniker, Dachdecker und Gasfitter nieder, um von der Geschäftigkeit des wachsenden Stadtteils zu profitieren.

Er stammte aus einer Familie, die eine Leidenschaft für den Beruf des Klempners entwickelt hatte. Die Hauschildtsche Ahnenforschung entdeckte den ersten Klempner im Jahre 1700 (!). Hans-Hinrich war auf seiner Wanderschaft als Handwerksbursche in Hamburg gelandet und dort sesshaft geworden. Da die Klempnerfirma, in der er beschäftigt war, 1895 ihren Betrieb eingestellt hatte, machte er sich in Hoheluft selbständig und begründete eine Tradition, die inzwischen fast 120 Jahre alt ist.

Sohn Hans ließ sich von seinem Vater ebenfalls zum Klempner ausbilden und kaufte ihm den Betrieb im Jahre 1907 ab, nachdem er fünf Jahre zuvor die Gesellenprüfung abgelegt hatte. 1908 verlegte er das Sanitärhaus in die Neumünsterstr.1 – vorübergehend, wie sich zeigte, denn 1913 ging`s zurück in die Hoheluftchaussee, aber dieses Mal in die Nr. 53, wo der Verkaufsraum größer und die Werkstatt davon getrennt war. Sie fand ihren Platz in der ehemaligen Schlachterei Fischbeck.
Auch Hans Hauschildt konnte seinen Filius für den Beruf des Klempners begeistern, so dass Ernst nach dem Tod des Vaters 1939 als Geselle den Betrieb übernehmen konnte. Wie sein Vater machte auch er die Meisterprüfung, nachdem er als verwundeter Soldat aus Russland

Henny Hauschildt vor dem Geschäft in der Hoheluftchaussee 53

zurückgekehrt war. Kaum wieder in Hamburg – der Krieg war noch in vollem Gange – vernichtete ein Luftangriff den größten Teil des Lagerbestandes. In dem sehr kalten Winter 1945/46 hatte Hauschildt mit jeder Menge Rohrbrüchen zu tun. Er konnte sie nur deshalb reparieren, weil durch den Ankauf von Altblei die nötige Umtauschmenge beschafft wurde. Der Umtausch betrug 100 Kilo Alt- gegen 80 Kilo Neublei. Allein auf einem Grundstück in der Wrangelstraße mit zwei Vorder- und sechs kleinen Hinterhäusern verarbeitete die Firma 600 Kilo Blei.

Glücklicherweise konnte das Sanitärhaus Hauschildt vor diesem Kältewinter am 9. August 1945, aber wieder im Frieden, sein 50jähriges Bestehen feiern. Und die Firma blieb weiterhin in der Familie. In vierter Generation stieg Walter Hauschildt als Klempner, Heizungsbauer und schließlich als graduierter Ingenieur 1969 in den Betrieb ein. In diesem Jahr ging ein Wunsch der Hauschildts in Erfüllung: Man konnte das Grundstück Hoheluftchaussee 53/53 a mit Vorder- und Hinterhaus erwerben und ein Jahr später den 75. Firmengeburtstag feiern.

1989 kaufte Rüdiger Westphal Firma und Namen und betrieb den Sanitärladen noch zehn Jahre weiter. Seitdem führt er die Klempnerei unter dem Traditionsnamen in gemieteten Räumen weiter.

Torten von Christiansen seit 1903

Das Ende der Konditorei Christiansen an der Hoheluftchaussee 99 kam schleichend. Zunächst schloss das Cafe und später - nach einem Besitzerwechsel - die Tortenbäckerei.

Café Christiansen neben der ehemaligen „Blumenburg" (links) und dem KAHO

Aus der Geschichte der Konditorei sind schmuckvolle Behördenschreiben überliefert. So dokumentierte das Patronat der Vorstadt St. Pauli am 23. October 1875 eindrucksvoll die Geburt von John Ernst Christiansen am 27. Juli 1875. Die Hamburger Behörde für das Schankkonzessionswesen erteilte am 14. August 1900 dem 25 Jahre alten, zum Gechäftsmann gereiften Christiansen in gekonnter Handschrift zunächst „die Erlaubnis zum Ausschank nicht berauschender Getränke" in dem Lokal Hoheluftchaussee 56, part., und zwar für den an der Straße liegenden Raum.

Die Konditorei entstand drei Jahre später in einer „gewerblichen Anlage" – so die Baupolizei am 3. August 1903 – an der Hoheluftchaussee 99, wo sie sich zu einer der führenden Adressen in Hamburg entwickelte.

Nicht jeder Geschäftsmann konnte sich Mitte der 20er Jahre ein Auto leisten

Christiansen hatte in Bergedorf das Konditoren-Handwerk erlernt und dann in Dresden, vor allem aber in Hamburg in den verschiedensten Geschäften Erfahrungen gesammelt. „Kollege Christiansen hat nie geruht, ist nie stehengeblieben, sondern hat sich jede nur auftretende Neuerung, die er als gut erkannte, für den Betrieb zu eigen gemacht,“ lobte ihn die Innung anlässlich seines 50. Firmenjubiläums rückblickend.

Der Baumkuchen als Markenzeichen

Der unselige Zweite Weltkrieg traf 1943 auch das Café Christiansen schwer und zerstörte bis auf einen Teil der Backstube fast alles. Nachdem er Tausende von Steinen selbst geklopft hatte und der Betrieb wieder einigermaßen funktionsfähig war, konnte er im selben Jahr wieder eröffnen. Als der Krieg schon fast vorbei war, schlug es noch einmal bei Christiansens ein, doch diese Schäden konnten schnell behoben werden. Mit großem Einsatz gelang es ihnen, „wieder einen Betrieb mit ei-

Kein Café mehr, sondern Schauraum für Torten

nem sehr schönen Laden und einem geschmackvollen Kaffee einzurichten, der dem vernichteten in nichts nachsteht, sondern man muß sagen, der noch schöner ist." (Die Konditorei 15/50, S. 423)

Am 27. Juli 1950 wurde John Christiansen 75 Jahre alt. 1956 starb er.

Nach einer Übergangszeit führte Ilse Schreck, die Enkelin des Gründers, von 1976 an mit ihrem Mann Gottfried die Firma fort. 1985 ließen sie die Geschäftsräume umbauen und Laden sowie Café im Jugendstil gestalten. Gut 20 Jahre führten sie die Christiansensche Tradition zur großen Zufriedenheit der nicht auf Hoheluft beschränkten Kundschaft fort.

Mit der Übernahme des Cafés im Jahre 1997 durch die Konditorenmeister und Betriebswirte des Handwerks Ulrike Eichhorn und Robert Heinzel vollzog sich ein Generationenwechsel. Die jungen Inhaber beschritten neue Wege und boten nun unter anderem „eine herzhaft-delikate Vielfalt von Tartes, Quiches und vielen anderen Konditoreiköstlichkeiten aus aller Welt" an, wie sie anlässlich der „Geschäftseröffnung des neuen Christiansen" mitteilten.

Zehn Jahre später stellten sie den Einzelhandel über das Ladengeschäft ein und spezialisierten sich auf die Herstellung von prächtigen Hochzeitstorten und Sonderanfertigungen sowie Quiches. Das ehemalige Café diente seitdem als Ausstellungsraum.

Inzwischen haben Ulrike Eichhorn und Robert Heinzel ihre Grundstücke Hoheluftchaussee 99 und 101 verkauft und sind aus familiären Gründen nach Bremen umgezogen, wo sie ihr Geschäft unter dem Namen Café Christiansen fortführen.

Tradition seit 1913: Bleichen-Bäckerei von Holdt

2013: 100 Jahre Bleichen-Bäckerei von Holdt

Einige Jahre jünger als die Konditorei Christiansen ist die Bleichen-Bäckerei von Holdt, die ihren Ursprung allerdings in der Innenstadt hat. Am 15. Dezember 1913 übernahmen der 30jährige Johannes von Holdt und seine Frau Friederike die Umbachsche Bäckerei in den Großen Bleichen 50, deren Laden sie ein Café angliederten. Anfang 1920 gaben sie dem Geschäft den Namen Bleichen-Bäckerei. Zum Sortiment gehörten unter anderem frisch vom Blech angebotene Franzbrote, die besonders beliebt waren.

Zum Personal gehörten auch ein Knecht und ein Kutscher. „Der Knecht füllte morgens die Körbe mit frischer Ware und beförderte sie dann mit Pferdewagen und zu Fuß zu den Händlern, die die Backwaren zu den Kunden brachten. An den Haustüren hingen Brotbeutel, in die die Brötchen gesteckt wurden. Durch Klopfen oder Klingeln weckten die Händler die Kundschaft, die die Backwaren wöchentlich bezahlte. Die Händler hatten es schwer. Oft musste die ganze Familie mitarbeiten." (Chronik 75 Jahre Bleichen-Bäckerei)

1924 wurde der erste Lieferwagen angeschafft. Zwei Jahre später kündigte der Vermieter, das Hamburger Fremdenblatt, den Backbetrieb, so dass sich die Firma um einen neuen Standort kümmern musste. In Winterhude wurde das Ehepaar von Holdt fündig und blieb über zehn Jahre lang in der Dorotheenstraße. 1939 gelang es, am heutigen Sitz der Bleichen-Bäckerei am Eppendorfer Weg 178 den Betrieb von Otto Schönknecht zu übernehmen. Auch nach dem Wechsel nach Hoheluft behielt die Bäckerei den alten Namen bei.

Als der Zweite Weltkrieg beendet war, stieg der am 19. August 1915 geborene Sohn Herbert in die elterliche Bäckerei ein und führte die Firma auch nach dem Tod des Vaters im Jahre 1959 weiter. Doch 1974 erkrankte er schwer, so dass er die Leitung der Backstube an seinen langjährigen Bäckermeister Horst Schmalfeldt abgeben musste. Am 1. Januar 1980 rückte dieser zum geschäftsführenden Mitinhaber auf, da sich Herbert von Holdt als stiller Teilhaber im Alter von 65 Jahren in den Ruhestand zurückzog. Dabei wurde der neue Chef aktiv von seiner Frau Birgitt unterstützt. Ein besonderes Anliegen von Horst Schmalfeldt war der gute Kontakt zu Kindern. Er bemühte sich sehr, ihnen das tägliche Brot näher zu bringen, indem er ihnen die alte Kunst des Backens zeigte.

Mitte 2000 verkauften die Eheleute die traditionsreiche Bäckerei mit Bedacht an Bäckermeister Stefan Butzlaff und nicht an eine Backwarenkette.

Ende 2013 kann die Bleichen-Bäckerei ihr 100. Bestehen feiern.

Lichthaus Hass: viertältestes Lampengeschäft

Zu den historisch bedeutenden Geschäften in Hoheluft gehört auch das 1904 dort von Friedrich Hass gegründete Lichthaus in der Hoheluftchaussee 45. Es ist nicht das zweitälteste Lampengeschäft in Hamburg, wie das Eimsbütteler Wochenblatt (heute: Elbe Wochenblatt) vor einiger Zeit schrieb.

Eines der ältesten Lampengeschäfte: Lichthaus Haas

Auf Anfrage des Verfassers nahm die Handelskammer Hamburg eine Selektion aller Unternehmen dieser Branche vor. Der stellvertretende Geschäftsführer teilte ihm mit: „Die ´Ewige Lampe`, die Heinrich J. Frank (GmbH & Co.) ist ... das älteste Geschäft in Hamburg. Es gibt jedoch noch zwei weitere Unternehmen, die Max Franke GmbH und die Aeterna Licht G.m.b.H., die vor dem Lichthaus Hass (1904) gegründet wurden. Das Lichthaus Hass ist damit das viertälteste Geschäft dieser Branche in Hamburg." Die „Ewige Lampe" am Neuen Wall besteht seit 1889.

Inhaberin des traditionsreichen Lampengeschäfts an der Hoheluftchaussee, das auf sein 110. Firmenjubiläum zusteuert, ist seit 1975 Margret Schierloh, die den Laden von Ingeborg und Hermann Hass übernahm.

Möbelhaus Deubelius: Wer kennt es nicht?

Ganz in der Nähe besteht auch schon seit Jahrzehnten mit Deubelius eines der ältesten Möbelhäuser in Hamburg, das im Jahre 1919 von dem Tischlermeister Heinrich Deubelius allerdings nicht am heutigen Standort, sondern in der Eimsbütteler Eichenstraße gegründet worden war, wo er und seine Mitarbeiter alles noch selbst fertigten.

Während des Zweiten Weltkrieges zwangen die Nationalsozialisten das jüdische Ehepaar Alexander und Jenny Moses, das in der Hoheluftchaussee 19 eine Schlachterei betrieb, zur Aufgabe und deportierten beide 1942 in ein Konzentrationslager. In dieses Haus, das ein Jahr später von Bomben getroffen wurde, zog das Möbelhaus Deubelius ein, da Laden und Keller benutzt werden konnten.

Martin Moch, der bereits im Alter von 21 Jahren bei Deubelius als Tischler angeheuert hatte, konnte das Geschäft Jahre später übernehmen. Als Heinrich Deubelius im Alter von 79 Jahren gestorben war, führte seine Tochter das Möbelhaus noch drei Jahre weiter, so dass die Zeit für den tüchtigen Mitarbeiter 1980 gekommen war.

Christian Mock, der Sohn, übernahm 1996 die Firma mit ihrem breiten Spektrum an Möbeln, das vom Wohn- bis zum Schlafzimmer reicht und auch Polstermöbel inklusive Reparaturen umfasst. Eine Spezialität des Hauses sind seniorengerechte Einrichtungsgegenstände, mit denen die Firma auch Altenheime beliefert. Sie bietet ferner Seniorenumzüge an.

Schon lange vor Ort: Möbelhaus Deubelius

Harms – ein klassischer „Eisenkrämer“

Auch das benachbarte Eisen- und Haushaltswarengeschäft Harms kann auf eine beachtliche Vergangenheit zurückblicken. Es existiert seit 80 Jahren und bezeichnet sich inzwischen als Kultladen. Hier gibt es ein Sortiment, das sich sehen und viele Kundenwünsche erfüllen kann. Harms ist noch ein klassischer „Eisenkrämer“.

Am 5. Februar 1933 in Rothenburgsort gegründet, blieben Gustav Harms nur zehn Jahre, seinen Laden aufzubauen. Dann wurde der Stadtteil von den Bomben der Alliierten heimgesucht, wie nur wenige andere Bezirke in Hamburg. Zuerst brannte das Geschäft völlig aus. Wenig später verlor Elisabeth Harms auch noch ihren Mann, so dass sie die Verantwortung für den Betrieb übernehmen musste. Im ausgebombten Rothenburgsort sah sie jedoch keine Zukunft mehr und entschloss sich deshalb, in die Hoheluftchaussee umzuziehen und dort einen Neubeginn zu wagen.

Ihre Haushalts- und Eisenwaren verkaufte sie zunächst nur in provisorisch errichteten Geschäftsräumen. Dann aber, am 7. Dezember 1955, konnte die Firma an gleicher Stelle, nämlich in der Hoheluftchaussee 17, in den fertiggestellten Räumen eines Wohn- und Geschäftshauses auf eine erfreuliche Geschäftstätigkeit hoffen. Gut 25 Jahre lang war das der Fall.

Aus Altersgründen trennte sich Elisabeth Harms von ihren Haushaltswaren und übergab die Firma am 5. Mai 1981 an ihren Nachfolger Holger Adler. Bald darauf starb sie im Alter von 85 Jahren.

Adler unterhielt das Geschäft nur eine verhältnismäßig kurze Zeit und veräußerte es zum 1. September 1988 an Uwe Kaspereit, der zuvor schon einige Jahre im Verkauf gearbeitet hatte und daher Sortiment und Kundschaft gut kannte. Unter seiner Regie kann die Firma 2013 das 80. Bestehen feiern.

Hans Röglin: ein Radio- und TV-Pionier

Knapp drei Jahre nachdem die Nordische Rundfunk AG (Norag) in Hamburg ihren Sendebetrieb mit zunächst 900 zahlenden Hörern aufgenommen hatte, meldete Hans Röglin, Kaufmann und Ingenieur für Radioanlagen, am 10. Februar 1927 sein Gewerbe in der Brandstwiete bei der Polizeibehörde an. Der junge Radiopionier verlagerte sein Geschäft jedoch nach wenigen Jahren an die Hoheluftchaussee, wo es 1943 ausgebombt wurde.

Kurz vor der Neueröffnung von Röglin-Radio im Jahre 1948 in einem Behelfsbau an der Ecke Bismarckstraße trat Horst Guse in die Firma ein. Als in diesen Nachkriegsjahren das Fernsehen aufkam, initiierte Hans Röglin die Berufsschule für Radio- und Fernsehtechnik sowie den entsprechenden Innungsverband.

Zum 25. Firmenjubiläum sandte das NWDR-Fernsehen dem Medienpionier diesen Glückwunsch: „Als der Rundfunk zum erstenmal den Mund aufmachte, waren Sie dabei – und seitdem das

Fernsehen wieder blinzeln durfte, rauften Sie als Vorsitzender der FAG gern mit uns um der gemeinsamen Sache willen. Und ehe Sie es sich versahen, war ein Viertel-Jahrhundert um."

Altes Röglin-Geschäft neben der Post

Als Hans Röglin im Alter von 65 Jahren völlig unerwartet und viel zu früh starb, führte seine Frau Dorothea das Geschäft noch lange weiter. Unter der Regie des neuen Chefs Horst Guse zog die Firma 1982 in den Neubau Hoheluftchaussee 28 und zehn Jahre später wenige Meter weiter in die Nr. 32 um.

Nach dem Rückzug seines Vaters leitet Ralf Guse seit 1997 das mittlerweile fast 90 Jahre alte Traditionsunternehmen, inzwischen in der Hoheluftchaussee 40 und im Hinterhaus 40 a angesiedelt, und legt als ein auf der Höhe der Zeit befindlicher Spezialist für Elektrogeräte und Unterhaltungselektronik großen Wert auf guten Service und zufriedene Kunden.

In diesem Sinne arbeitet auch die drei Jahre ältere Firma Elektro-Ruhland am Eppendorfer Weg 251. Von der Neustadt siedelte sie 1975 nach Hoheluft um und bietet hier die gesamte Palette des Elektroinstallationshandwerks an. Der Verbraucher erhält nahezu alles: vom Akku, Eierkocher über die Küchenmaschine und den Gespirrspüler bis hin zur Zahnbürste.

Das erste Motel in Hamburg

In verkehrsreicher, dennoch ruhiger Lage entstand in der zweiten Hälfte der 1950er Jahre an der Hoheluftchaussee 117 – 119 – am Standort einer 1952 erbauten Tankstelle – mit dem „Motel Hamburg" das erste derartige Hotel in der Hansestadt. Es wurde 1957/58 nach den Plänen des Hamburger Architekten Herbert Schmedje errichtet und am 12. Februar 2008 samt Hof und Grüninsel unter Denkmalschutz gestellt.

„Im Zentrum der Anlage liegt eine geschwungene, mit Kantensteinen eingefasste Grünfläche, die zugleich als ‚Umfahrt' und optische Auflockerung dient. Zweigeschossige Gebäude umschließen den Hof mit Autogaragen im Erdgeschoss und Gästezimmern im Obergeschoss, die Dächer bestehen aus Wellmaterial und überdecken die schmalen Balkone vor den Zimmern. In der Nordwestecke der Anlage befinden sich Empfang und Frühstücksraum. Auf dieser Seite ruht das Dach geradezu extravagant auf schlanken, schräg nach außen gestellten Metallstützen.

In diesem Hotel gibt es keine Parkplatzprobleme

Alle Fassadenflächen sind noch original erhalten und entweder verputzt oder mit Mosaikfliesen verkleidet. Das ´Motel Hamburg` präsentiert sich somit bis heute in seiner leicht wirkenden Bauweise als gut erhaltener, zeittypischer Bau der Nachkriegszeit, der zugleich treue Stammgäste unter den Hamburg-Besuchern hat und sehr gut ausgelastet ist," informierte der Hamburger Senat am 29. September 2008 in einer Pressemitteilung.

Wie aus einer Zeitungsanzeige hervorgeht, verfügte das Motel 1960 über Zimmer „mit privatem WC, überlange Betten, Tankstellen, Wagenpflege, Restaurant" sowie eine neu eröffnete Hanseatenklause. Die Tankstelle mit Werkstatt bestand noch bis Anfang der 80er Jahre. In dem ehemaligen Werkstattgebäude befindet sich jetzt ein Getränkemarkt.

Das Haus ist heute ein Zwei-Sterne-Hotel mit 34 Zimmern, von denen neun Einzelzimmer sind.

Büning Creative Wohngestalter

In attraktiver Lage am Eppendorfer Weg 254 verkauft Marlies Westphäling mit ihrem Team seit vielen Jahren Artikel, die das Leben und Wohnen schöner machen. Hier, wo sich ein interessantes Geschäft an das andere reiht, macht das Bummeln und Einkaufen richtig Spaß. Seit 1999 arbeitet ihr Sohn Mathias nicht nur mit, sondern fungiert inzwischen auch als Geschäftsführer. Mit ihm ist die dritte Generation am Zug. Die Traditionsfirma, die 2013 das 80. Bestehen feiern konnte, ist immer ihrem Standort Eppendorf/Hoheluft treu geblieben. Doch welch ein Wandel hat sich seit der Gründung vollzogen!

Bünings Fachgeschäft um 1935 am Eppendorfer Weg 243 mit Irma Büning (links)

Als Frau Westphälings Vater Ludwig Büning seinen Laden für Innendekoration 1933 an der Ecke Eppendorfer Weg/Falkenried eröffnete, hatte er sich zuvor die dafür erforderlichen Mittel durch wahrlich nicht leichte Tür-zu-Tür-Geschäfte verdient, indem er mit einer Handkarre transportierte Rollos verkaufte. Im Laden vergrößerte er sofort – immer tatkräftig von seiner Frau Irma unterstützt - das Sortiment und bot auch Tapeten, Farben und weitere Artikel für die Innendekoration an.

Doch der Krieg machte alles zunichte, und Ludwig Büning musste von vorn anfangen. Zum Glück fand er ganz in der Nähe ein neues Ladenlokal, wo er nach der Überwindung der ersten Schwierigkeiten bald die Handkarre gegen ein praktisches Automobil austauschte, denn im zerbombten Hoheluft gab es viel zu tun, und der Aufschwung blieb nicht aus.

Mitte der 60er Jahre zog die Firma ein weiteres Mal um: zum heutigen Standort. Hier stieg Tochter Marlies Westphäling mit ihrem Mann Walter 1973 in das Geschäft ein, nachdem ihr Vater in jenem Jahr gestorben war. Zunächst ergänzte sie das Sortiment um Bodenbeläge, später um hochwertige Dekostoffe und Sonnenschutz. Aktuell bieten Büning Creative Wohngestalter ferner Teppiche und exquisite Möbel an.

Irma Büning beging im Frühjahr 2013 im Seniorenzentrum St. Markus ihren 103. Geburtstag und ist damit eine der ältesten Einwohnerinnen von Hoheluft.

Kaffeerösterei Burg und Museum

Wer von der Innenstadt kommend, von der Hoheluftchaussee rechts in den Eppendorfer Weg einbiegt, stößt nach wenigen Schritten auf Burgs Teeladen. Dieses Geschäft trägt zwar noch den alten Namen, gehört dem Hohelufter Kaffeekaufmann aber nicht mehr. Er hat es verkauft, um sich ganz auf seine Kaffeerösterei am Eppendorfer Weg 252 zu konzentrieren und nicht nur auf die, sondern seit dem 3. Februar 2004 auch auf sein Kaffeemuseum in der Münsterstr. 23 – 25, an der Grenze zu Lokstedt.

Einladend dekorierte Kaffeesorten von Erich Burg (1951)

Jens Burg, von klein auf in der Welt des Kaffees und dessen Düften zu Hause, übernahm 1960 von seinem älteren Bruder Ralf, der sich lieber in der Reisebranche selbständig machte, nach dem Tod des Vaters Erich Burg den von diesem 1923 an gleicher Stelle gegründeten Laden und entwickelte die gleiche Leidenschaft für dieses Genussmittel wie er. Den Kaffee selbst zu rösten und die zahllosen Geschmacksnuancen auszukosten, war und ist für Burg eine Selbstverständlichkeit.

Heute können die Kunden aus über 20 reinen Kaffeesorten und 45 Aromakaffees, sechs Espressosorten und rund 140 verschiedenen Tees wählen. Diese Vielfalt bestimmt den abwechslungsreichen Charakter der Geschäftsräume. Aus diesem Fundus beliefert die Firma auch 20 Cafés, Coffeeshops und Hotels.

Angesichts dieses Kaffeeeldorados verwundert es nicht, dass alte Kaffeemühlen, Dosen, Tassen und auch Röstmaschinen eine fast magische Anziehungskraft auf Jens Burg ausübten. Seine Sammelleidenschaft konnte im Laufe der Zeit nur zu einem führen: einem Museum. Mit circa 15 000 Ausstellungsstücken, darunter allein 900 (!) verschiedenen

Mühlen sowie Reklameschildern und Varia aus der Welt des Kaffees nebst Teesorten wurde der Traum Wirklichkeit. Das Museum bietet nicht nur Führungen, sondern auch spezielle Kaffeeseminare und Verkostungen an (Tel. 55 20 42 58).

Jens Burg in seinem Element

Eines Tages erfuhr der Hamburger Kaffeeexperte, dass das Kaffeewelt-Kulturzentrum in Vietnam für sein Museum Exponate suchte. (Nach Brasilien ist das Land der zweitgrößte Kaffeeproduzent der Welt.) Auch Tchibo war an Burgschen Sammlerobjekten interessiert, erwies sich jedoch zu zögerlich, so dass sich der Röstmeister vom Eppendorfer Weg für die Asiaten entschied und ihnen 11 000 Exponate verkaufte.

Vor geraumer Zeit 70 Jahre alt geworden, will sich Jens Burg (Jahrgang 1942) allmählich aus der Geschäftstätigkeit zurückziehen und seinen Kindern Jan und Susanne zunehmend Verantwortung übertragen. Dabei können sie auf die Erfahrung von 20 Mitarbeiterinnen und Mitarbeitern bauen.

Nur noch eine Fleischerei: Harms

Die Zeit, als es noch mehrere Schlachtereien in Hoheluft gab, ist schon lange vorbei. Doch eine gibt es noch: die Fleischerei Harms am Lehmweg 56. Und das schon seit Jahrzehnten in einem Ambiente, das noch von 1901 herrührt, als das Haus gebaut wurde und von Anfang an eine Schlachterei beherbergte. Deshalb kann man im Laden noch die sehenswerten, über 110 Jahre alten Originalkacheln bewundern.

Außerdem können Inhaber Jan-Hermann Harms und seine Frau Martina noch heute den ursprünglichen Kühlraum und den ebenso in die Jahre gekommenen Räucherofen nutzen. Den früheren Schlachter-Generationen dienten die Hinterzimmer noch als Wohnung.

Als Jan-Hermann Harms` Vater Jan-Jacob 1976 das Geschäft übernahm, tat er das als Schlachtermeister, während der Sohn Wert darauf legt, Fleischermeister zu sein. Der Unterschied besteht darin, dass ein Schlachter Tiere tötet und zerlegt, ein Fleischer die Verarbeitung in der folgenden

Fleischerei Harms: schöne Kacheln, schmackhafter Aufschnitt

Stufe besorgt, indem er zum Beispiel Wurst herstellt. Die Auswahl der von Harms selbst produzierten Wurstwaren ist groß und lässt keine Wünsche offen. Als Hamburger Spezialitäten hat der Betrieb auch süße Grützwurst mit Rosinen und Zimt, Labskaus und saure Suppe im Programm, zu dem außerdem ein täglicher Mittagstisch und ein Partyservice gehören.

Martina und Jan-Hermann Harms führen das Geschäft seit 2005. Mit Sohn Timo steht inzwischen die dritte Generation bereit. Auch er will Fleischer werden.

Kacheln und Kachelöfen

Das Haus gehört dem ehemaligen Malermeister Hans Gottfried Baumann, der es mit seiner Schwester vom Vater, der ebenfalls Malermeister war, erbte. Aus gesundheitlichen Gründen musste er das Geschäft – die Werkstatt befand sich in der Hegestr. 12 – aufgeben.

Hans G. Baumann hat fast sein gesamtes bisheriges Leben in diesem Haus gewohnt und es dort mit seinem Hobby, dem Sammeln von Kacheln, verbracht und damit fundierte Kenntnisse erworben, die er auch veröffentlicht hat. Kein Wunder, dass seine Wohnung wie ein Kachel-Museum wirkt. Dazu hätte gepasst, wenn sein Haus als Denkmal anerkannt worden wäre. Doch diese Auszeichnung ist dem Nachbargebäude Nr. 57 zuteil geworden.

Keine Kacheln, dafür aber Kachelöfen, kann man im Haus Nr. 56 bei den Eheleuten Thoms bewundern. In beiden Wohnzimmern können sie sich über Kachelöfen freuen, die um die vorige Jahrhundertwende gebaut wurden. Mit zwei weiteren Kachelöfen kann ihre nebenan lebende Tochter Katrin aufwarten.

Das Colosseum und andere Restaurants

Die Geschichte des ältesten und traditionsreichsten Lokales in Hoheluft, des „Colosseum“, umfasst eine Spanne von fast 100 Jahren. Sie begann mit dem jungen Wirt Christoph Friedrich Wilhelm Geveke, der das Wirtshaus seiner Vorgänger abreißen und 1867 ein Wohnhaus nebst Salon errichten ließ. Gevekes Witwe führte das Lokal noch bis 1907, ehe sie es an Ernst

Heeschen verkaufte. Im Jahr darauf tauchte dann der Name „Colosseum“ auf. (Clasen, S. 10) Hier irrt Clasen, denn wie aus einer Anzeige der Tageszeitung „Reform“ hervorgeht, führte Geveke das „Colosseum Hoheluft“ bereits seit August 1887, in der er mit „parkart. Garten m.

Jahrzehnete an der Hoheluftchaussee: das Colosseum, hier noch mit Vorbau

1887: stets neue Arrangements im Colosseum

Gastlichkeit auch im Garten

Momentaufnahme des Saales aus dem Jahr 1910

Karoussel, Schaukeln, Turnapparaten, 2 Kegelbahnen" sowie jeden Sonntag mit „Gr. Tanzmusik" warb. Außerdem bot er montags und mittwochs ein „Gr. Familienfest" an. Die Lage dieses Ausflugslokal war ideal, denn hinter ihm erstreckte sich nach Norden hin Goßlers Park.

Anfang des 20. Jahrhundert verfügte das Veranstaltungshaus über Anbauten, die einerseits an der Hoheluftchaussee und andererseits neben dem Garten, der eher ein Waldstück war, lagen. Ferner verfügte das Colosseum über Säle sowie Klubzimmer, so dass es reichlich Platz für Bälle und Veranstaltungen aller Art bot, so zum Beispiel Tanz- und Gesellschaftsabende, bei denen auch eine Jazzband musizierte.

Colosseum Hoheluft

Hoheluftchaussee 54 Inh.: Ernst Heeschen Telephon: Gr. 6, 3555

Klub= und Ballhaus

Warme Küche Klubzimmer Kegelbahn

Klub- und Ballhaus mit Kegelbahn (1913)

Schon vor der Machtübernahme der Nationalsozialisten stellte das Haus seine Räume für die „erste Kaufmann-Versammlung" am 30. August 1929 zur Verfügung, eine Veranstaltung, die für alle Parteigenossen von Eimsbüttel-Süd, Eimsbüttel-Nord, Hoheluft und Eppendorf Pflicht war, wie die nationalsozialistische „Hansische Warte" am 23. August 1929 meldete. Kaufmann wurde später Reichsstatthalter und Gauleiter in Hamburg. In den 30er Jahren nannte sich das Restaurant auch „Hohelufter Bürgerheim".

Nach dem Motto „Keine Straßenecke ohne Gaststätte" entstanden in jenen Jahren überall Wirtshäuser. Bereits in den 1910er Jahren betrieb Georg Schlichtmann gegenüber dem Colosseum das Restaurant Keglerheim. Zur gleichen Zeit umwarb die „Hohelufter Eiche" an der Ecke Hoheluftchaussee/Martinistraße nicht nur die Anhänger des SC Victoria. Auf die „Eiche" folgte das Restaurant Willi Schacht, das dessen Tennisspielern auch als Umkleidelokal diente.

An der Ecke Gärtnerstraße existierte bereits seit dem Ende des 19. Jahrhunderts Wittorfs Bierhalle, aus der später wohl das Altdeutsche Bierhaus wurde. Gegenüber, an der Breitenfelder Straße, empfahl sich das Restaurant und Café Adolf Risler mit täglichen Künstler-Konzerten. Es wurde von „Walther" abgelöst.

Schon 1902 hatte H. A. Hake an der Ecke Hoheluftchaussee 78/Abendrothsweg „mitten auf der grünen Wiese" ein neues Wirtshaus bauen lassen, das August Storm zehn Jahre später übernahm und bis 1919 als Storm`s Restaurant und Café mit zahlreichen Gartenplätzen weiterführte (Pini 1997, S. 197)

Bei August Sturm auch draußen weiße Tischdecken

Nach vielen ergebnislosen Bemühungen konnte der Vorstand des benachbarten Sportclubs Victoria hier einen lange gehegten Wunsch realisieren und in dem nun „Hohelufter Gesellschaftshaus“ genannten Restaurant von August Storm den ehemaligen Billardsaal als Clubheim pachten. Der Wirt hatte den Saal neu hergerichtet und mit Sofas, Clubsesseln und Korbmöbeln gemütlich ausgestattet sowie mit elektrischem Licht versehen lassen. Zum Angebot gehörten auch sämtliche deutschen Sportzeitungen. Am 19. Juli 1919 wurde das Clubheim, das nun offizielle Vereinsadresse war, mit der Feier der Norddeutschen Fußballmeisterschaft eingeweiht.

Ein knappes halbes Jahr später übergab Storm 1920 sein „Hohelufter Gesellschaftshaus“ an Robert Stadion, der es passenderweise nun „Zum Stadion“ nannte. Bei diesem Namenswechsel blieb es nicht. Nach dem Krieg wurde der Villenbau abgerissen. Seitdem kann man an dieser Stelle Benzin tanken.

„Täglich Konzert“ im Hohelufter Fährhaus (1924)

Um die vorige Jahrhundertwende zog auch das „Hohelufter Fährhaus“ an der Ecke Hoheluftchaussee/Lehmweg das Publikum an und machte sich die Lage an dem Wasserlauf zunutze. Wie bei Gasthäusern üblich, erlebte es verschiedene Besitzer. In den 20er Jahre lockte Oscar Heidtke die Gäste mit täglichen Konzerten

(Diese Darstellung erhebt keinen Anspruch auf Vollständigkeit.)

„Quartier Hoheluft" rettet die „Postliesl"

Anders als der Bürgerverein versucht das „Quartier Hoheluft e.V.", eine Vereinigung von Geschäfts- und Privatleuten sowie verschiedenen Organisationen, gemeinsam Hoheluft zu gestalten und deren Interessen heutzutage in der Öffentlichkeit zu vertreten. Quartiersmanager ist der Journalist Mark Bloemeke.

Die Aktivitäten des seit dem Jahre 2001 bestehenden Vereins sind nach eigenen Angaben „politisch, aber überparteilich, denn für parteipolitisches Denken ist im Hohelufter Spannungsfeld zwischen zwei Bezirken kein Platz. Stattdessen werden konkrete Ziele verfolgt und erreicht!" Zum Beispiel bei der Diskussion um Bebauungspläne.

Seit 2005 veranstaltet das „Quartier Hoheluft" regelmäßig ein Sommerhoffest für Groß und Klein auf dem ehemaligen Depotgelände und heutigen Kinderspielplatz an der Gärtnerstr. 13, das bis zu 3000 Besucher anzieht. Auf diese Weise will der Verein das Wir-Gefühl der Menschen im Stadtteil stärken. Dazu dient auch seit vielen Jahren eine Radrundfahrt ins Grüne, bei der die Teilnehmerinnen und Teilnehmer die Gelegenheit wahrnehmen können, die angrenzenden Stadtteile besser kennenzulernen.

Ein weiteres Anliegen des Vereins ist es, alljährlich in der Adventszeit an der Hoheluftchaussee, einer der meistbefahrenen Straßen der Stadt, mit Weihnachtsschmuck für stimmungsvolles Flair zu sorgen.

Ein bis heute zu besichtigender Erfolg gelang dem „Quartier Hoheluft" und seinem Manager bei der Suche nach der „Postliesl" und ihrem Fahrrad. Nach fast fünf Jahren gelang es, die Bronze-Skulptur der Künstlerin Frauke Wehberg wieder ausfindig zu machen. Während der Bauarbeiten am Falkenried-Viertel war die Postliesl, die seit 1983 vor dem Postamt an der Hoheluftchaussee gestanden hatte, verschwunden. Im September 2010 wurde das ausfindig gemachte Kunstwerk vor den neuen Postfiliale wieder aufgestellt.

Wie das Hamburger Wochenblatt damals berichtete, ermöglichte das Bezirksamt Hamburg-Nord die Aktion mit einem Zuschuss in Höhe von 7000 Euro. Im Gegensatz zu der betroffenen Filiale hatte die Deutsche Post kein Interesse an einer erneuten Aufstellung der Skulptur gezeigt.

Nazi-Zeit: Ein Hitlerjunge macht Geschichte

Nach der Machtübernahme der Nationalsozialisten bildete die Nationalsozialistische Deutsche Arbeiter-Partei (NSDAP) auch einen Kreis Hoheluft und teilte ihn in Ortsgruppen ein, die wiederum in Sektionen untergliedert wurden. So gab es die fünf Ortsgruppen Falkenburg, Grenze, Manstein, Roon und Wrangel. Mit je vier Sektionen waren Roon und Wrangel die größten. Sie arbeiteten nicht nur parteiintern, indem sie Pflicht- und Schulungsabende abhielten, sondern wandten sich auch mit öffentlichen Sprechabenden und Versammlungen an die Bevölkerung, wie das Nachrichtenblatt der national-sozialistischen Parteiorganisation berichtete. (Nr. 2/1933).

Nationalsozialistische Deutsche Arbeiterpartei
Gau Hamburg, Kreis I, Ortsgruppe **Otto Blöcker**
Eintrittskarte
GROSSKUNDGEBUNG
Mitglieder-Pflichtversammlung
am Donnerstag, dem 16. März 1939, um 20 30 Uhr, im Restaurant Klinker - Schlankreye. Es spricht: Reichsredner Gauamtsleiter
Pg. Andreas Bang, Oberlahnstein
Es spielt der Gau-Musikzug (Pg. W. Schlottmann)
Saalöffnung: **17 30** Uhr Eintritt: **25** Pfennig

Pflichtversammlung für Mitglieder der Ortsgruppe Otto Blöcker

In den 30er Jahren bestanden überall in Hamburg auch von den Nazis in Kreisvereinigungen organisierte Heimatvereine wie der Heimatverein Hoheluft-Lokstedt. Dessen Mitglieder trafen sich in dem heute nicht mehr existierenden Restaurant Buchwaldt an der Hoheluftchaussee 134/Ecke Martinistraße. In der Weihnachtszeit pflegte der Verein immer die Winterhilfe, den Kinderhort in der Moltkestraße und das Tagesheim in der Gärtnerstraße mit jeweils 40 Reichsmark zu unterstützen. Das geht aus der Dezember-Ausgabe 1937 der „Niederdeutschen Warte" hervor.

Selbstverständlich war die NS-Jugend auch räumlich erfasst, und zwar in Bannen und Jungbannen. Die Hohelufter und Eppendorfer Jungen waren im Bann und Jungbann Hamburg-Nord organisiert. Anlässlich der 15-Jahrfeier der NS-Jugend wurden alle Hamburger Organisationseinheiten zu Propagandamärschen mit Fackeln aufgerufen. Die Fackelzüge von Bann und Jungbann Hamburg-Nord führten vom Haynspark durch die Eppendorfer Landstraße, Curschmannstraße, Breitenfelder Straße, Hoheluftchaussee, Lehmweg, Hegestraße und Loogestraße zum Loogeplatz. (Hamburger Nachrichten, 9. 12. 1938)

Eine besondere Rolle für die Nazis in Hoheluft spielte der Hitlerjunge Otto Blöcker. Anne-Kathrin Rehm lässt in einer von ihr aufgezeichneten Tonbandaufnahme einen Zeitzeugen zum Tod des Hitlerjungen zu Wort kommen (S. 88), den das nationalsozialistische Hamburger Tageblatt am 27. Februar 1933 zu einer Schlagzeile auf der Titelseite aufbauschte. Hier der gesprochene Text: „Die Dinge warn so, daß in diesem Arbeiterviertel Falkenried-Terrassen natürlich sich kein Trupp der SA reintraute und so. Das war damals völlig unmöglich. Und da machten die Nazis eine Riesendemo hier … Und da stand nun am Parteilokal der KPD die rote Marine. Und es lag ja drin, daß dieser Riesenzug abschwenkte ins Arbeiterviertel.

Früher spielte sich`s Leben ja ab in Parteilokalen, was man heute kaum noch kennt, ne. Und da stand der Reichsbanner bei Bonso, Ecke Falkenried/Lehmweg. Naja und der Zug ging langsam zu Ende … dann rückten die vor, die rote Marine und das Reichsbanner und dann wurde geschossen … Nachher kamen noch welche bei uns ins Haus. Die wollten Unterschlupf. Kamen denn riesige Polizeikommandos und sonstwas. Alles lief auseinander.

Und die Nazis haben daraus gemacht einen organisierten Überfall auf das Nazilokal und einen organisierten Anschlag auf den Hitlerjungen Blöcker, was überhaupt nicht der Fall war. Die haben nämlich aus dem Nazilokal geschossen. Gut, man kann heute darüber streiten, da hat sich jemand provozieren lassen, zurückgeschossen, ne, was an sich in der Arbeiterorganisation streng verboten war. Von dieser verirrten Kugel ist Blöcker getroffen worden… Ein Jahr später erfolgte die Umbenennung in Otto-Blöcker-Straße. Es gab `n Riesenaufmarsch der Hitlerjugend. Gauleiter Kaufmann sprach.“

Die Gneisenaustraße unter dem Hakenkreuz, rechts die heute nicht mehr existierende Scharnhorststraße

Die bald nach dem Tod des Jungen gebildete Ortsgruppe Otto Blöcker veranstaltete am 16. März 1939 im Restaurant Klinker eine Großkundgebung.

Während des Dritten Reiches hatte sich die SS in der Volksschule Lehmweg einquartiert. (Hanke 2001, S. 63)

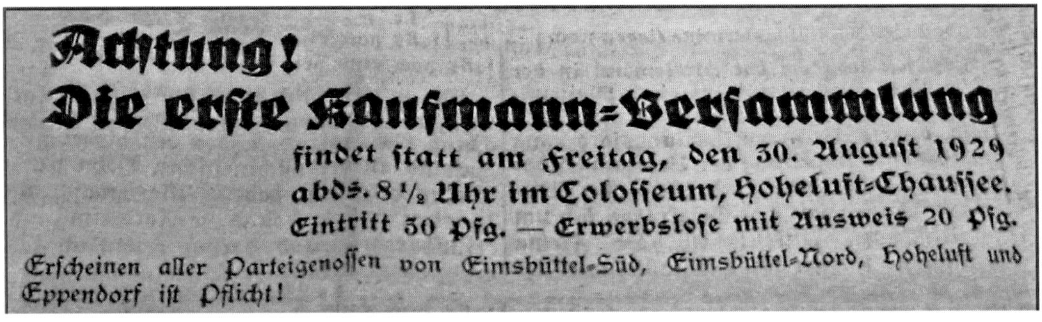

Schon 1929 agitierte der spätere Reichsstatthalter im Colosseum

Ein Stadtteil im Bombenhagel

Die Hoheluftchaussee – ein Trümmermeer. Links die Schlachterei Richter und daneben das Capitol, in dem „Der dunkle Tag" mit Willi Birgel als letzter Film lief (1943)

Rund sieben Jahre vor dem Ausbruch des Zweiten Weltkrieges machten sich die Hamburger Nationalsozialisten Gedanken über den Luftschutz und beauftragten die Polizei mit der Durchführung. Den Anfang und die Vorarbeiten durfte die Luftschutz-Arbeitsgemeinschaft Hoheluft machen. Ihr gehörten ein Vertreter der Polizei, des Deutschen Luftschutzverbandes sowie die Vertreter aller Hohelufter Untergruppen der einzelnen Hamburger Verbände, Vereine und Parteien an.

Als erstes oblag es der AG, für jedes der in Hoheluft befindlichen 1580 Grundstücke einen verantwortlichen Luftschutzwart zu bestimmen. Ferner sollten die vorhandenen Keller auf ihre Brauchbarkeit als Schutzräume geprüft werden und sich mutige Frauen und Männer melden, die bereit sind, den Hausfeuerschutz zu übernehmen. (Hamburger Tageblatt, 7. März 1933)

Als dann später der Ernstfall eintrat, wurde unser Stadtteil bekanntermaßen schwer getroffen. Daran konnten auch die Luftschutzwarte, so sie überhaupt eingesetzt wurden, nichts ändern.

Die verheerende Bilanz des Unternehmens „Gomorrha" im Sommer 1943 in Hamburg ist hinlänglich bekannt. „263 000 Wohnungen, das entspricht 48 Prozent des Vorkriegsbestandes, waren zerstört. 900 000 Menschen wurden zeitweilig evakuiert. Die Wohnviertel im Osten und die Altstadt von Altona wurden praktisch ausgelöscht. Auch Eimsbüttel, Hoheluft und Teile von Harvestehude und St. Pauli waren schwer getroffen worden. Die ausgeglühte Stadt war für Wochen wie paralysiert." (Lange 1994, S. 28)

Richtung Norden: weitere Ruinen an der Chaussee

„Hoheluft – ein Rauch- und Flammenmeer"

Adolf Freydag, ein Augenzeuge der Kriegsgeschehnisse, schildert seine Beobachtungen so: „Vor allem aber brannte in unserer nächsten Nähe die untere Isestraße, der Klinker und die Bismarckstraße, und von der Hoheluft schien am wenigsten übrig geblieben zu sein... Überall lagen die Schläuche der Feuerwehr, die namentlich am Falkenried und in der Hoheluftchaussee abzulöschen versuchte. Der Klinker brannte lichterloh. Die Hoheluft war nur noch ein Rauch- und Flammenmeer.

Nur mit Mühe konnte ich mich über die Hoheluftbrücke an den Schläuchen vorbeidrängeln... In der Moltkestraße stürzte ich im dicken Ruß über einen Schlauch, verstauchte mir die Hand, zerschund mir das Gesicht und schlug mir vor allem das rechte Knie auf.... Von dort hinten herum (kam ich) über den Eppendorfer Weg und durch die Goßlerstraße an der brennenden kleinen Markuskirche vorbei. Erst jetzt entdeckte ich, daß die ganze Hoheluftchaussee bis hinunter zum Klinker zerstört war. Inzwischen hatten wir gar nicht bemerkt, daß der Tag längst angebrochen war. Es war trotz Sommer noch gegen 8 Uhr früh um uns Nacht vor lauter Rauch, und die Sonne kam am nächsten Tag bei uns erst gegen Abend hervor."

Die demolierte Markus-Kirche

Wie viele Menschen ihr Leben bei den Bombenangriffen in Hoheluft lassen mussten, ist nicht bekannt. Allein vier Feuerwehrleute kamen im Luftschutzkeller der Feuerwache an der Quickbornstraße zu Tode. Sie diente als eine der zahlreichen Befehlsstellen der Luftschutzorganisation und wurde schwer zerstört. Von den Löschfahrzeugen blieben nur Trümmer. (Brunswig 1982, S. 200 f.) Auch die Häuser Quickbornstr. 48 – 44 wurden 1943 zerbombt.

Gegenüber dem Capitol wurde auch das Café Jäger zerstört

1946 setzte man die Feuerwache notdürftig instand. Bis 1952 diente sie als Krankentransportzentrale West. (Alter 1983, S. 57)

Aus Berichten der Kirchengemeinde St. Markus geht hervor, dass Ende Juli 1943 die Markuskirche ausbrannte sowie Dach und Fenster der Bethlehemkirche durch Luftdruck zerstört wurden. Auch die Nachbarhäuser in der Gärtnerstraße wurden demoliert. Fast ein Jahr später trafen Bomben die Bethlehemkirche. Da das Gebäude, das auch als Gemeindehaus diente, bewohnt war, starben bei diesem Angriff vier Frauen.

Ende Oktober 1944 stellte sich die Situation in Hoheluft so dar: „Beim Gang durch die mehr als ein Viertel zerstörte Gemeinde fällt es stark auf, daß nicht nur die Fahrstraßen leer sind, sondern auch die Bürgersteige, wo meist nur ältere Personen zu finden sind. Vereinzelte Kinder spielen am Tage auf den Trümmern, wo nachts die Ratten herumlaufen." (100 Jahre St. Markus, S. 38 f.)

Trümmer recycelt und mit Lorenbahn entsorgt

Als endlich Frieden eingekehrt war, stand die Stadt vor einer Herkulesaufgabe. Die riesigen Trümmerberge mussten entsorgt werden. In der Trümmeraufbereitungsstätte am Eimsbütteler Markt wurden die Schuttmassen sortiert. Dabei konnten etwa 25 Millionen noch brauchbare Steine sowie 4000 Tonnen Schrott und Eisenteile geborgen werden. Mit enormen Mengen an Ziegelsplitt und Schotter ließ die Stadt Straßen und Wege bauen sowie Schüttbeton für die Errichtung von Häusern herstellen.

Schutt und Asche vor der Tabakfabrik von Eicken

Weihnachten 1951 war die mit der Währungsreform begonnene Enttrümmerung im Bezirk Eimsbüttel, der damit der erste in Hamburg war, beendet, wie der Festschrift zur Eimsbütteler Woche 1952 zu entnehmen ist.

Der in der früheren Goßlerstraße geborene, inzwischen in Lokstedt im Ruhestand lebende ehemalige Malermeister Arno Boës (Jahrgang 1932) erinnert sich noch daran, wie die Trümmer damals entsorgt wurden. „Nach der Aussortierung aller brauchbaren Ziegelsteine und zu verwertenden Materialien wurde der Schutt mit der eigens für diesen Zweck errichteten Trümmerbahn von der Hoheluftchaussee über die Hindenburgstraße (heute: Lokstedter Steindamm) und Wiben-Peter-Straße zum jetzigen Gelände des Gymnasiums Corveystraße befördert und in die dortige Sandkuhle entladen. Der Fußweg der Hindenburgstraße war außerordentlich breit. Er hatte zwei Reihen Lindenbäume, und ich glaube, die Lorenbahn fuhr hinter der zweiten Reihe.

Da ich nach Hoheluft zur Schule gehen musste, erinnere ich mich noch an einen Unfall, bei dem einem Mann genau gegenüber der damaligen Polizeiwache an der Ecke Eppendorfer Weg von der Lorenbahn beide Beine abgefahren wurden. Er lag dort wohl mindestens eine Stunde und verblutete, bis er auf einer Bahre zur Polizei getragen wurde."

Große Kunst am Bunker

Bis in die Gegenwart zeugen noch diverse (Hoch-)Bunker in Hoheluft von den glücklicher-

Menschen und Motive - künstlerisch dargestellt

weise lange zurückliegenden Kriegsgeschehnissen. Zwei Hochbunker dienen heute sogar als Wohngebäude und werden privatwirtschaftlich genutzt. Der 1942 gebaute und 1943 unbeschädigt gebliebene Bunker im Bereich Falkenried-Terrassen ist darüber hinaus nicht nur zum Treffpunkt der dortigen Mietergenossenschaft, sondern Träger des größten Hohelufter Kunstwerks geworden. Der andere Bunker steht an der Ecke Unnastraße/Heußweg, in dem sich unten eine Elekro-Werkstatt und oben eine Wohnung befindet.

Die 1982 auf Initiative der Mietergenossenschaft von den Künstlern Sönke Nissen-Knaack (Terrassenseite) und Eckart Keller (Außenseite) im Auftrag der Kulturbehörde gestalteten Wandbilder wurden nach fast 30 Jahren 2011 durch die Künstler restauriert und damit vor dem „Verschwinden" bewahrt. Die Kulturbehörde und die Kunststiftung Heinrich Stegemann ermöglichten das. Während auf dem inneren Wandbild Motive und Personen aus dem Leben der Terrassenbewohner dargestellt sind, befinden sich auf dem zur Löwenstraße hin auf fünf Streifen gestalteten Werk politische und historische Themen.

In unmittelbarer Nähe dieses Betonklotzes ließ der Reichsarbeitsdienst nach Informationen des Kaffeekaufmanns Jens Burg 1938 vier runde, unterirdische Luftschutzbunker bauen, und zwar zwischen den Falkenried-Terrassen und den Häusern Eppendorfer Weg 244 bis 258. Die unverbundenen, etwa je 100 Menschen fassenden Bunker blieben unversehrt und dienen heutzutage zum Beispiel als Warenlager.

Vor der Kirche ein Röhrenbunker

Ein weiterer, in Form von Röhren gebauter Bunker wurde vor der St. Markuskirche angelegt. Als oberirdisches Relikt ist heute noch am Kinderspielplatz ein bemalter Notausstieg zu sehen. Von der Behörde für Stadtentwicklung und Umwelt auf Wunsch der Kirchengemeinde angestellte Nachforschungen nach den Bauunterlagen der Bunkeranlagen führten zu keinem Ergebnis. „Der Grund liegt darin, dass mit dem Abbruch an dem Einstiegsbauwerk der Bunker für die Verwaltung aufgegeben und die Unterlagen vernichtet wurden," teilte die Behörde Pastor Nein am 4. Juni 2007 mit.

Und: „Nach Rücksprache mit den zuständigen Kollegen in der Tiefbauabteilung würden wir der Gemeinde St. Markus dringend davon abraten, die bestehenden Reste der ehemaligen Röhrenbunkeranlage Heider Straße zu musealen Zwecken zu nutzen. Die Einstiegssituation über das Notausgangsbauwerk müsste sehr aufwendig finanziell hergerichtet werden. Ebenso aufwendig wäre eine erneute Herrichtung der bereits zugeschütteten Haupteingänge zur Heider Straße. Hinzu kommen die Betriebs- und Unterhaltungskosten für eine unterirdische und vermutlich wasserführende Anlage von dieser Größe."

Von den drei zwischen Wiesingerweg und Eidelstedter Weg an einem Verbindungsweg stehenden Hochbunkern ist der am Wiesingerweg gelegene, der Firma Beiersdorf gehörende Klotz im Jahre 2012 abgerissen worden. Sie will das Grundstück effektiver nutzen.

Eier-Lienchen und die Hoheluftchaussee in den 1950er Jahren

Diese Erinnerungen an die Hoheluftchaussee in den 1950er Jahren stammen von der in Bublitz/Hinterpommern geborenen und jetzt in der Hoheluftchaussee wohnenden Frau Gisela Bartels (Jahrgang 1925). Ihre Freundin Helga Lien machte 1950 in dieser Hauptstraße – in Höhe der Nr. 25 – eine Bude auf, in der sie Eier verkaufte. Dabei half ihr Gisela Bartels von Anfang an. Die Bude hielt zehn Jahre lang, und das Geschäft lief blendend.

Nicht nur Eier wurden zunächst in Buden verkauft

Eine Kundin wurde eines Tages ihre Schwiegermutter, denn durch sie lernte sie eines Tages ihren späteren Mann kennen. Beide machten sich mit einem Kiosk neben der damaligen Tankstelle vor dem Motel selbständig (1961 – 1973). Der Autor hat die von Frau Bartels festgehaltenen Eindrücke gekürzt.

In dieser Straße waren die Trümmer der zerstörten Häuser damals zwar weggeräumt, doch Neues war noch nicht aufgebaut. Entlang der Baulücken hatten sich Behelfsläden installiert, und es herrschte ein reges Geschäftsleben. Die Nr. 25 wurde unsere Eier-Bude. Sie war nur ein Gehäuse, roh aus Brettern gezimmert, mit einem Pappdach und ein paar Steinen darauf, damit der Wind es nicht fortwehen konnte. Vorn und seitlich war es offen mit einer Art Ladentisch. Nachts konnte man diese Lücken mit Holzbrettern schließen.

Es sprach sich schnell herum, daß Eier-Lienchen stets frische Eier – und später auch Hühner und Gänse - vom Bauer verkauft. Über mangelnde Kundschaft konnten wir uns nicht beklagen.

Meine Nachbarin war Toska. Eigentlich hieß sie Nelly Emmerich. Aber sie glaubte, für ihr Gewerbe einen exotischen Namen haben zu müssen. Sie hatte in Berlin alles verloren und versuchte, sich mit Wahrsagerei aller Art durchzuschlagen. Damit lag sie voll im Trend; denn noch viele suchten Angehörige, die verschollen waren oder die gern gewusst hätten, wie es weitergehen soll.

Im Winter hatte ich nur einen kleinen Elektroofen in meiner Bude. Manchmal konnte er nicht verhindern, daß die Eier froren und platzten. Diese Knickeier waren jedoch sehr gefragt, weil sie billiger und gut zum Kuchenbacken geeignet waren. Kunden bestellten sie sogar manchmal und freuten sich, wenn ich ihnen einige zurückgelegt hatte.

Unverbauter Blick auf St. Markus

Hinter unseren Buden war ein abgeräumtes Trümmerfeld, da auch in der Moltkestraße einige Häuser dem Bombenhagel zum Opfer gefallen waren.

„Nur Hier“ gab es damals auch schon. Die Backfirma hatte überall in der Stadt würfelförmige Kioske aufgestellt, bemalt in der Art, als wären sie aus Backstein gebaut. Ein solcher Kiosk stand auch in unserer Reihe. Mitte der 50er Jahre konnte an dieser Stelle das erste wirkliche Haus gebaut werden, und „Nur Hier“ konnte in einen neuen festen Laden einziehen. Für mehrere von uns war das ganz praktisch, denn nun hatten wir eine „Wasserstelle“ in der Nähe. Etwas davon entfernt und zurückgesetzt gab es ein Fotoatelier in einem alten Hinterhaus. Daran die vom Krieg verschonten alten Häuser Richtung Eppendorfer Weg. Hauschildt hatte hier schon vor dem Krieg seine Installationsfirma mit Geschäft. Oberdörffer`s Apotheke war damals noch auf dieser Straßenseite.

An der Ecke Eppendorfer Weg stand die Polizeiwache. Ein Polizeibeamter war immer gegenwärtig, ging die Straße auf und ab und war wirklich Freund und Helfer. Einmal hatte sich ein Betrunkener zwischen meiner und Toskas Bude schlafen gelegt. Unser Polizist sorgte dafür, daß er wach wurde und weitergehen konnte. Oder, wenn sich jemand über etwas beschwerte, konnte er jedes Mal schlichten. Auf der Straße ging es seinerzeit noch wesentlich gemütlicher zu. Viele Autos gab es ja noch nicht und die waren klein und langsam. Die Neuigkeit war ein kleiner Wagen, den man vorn öffnen mußte, um einzusteigen.

Foto-Baljöhr und andere Geschäfte

Die Straßenbahn tuckerte mit zwei Anhängern vorbei und war immer voll besetzt. Später wurden längere Wagen gebaut, Triebwagen und nur ein Anhänger. Statt des Schaffners, der während der Fahrt durch die Wagen ging, saß er nun als Kassierer hinten im Wagen. Dort mußte man auch einsteigen. Der Straßenbahnfahrer saß vorn in einer abgeschlossenen Kabine.

An der östlichen Straßenseite hatte man eine Reihe gleichmäßiger Behelfsläden aneinander gereiht, feste Holzbauten, eine richtige Einkaufszeile. Es sah schon fast perfekt aus. Direkt mir gegenüber gab es noch einen freien Platz. Vom Bauschutt war ein kleiner Abhang geschaffen, schon begrünt, und über eine kleine Treppe gelangte man zu einem Privathaus. Offensichtlich wohnte dort eine Familie, die Beziehungen zum HVV, den Verkehrsbetrieben, hatte, denn unmittelbar dahinter erstreckte sich das Straßenbahndepot bis zum Falkenried, wo Straßenbahnen und Busse gewartet und repariert wurden.

An dieser Stelle wurde dann das große Wohnhaus mit Läden, wie man es heute sieht, Ende der 50er Jahre gebaut. Vorher mußte man noch viel Bauschutt entfernen. Das Elektrogeschäft Röglin zog dort ein, und Fischer-Moden zogen um. Auch das Herrenmodengeschäft Reimann eröffnete. Neben diesem Grundstück gab es einen Laden für Sportartikel. Als die Hoola-Hoop-Reifen in Mode kamen, führten zwei Mädchen diese Art von Gymnastik zeitweise im Schaufenster vor. Natürlich blieb dann alles stehen und guckte.

Die ganze Front dieser Behelfsläden war damals schon etwas zurückversetzt, denn die Hoheluftchaussee sollte ja nicht mehr so eng werden, wie vor dem Krieg. In einer Restruine, die etwas hervorragte, hatte sich ein Schlachtermeister eingerichtet. Daran schloss sich dann das „Capitol" an.

Hinter diesen niedrigen Geschäften ragte ein Fabrikgebäude hervor, das wohl stehen geblieben war: die Pedro-Kaffee-Rösterei. An einer Wand war ein Mexikaner mit großem Hut und Umhang aufgemalt. Oft duftete die ganze Straße verführerisch nach frisch geröstetem Kaffee.

Neben dem „Capitol“ – das Gebäude war zum Teil vom Krieg verschont geblieben - , an der Ecke Neumünster-Straße gab es noch den Schlachter Greineisen. An der Ecke stand eine sehr alte riesige Linde. Es tat uns allen leid, als sie Anfang der 70er Jahre zusammen mit den letzten alten Bäumen hier gefällt wurde. Die Hoheluftchaussee war bis zu dieser Zeit noch eine wirkliche von Bäumen gesäumte Chaussee.

Zwischen Neumünster-Straße und Eppendorfer Weg gab es wieder eine einheitliche Geschäftszeile. Frau Baljöhr machte hier ein Fotogeschäft auf, auch Budnikowsky ließ sich nieder, ebenso „Papier und Stift“ sowie ein Handarbeitsgeschäft. Bis in die 60er Jahre, als hier zwar nicht hoch, aber doch fest gebaut wurde und das Eckhaus entstand, sah es hier so aus. Das Eckgrundstück zum Eppendorfer Weg blieb lange unbebaut. Ein Händler verkaufte dort Gebrauchtwagen.

Ein paar Schritte weiter hatte das Milchgeschäft Stüben noch eine Ladentheke. Hier wurde man noch regelrecht bedient, Unterhaltung inbegriffen. Milch wurde noch in eine Kanne oder in eine spezielle Flasche gefüllt, die man mitbrachte. Auch hatten die Kunden für saftige Lebensmittel wie rote Beete oder Sauerkraut kleine Schüsseln dabei.

Überall in den Seitenstraßen gab es kleine Lebensmittelläden. Wir hatten ja noch keine Kuhlschränke und kauften nur das, was wir gerade brauchten, in kleinen Mengen.

Als der erste Supermarkt (PRO) an der Ecke Eppendorfer Weg/Moltkestraße eröffnete, brach eine schwere Zeit für die kleinen Läden an. Bis Ende der 60er Jahre konnten sie sich noch halten. Dann mussten sie aufgeben.

Armselige Geschäftswelt in der Nachkriegszeit (1950)

Die PRO ist in das ehemalige Kino eingezogen

Immer das Richtige für alle Tage fand man im „Kaufhaus Hoheluft“ an der Ecke Hoheluftchaussee/Eppendorfer Weg gegenüber der Polizeiwache. Eine große Baracke füllte die ganze Ecke aus. Hier gab es alles, was mit Textil zu tun hatte. Als dann das große Eckhaus in den 60er Jahren gebaut wurde, wurde KA-HO, wie man es kurz nannte, das Textilhaus Nr. 1 für Hoheluft. Mit freundlicher Bedienung fand man hier immer die passende Bluse, den richtigen Rock und alles, was dazu gehörte. Ende der 80er Jahre mußte KA-HO schließen, weil der Hausherr die Miete unerträglich erhöht hatte. An Stelle des Kaufhauses entstanden mehrere kleine Läden, wie man es heute sieht.

Die benachbarte Fabrik gehörte noch von Eicken. In den unteren Etagen stellte die Firma noch Pfeifentabak her und verkaufte ihn. Einen Teil der Räumlichkeiten nahm damals eine Miederfirma ein, die viele junge Frauen beschäftigte. In den Nebengebäuden hatte sich Tchibo niedergelassen, röstete und verkaufte dort seinen Kaffee.

Vorne an der Straße, in einem alten Landhaus aus der Zeit, als die Hoheluftchaussee noch eine Landstraße war, stand das Kino „Blumenburg“. Es machte seinem Namen Ehre, denn in drei Etagen gab es üppige Blumenkästen, die im Sommer mit roten Geranien gefüllt waren.

Schuh Kay strahlt Modernität aus.

Der obere Abschnitt der Hoheluftchaussee bis zur Gärtnerstraße war so gut wie weg. Nichts war hier stehen geblieben. Ende der 50er Jahre

Als die Straßenbahn noch in den Lehmweg einbog (1961)

wurde ein Haus errichtet, das heute eine Studentenverbindung beherbergt, ursprünglich aber ein Hotel war. Auch das Motel und die Tankstelle davor entstanden damals.

In der Gärtner- und der Breitenfelder Straße fuhr seinerzeit die Linie 15, eine bequeme Verbindung zur Elbe. Mitten auf der Breitenfelder Straße befand sich eine Verkehrsinsel mit einem Pavillon und Haltestellen. Die heute noch existierende Tankstelle an der Ecke Abendrothsweg bestand schon sehr früh. Das Haus nebenan wurde aber erst Mitte der 60er Jahre gebaut. In den Räumen, die die Commerzbank heute einnimmt, befand sich zuerst ein Autosalon.

Haus Nr. 72 war bereits Ende der 50er Jahre fertig. Schon vor dem Krieg hat es hier den Schumacher Boes gegeben, dessen Werkstatt die Tochter zu einem großen Schuhgeschäft ausbauen ließ. Es hatte lange Bestand. Zum Jahreswechsel 2000/2001 mussten Boes aus Altersgründen aufgeben.

Vom obersten Ende der Hoheluftchaussee kann ich nicht viel berichten. Auf dem Gelände der heutigen Autofirma Wichert soll sich früher eine Landschaftsgärtnerei befunden haben. Nebenan gab es auch lange ein Tanzlokal, das Anfang der 60er Jahre abbrannte.

Die Hoheluftchaussee seit den 1970er Jahren

Anfang der 1970er Jahre erwarb die Stadt die Gebäude Nr. 54 und 56, um sie abreissen und die Fahrbahn auf 34 Meter verbreitern und in der Straßenmitte eine Sondertrasse für die Straßenbahn bauen zu lassen. Im Gebäude Hoheluftchaussee 54, in dem die „Produktion" einen Supermarkt unterhielt, befand sich zuvor das „Capitol"-Lichtspieltheater. Der Markt wurde jedoch, um einige Meter zurückgesetzt, wieder aufgebaut.

Diese Lücke soll geschlossen werden.

Auch das Eckhaus an der Hoheluftchaussee/Neumünstersche Straße, das die Schlachterei Greineisen beherbergte, fiel den Verkehrsplanungen zum Opfer. „Der Ausbau der Hoheluftchaussee, zum erstenmal 1958 auf Plänen festgelegt, ist auch 14 Jahre später noch eine ‚schwierige Geburt', " schrieb das Abendblatt am 14. September 1972.

Knapp acht Jahre später berichtete die Zeitung, dass auf der östlichen Seite der Hoheluftchaussee fast alle behelfsmäßigen Nachkriegsbauten verschwunden seien, jedoch an der Ecke Neumünstersche Straße ein „Schandfleck" übrig geblieben sei: eine Freifläche, auf der Wohnwagen verkauft würden.

Alles andere als eine Augenweide ist dieses flache „Ensemble"

Hätte die Stadt im Zuge der Baumaßnahme die Hoheluftchaussee nicht mit Bäumen verschönern können? Eimsbüttels damaliger, für die Westseite zuständiger Baudezernent

Albrecht Dangel verneinte: „Wir können keine Bäume pflanzen. Im Boden verlaufen dicke Kabelpakete, wie beispielsweise die Fernsprechverbindungen nach Skandinavien.“ (Hamburger Abendblatt, 25. April 1980.

Dieser Gebäudemix wird bald Geschichte sein

Der erwähnte Schandfleck ist schon lange beseitigt, und seit der Neugestaltung des Falkenriedgeländes und dessen Öffnung zur Hoheluftchaussee hin hat diese Seite der Hauptverkehrsstraße an Attraktivität gewonnen.

Wie die Pressestelle des Bezirksamts Eimsbüttel im Mai 2013 mitteilte, werden zwischen Bismarckstraße und Eppendorfer Weg, teilweise über mehrere Grundstücke hinweg, drei Vorhaben entwickelt. In sechsgeschossigen Gebäuden sollen 60 bis 65 Wohnungen und zusätzlich im Erdgeschoss sowie im ersten Obergeschoss Läden und Büros entstehen. Da diese Neubauten im Vergleich zur jetzigen Bebauung um etwa sechs Meter zurückgesetzt werden, entsteht dort mehr Raum für Fußgänger und Radfahrer.

Ein weiteres Projekt entsteht in Höhe der ehemaligen Tabakfabrik von Eicken, wo unter anderem das ehemalige Café Christiansen verschwinden wird. Hier soll ein ebenfalls sechsgeschossiges Wohn- und Geschäftsgebäude mit 18 Wohnungen entstehen.

Auch diese flache Gebäudezeile steht nicht mehr lange

Eine weitere Lücke, die durch den Abriss eines Pastorats der Kirchengemeinde St. Markus entstanden war, soll auf dem Grundstück Hoheluftchaussee 145 geschlossen werden. Hier will der Kreisverband Eimsbüttel des Deutschen Roten Kreuzes ein Wohnhaus und ein Gebäude für diverse Aktivitäten errichten.

Medien in Hoheluft

Auch der im Verlag von C. Schönfeldt in Stellingen-Langenfelde gedruckte „Lokal-Anzeiger“ bemühte sich im frühen 20. Jahrhundert um Leser, Abonnenten und Anzeigenkunden in Eimsbüttel und Hoheluft, wo er sein Bezirks- und Anzeigenblatt – so der Untertitel – verbreitete.

Schönfeldts „Lokstedter Zeitung“ benügte sich später ebenso wenig mit dem Verbreitungsgebiet Lokstedt, Niendorf und Schnelsen, sondern bediente auch Eimsbüttel und Hoheluft, wo der Verlag vor allem auf zusätzliche Inserenten hoffte.

Die Druckerei Karl Dankert beschränkte sich nicht nur auf normale Drucksachen. Sie betätigte sich auch als Zeitungsverlag und publizierte in jenen Jahren im Hegestieg 10 einen „Bezirks-Anzeiger für Hoheluft, Eppendorf und angrenzende Bezirke“. Das Blatt erschien wöchentlich mit einer Auflage von 20 000 Exemplaren – offensichtlich als Anzeigenblatt, denn auf der Titelseite der Ausgabe vom 6. Februar 1930 prangte eine Anzeige der Harvestehuder Lichtspiele.

Viele Jahre später, von 1956 bis 1971, erschien die monatliche Heimatzeitung „Eimsbütteler Blätter“ ebenfalls bei Karl Dankert, nun aber in der Bogenstraße.

Bezirks-Anzeige

für Hoheluft, Eppendorf und angrenzende Bezirke

Erscheint jed. Donnerstag u. wird in einer garantiert. Auflage von 20000 Exemplaren an die Einwohner gratis frei Haus geliefert. Anzeigenpreis: 15 Pfg. für den 8 gesp. mm. Kl. Anzeigen: Zeile 25 Pfg. Platzvorschriften unverbindlich. Bei Wiederholung Rabatt. Beilagengebühr Mk. 6.— pro 1000.

Geschäftsstelle: Hegestieg 10
Fernspr.: H 4 Nordsee 8375

Herausgeber, Druck, Verlag und für den Inhal verantwortl.: Karl Dankert, Hambg. 20, Hegestieg 10 Anzeigenschluß Dienstag abend, für Aenderungen Dienstag mittag. Unpolitische Einsendungen von Vereinen aus dem Leserkreise werden evtl. gratis ...nommen.

Jahrgang 1930 — Hamburg, 6. Februar — Nr.

HARVESTEHUDER
-Lichtspiele Am Eppendorferbaum

Ab Freitag, den 7. Februar bis Donnerstag, den 13. Februar 1930

Grete Garbow in
Herrin der Liebe
mit John Gilbert, Lewis Stone, Fairbanks jr., Douglas

Clara Bow
in
Über'n Sonntag lieber Schatz

Anfang: Wochentags 5, 7, 9 Uhr, Sonntags ab 3 Uhr.

Einige Jahre nach der Hohelufter Zeitung erschien ein Bezirks-Anzeiger

Wochenblätter für die Stadtteile

Als typische Heimatzeitung erschienen bis zum 30. September 2013 die 1844 gegründeten Harburger Anzeigen und Nachrichten (HAN), Hamburgs älteste Tageszeitung. Sie wurde ein Opfer des Auflagenschwunds. Dadurch avancierte die seit 1874 bestehende Bergedorfer Zeitung als weitere Heimat- und Abozeitung zum ältesten Presseorgan der Hansestadt, so dass die Vor-Ort-Berichterstattung fast nur noch von den wöchentlich erscheinenden Anzeigenblättern bestritten wird..

Hoheluft-West und –Ost werden seit den 1970er Jahren von unterschiedlichen Wochenblättern abgedeckt. Von Franz Schlagmüller im Oktober 1972 ursprünglich als Eimsbütteler Anzeiger mit begrenztem Verbreitungsgebiet gegründet und Ende der 70er Jahre zum Hamburger Regional-Anzeiger ausgebaut, entstand so das Eimsbütteler Wochenblatt. Auch dieses Anzeigenblatt war nicht von Dauer.

Seit dem 18. August 2010 erhalten die West-Hohelufter stattdessen das Elbe-Wochenblatt, das mehrheitlich der Madsack-Gruppe aus Hannover gehört. Das Elbe-Wochenblatt mit Sitz in Harburg besteht bereits seit 1963 und produziert insgesamt acht Lokalausgaben.

Das Hamburger Wochenblatt hingegen, das unter anderem in Hoheluft-Ost und in Eppendorf verteilt wird, gehört wie 15 weitere Ausgaben zum WBV Wochenblatt Verlag. Es ist mittlerweile über 35 Jahre alt. Die Jubiläumsausgabe zum 25jährigen Bestehen am 26. September 2002 lag noch dem heute nicht mehr gebräuchlichen Titel Eppendorfer Wochenblatt bei.

Jahr Top Special Verlag: Vom Angeln bis zum Tennis

Anfang des neuen Jahrhunderts entdeckte die Medienwirtschaft unseren Stadtteil als attraktiven, günstig gelegenen Standort. So zog nicht nur eines der führenden europäischen Special-Interest-Medienhäuser, der Jahr Top Special Verlag, von Altona hierher, sondern aus Tonndorf auch der Fernsehsender RTL Nord.

Nur ein halbes Jahr nachdem sich der Verlag am 23. Januar 2006 an der Troplowitzstr. 5, neben der Polizeiwache, niedergelassen hatte, starb sein Gründer Alexander Jahr, einer der Söhne von John Jahr, am 22. Juni im Alter von 66 Jahren an Herzversagen.

In einer sehr detaillierten Traueranzeige bekundete die Belegschaft: „Wir verabschieden uns von einem engagierten Chef und Verleger, von einem Journalisten und Fotografen, einem Jäger, Taucher, Segler, Angler, Reiter, Golfer und Flieger. Wie viele Mitarbeiter hat er seine Leidenschaft zum Beruf gemacht und seinen Beruf zur Leidenschaft.“ Auch Pferdezüchter und Landwirt war Jahr. Von 1974 bis 1999 fungierte er als Aufsichtsratsmitglied

An der Troplowitzstraße ließ sich der Jahr Top Spezial Verlag nieder

des Großverlages Gruner + Jahr. Seine Tochter Alexandra, die schon einige Jahre zuvor die Geschäftsleitung übernommen hatte, folgte ihm als Verlegerin nach.

Der Jahr Top Special Verlag publiziert zur Zeit 34 periodisch erscheinende Zeitschriften in sechs Ländern. 23 Titel erscheinen in Deutschland und werden von 160 Mitarbeiterinnen und Mitarbeitern in Hamburg produziert. Weitere Publikationen kommen durch Tochtergesellschaften bzw. Lizenzpartner unter anderem in den Niederlanden (5), in der Schweiz (3), Belgien, Frankreich, Russland und Polen heraus.

Von den zahlreichen Titel seien u.a. genannt: AngelWoche, Blinker, fliegermagazin, fotoMAGAZIN, GOLF MAGAZIN, JÄGER, ST. GEORG, segeln, Tauchen und tennisMAGAZIN.

„Die Leser unserer Magazine zeichnen sich durch ihre gesellschaftliche Stellung und durch herausragende finanzielle Möglichkeiten aus," teilt das Medienhaus im Internet mit.

Das Unternehmen entstand im Oktober 2000 als Joint Venture aus dem 1971 von Alexander Jahr gegründeten John Jahr Fachverlag und dem top special Verlag, 1976 als „Spezialzeitschriften Axel Springer Verlag" geschaffen. Im Februar 2012 verkaufte die Axel Springer AG ihren 50prozentigen Anteil aus strategischen Gründen an Alexandra Jahr, weil sich der Konzern in Zukunft noch stärker auf sein Kerngeschäft und die digitalen Aktivitäten konzentrieren wollte.

„Ich freue mich, dass ich nach einer langjährigen partnerschaftlichen und erfolgreichen Zusammenarbeit die Anteile von Axel Springer übernehmen kann. Damit befindet sich der Verlag vollständig in meinem Eigentum, und ich kann das seit über 40 Jahren bestehende Engagement meines Vaters und Großvaters im Segment der Spezialzeitschriften fortsetzen," informierte Alexandra Jahr in einer Pressemitteilung ihres Hauses.

„emotion" und „Hohe Luft"

Ein ganz anders geartetes Special-Magazin wird mit der Frauenzeitschrift „emotion" in der Hoheluftchaussee 95 konzipiert, wo von Eicken noch bis Anfang der 1980er Jahre Tabak produzierte.

Von Gruner + Jahr entwickelt und im Februar 2006 erstmals erschienen, konnte das Blatt die Erwartungen des Verlagshauses nicht erfüllen und wurde nach wenigen Jahren veräußert. Im Rahmen eines Management-Buyouts kaufte die bisherige Verlagsleiterin Dr. Katarzyna Mol „emotion".

Als Geschäftsführerin der neu gegründeten Gesellschaft Inspiring Network GmbH & Co. KG gibt sie unter deren Dach im Emotion Verlag seit Dezember 2009 jeden Monat das Frauenmagazin heraus. Hauptsitz ist Hamburg-Hoheluft, Standort der Redaktion München.

„emotion" beschreitet nach eigener Darstellung neue Wege im Markt der Frauenzeitschriften und bietet unter anderem psychologische Anregungen für kluge, kultivierte und konsumfreudige Frauen, die ihr Berufs- und Familienleben selbstbestimmt gestalten und sich weiterentwickeln wollen. Das Blatt verspricht Tiefgang statt Oberfläche.

Bei diesem Magazin blieb es nicht. Offensichtlich von seinem

Vom Stadtteil beflügelt: „Hohe Luft"

Hohelufter Standort angeregt, brachte der Verlag am 17. November 2011 „Für alle, die Lust am Lesen und Denken haben“ die erste Ausgabe der Philosophie-Zeitschrift „Hohe Luft“ zum Preis von acht Euro heraus. Chefredakteur Thomas Vašek und seine Redaktion in München wollen damit die „Philosophie vom akademischen Diskurs zurück ins Leben holen. Dort kommt sie her, und dort gehört sie hin.“ „Hohe Luft“ will die Menschen dazu inspirieren, über Fragen des Lebens auf eine bestimmte Weise nachzudenken, die hilft, mehr Klarheit zu gewinnen.

Die Titelgeschichte der Erstausgabe befasste sich auf zehn von 100 Seiten mit dem Schwerpunktthema „Lügen“, und die Redaktion warf weitere Themen und Fragen auf wie „Können Tränen denken?“, „Wo bringt uns die Philosophie weiter“ oder „Was ist eine Person?“ Vašek empfahl der Leserschaft: „Bitte einsteigen zum Höhenflug!“ Der vielversprechenden Auftaktausgabe folgten im ersten Jahrgang drei weitere Hefte. Für den zweiten Jahrgang kündigte der Verlag eine zweimonatige Erscheinungsweise von „Hohe Luft“ an.

Im Frühjahr 2013 überraschte der Hohelufter Verlag mit einer weiteren Zeitschriftengründung: Am 19. April erschien „TIERWELT live“, ein im Auftrag der doclights GmbH, einer Tochtergesellschaft von Studio Hamburg, publiziertes Wildtier- und Naturmagazin. Hinter dem Kooperationspartner verbergen sich die Macher der NDR-Fernsehreihe „Expeditionen ins Tierreich“. Die Zeitschrift soll künftig alle drei Monate freitags zum Preis von 4,50 Euro herauskommen.

Einen Monat vorher hatte der rührige Verlag Inspiring Network mitgeteilt, dass er von 1914 an Herstellung, Druck, Vertrieb und Marketing des Theatermagazins „Deutsche Bühne“ übernehmen werde. Das Blatt wird seit 1909 vom Deutschen Bühnenverein herausgegeben und ist die älteste Theaterzeitschrift in deutscher Sprache.

Presse für das Viertel

2012 war es 100 Jahre her, dass die U-Bahnstation Hoheluftbrücke eröffnet wurde. 90 Jahre später machte ein Journalist auf seine Weise die „HoheLuft-Brücke“ für das hiesige Publikum zugänglich. Im September 2002 publizierte Mark Bloemeke die erste Ausgabe seines „frei verteilten, unabhängigen Stadtteilmagazins“, nachdem im Mai ein Probeheft erschienen war. Sein Anliegen: die „kleinen“ sozialen Strukturen zu erhalten und zu stärken, wobei er die „Geschäfte mit Flair-Boutiquen, Tante-Emma-Läden, Cafés“ als Kommunikationszentren des Viertels auffasste, denn: „In den Straßen des Generalviertels, den Hinterhöfen am Eppendorfer Weg und den Falkenried-Terrassen blüht das Leben.“ Mit dem Monatsblatt wollte das Team um Bloemeke einen Beitrag zum Erhalt der Besonderheit und Vielfältigkeit des Viertels leisten. Und so produzierten sie für die Hohelufter lesenswerte Hefte.

Doch bald erwies sich das Verbreitungsgebiet und das Anzeigenaufkommen als zu klein, so dass die Blattmacher auch über benachbarte Stadtteile berichteten. Deshalb änderten sie den Titel in „Das Viertel“ um. Offensichtlich bedeutete dieser Schritt keine tragfähige Lösung, so dass das Blatt mit der März-Ausgabe 2008 eingestellt wurde. Damit erging es ihm nicht besser, als weiland der „Hohelufter Zeitung“, der auch nur eine kurze Existenz beschieden war.

Deutsche Zentrale für Weltrekorde: Guinness

Eine Publikation der besonderen Art wird seit dem Jahr 2000 ganz unspektakulär in einem über 100 Jahre alten, zurückliegenden ehemaligen Werkstattgebäude am Lehmweg 10 b betreut: das Guinness-Buch der Rekorde bzw. das Guinness World Records Buch – so der offizielle Name – das jedes Jahr im September neu erscheint.

Verantwortlich für die deutsche Ausgabe zeichnet der Musikexperte und passionierte Musiker Olaf Kuchenbecker, der 2004 selbst einen Weltrekord aufgestellt hatte, als er mit seiner Band „Kansas City“ in und um Hamburg 26 Live-Konzerte in nur zwölf Stunden bestritt. Rund drei Jahre lang blieb der Rekord bestehen.

Die deutsche Rekordzentrale sitzt am Lehmweg

Die erste englische Ausgabe des Guinness-Buches der Weltrekorde erschien 1955, die deutsche 1963. Heute wird das Werk in über 100 Ländern und 22 Sprachen aufgelegt. Mit einer Gesamtauflage von über 150 Millionen Exemplaren stellt es selbst einen Weltrekord auf, denn es ist das meistverkaufte urheberrechtlich geschützte Buch der Welt.

Der Verlag führt die Rekorde in acht Kategorien: Mensch & Körper, Kunst & Unterhaltung, Lebensraum Erde, Politik & Gesellschaft, Mensch & Leistung, Reisen & Transport, Wissenschaft & Technik sowie Sport & Spiele. Seit 2006 erscheint die deutschsprachige Ausgabe im Verlag Bibliographisches Institut, Mannheim. Davor kam sie zehn Jahre lang bei Hoffmann und Campe in Hamburg sowie bei Ullstein in Berlin heraus.

Anmeldungen neuer Rekordversuche nimmt das Stammhaus in London entgegen.

Fernsehen mit RTL Nord

Was seit Jahrzehnten das NDR-Fernsehen für Lokstedt darstellt, ist seit 2004 RTL für Hoheluft. Nach der Umwandlung des Falkenried-Areals zog der Fernsehsender vom Studio-Hamburg-Gelände in Tonndorf in die innere Stadt und produziert dort seit dem 2. Februar 2004 digital.

Die RTL Nord GmbH verfügt neben dem Sendezentrum am Straßenbahnring 18 über Studios in Bremen, Hannover und Kiel. In dem unter Denkmalschutz stehenden Gebäude der Hamburger Zentrale arbeiten die Fernsehmacher in vier Studios, die auch gemietet werden können.

RTL Nord ist für die Regionalprogramme des Senders im Norden zuständig. Von montags bis freitags gestalten die Redaktionen in den vier Sendestandorten zwei 30 Minuten lange „Guten Abend RTL"-Magazine mit landesaktuellen Berichten und Nachrichten aus Politik, Wirtschaft, Kultur und Sport sowie vom Boulevard, und zwar eine für Hamburg und Schleswig-Holstein sowie eine weitere für Niedersachsen und Bremen.

Daneben liefert der Sender Beiträge für alle Nachrichten- und Magazinsendungen der deutschen RTL-Familie, die aus der RTL Television, n-tv, vox und RTL II besteht.

Fernsehen aus Hoheluft: RTL-Nord am Straßenbahnring

Als Tochter von RTL Plus ging RTL Nord am 2. Mai 1988 mit „Schlag 6“ und dem Auftrag, Informationen für die Region aufzubereiten, zum ersten Mal im Hamburger Raum auf Sendung. Zwei Jahre später schlug die Geburtsstunde von RTL Nord Live als einheitliches Format für die vier Bundesländer. Seit 1995 wird das überregionale Ländermagazin „Guten Abend RTL“ aus Hamburg gesendet. 2008 feierte der Sender sein 20. Firmenjubiläum im Norden, und die Medienaufsicht verlängerte die Zulassung des Regionalprogramms der RTL Nord GmbH bis 2015, wie aus einer Imagebroschüre des Senders hervorgeht.

Die RTL Group ist nach eigenen Angaben das größte Rundfunkunternehmen Europas. Die zu Bertelsmann gehörende Gruppe betreibt Fernseh- und Radiosender in zehn Ländern.

Einzigartige Sendung: Dittsche

Einen Katzensprung vom Straßenbahnring entfernt, befindet sich ein weiterer, wenn auch nur temporärer TV-Schauplatz in unserem Stadtteil. In der „Eppendorfer Grill-Station“ am Eppendorfer Weg 172 lässt der Westdeutsche Rundfunk seit Jahren den Hamburger Olli Dietrich „Dittsche – Das wirklich wahre Leben“ darstellen. Für den Sender ist diese „30-Minuten-Live-Interpretation ohne Drehbuch vor sechs Kameras an einem realen Ort ... immer noch einzigartig im deutschen Fernsehen“ und das nach acht Jahren.

Dittsche spielt einen Arbeitslosen, der in Oberhemd, Jogginghose, Badelatschen und gestreiftem Bademantel den Wirt des Lokals mit „seiner bisweilen absurden Sicht und Interpretation der aktuellen Geschehnisse, gepaart mit dem gefährlichen 5-Prozent-Wissen

Dittsche und seine Mitstreiter bei der Arbeit

Hier zieht Olli Dietrich vom Leder

aus der Bildzeitung", so der Sender, konfrontiert. Den Wirt Ingo stellt Jon Flemming Olsen – im wahren Leben ein Grafiker – dar. Den schweigsamen Stammgast „Schildkröte" als Dritten im Bunde verkörpert Franz Jarnach. Diese Rolle animierte Olsen offensichtlich zu Reisen in alle 16 deutschen Bundesländer, in denen er je eine Imbissbude besuchte und darüber das Buch „In 16 Tagen um die Wurst. Eine Liebeserklärung an die deutsche Imbisskultur" veröffentlichte. Inzwischen haben schon viele Stargäste Dittsche die Ehre erwiesen und mitdiskutiert, zum Beispiel Rudi Carrell, Anke Engelke, Harald Schmidt, Thomas Gottschalk und Uwe Seeler.

Die am 29. Februar 2004 erstmals vom WDR ausgestrahlte Sendung hat es inzwischen auf knapp 20 Staffeln gebracht. 2004 wurde sie mit dem Deutschen Fernsehpreis und 2005 mit dem Adolf-Grimme-Preis sowie Olli Dietrich für die Figur Dittsche 2009 mit der Goldenen Kamera ausgezeichnet, wie bei Wikipedia zu lesen ist.

Stadtteil mit sechs (!) Buchhandlungen

Obwohl größer als Hoheluft, verfügt Lokstedt zwar noch über eine öffentliche Bücherhalle, aber über keine Buchhandlung mehr. Hoheluft dagegen weist die erstaunliche Zahl von sechs Buchgeschäften auf, von denen eines ein Antiquariat ist.

Dominierende Firma ist Kurt Heymann, die sich mit derzeit 16 Buchhandlungen und 200 Mitarbeiterinnen und Mitarbeitern zu einem der führenden Unternehmen in der Hamburger Metropolregion entwickelt hat.

Der aus Stollberg im Erzgebirge stammende Kurt Heymann trat am 1. Juli 1928 in Hamburg auf den Plan, indem er die Buchhandlung E. & Ch. Potthoff am Lehmweg für 1500 Reichsmark übernahm. 1934 zog er um und machte die erste Heymann-Buchhandlung am lebhaften Eppendorfer Baum auf, zunächst im Haus Nr. 34, dann an der Ecke Hegestraße, wo sich noch heute die Zentrale des Familienunternehmens befindet.

1962 übertrug Kurt Heymann seinem Sohn Gerhard die Geschäftsführung, in der ihn seine Frau unterstützte. Anfang der 70er Jahre gründete er den Heymann Reprint Verlag und veröffentlichte mehr als 20 Hamburgensien – alle seltene und lesenswerte Bücher. 1977 starb er.

Mit den Geschwistern Christian Heymann und Heike Heymann-Rienau führt inzwischen die dritte Generation die Firma, die ein breites Sortimentsspektrum aus Belletristik, Kinder- und Jugendbüchern, Hobby- und Reiseliteratur, Sprachen und Schulbüchern, Taschenbüchern sowie Sach- und Fachbüchern sowie EDV und Medizin anbietet. Auch ein modernes Antiquariat gehört dazu.

Mit zunehmendem Erfolg musste Heymann seine Ladenflächen in der Zentrale am Eppendorfer Baum 27 sukzessive vergrößern, so dass jetzt 1000 Quadratmeter zur Verfügung stehen.

Seit 1980 lädt das Buchhaus zu Autorenlesungen ein. Mit „Heymannlive“ bereichert es das literarisch-kulturelle Leben nicht nur in Hoheluft und Eppendorf, sondern in ganz Hamburg mit rund 65 Lesungen, Signierstunden und Ausstellungen pro Jahr. So waren in der Hansestadt namhafte Schriftsteller wie Doris Lessing, Donna Leon, Patricia Highsmith, Leon de Winter und Jonathan Franzen zu Gast. Auch angesehene Politiker wie Richard von Weizsäcker, Helmut Schmidt und Joschka Fischer folgten den Einladungen von Heymann. Schau- spieler gaben sich ebenfalls die Ehre: Curd Jürgens, Mario Adorf, Ulrich Tukur, Ethan Hawke, Gustav Peter Wöhler und Nina Petri.

Im Jahr des 80. Firmenjubiläums wählte die Jury des Fachmagazins „BuchMarkt“ Heymann in der Kategorie „Großbuchhandlung“ zur „Buchhandlung des Jahres 2008“. Als solche leistet sich das Unternehmen auch eine Bücher-Zeitung. Mit „Zeit zum Lesen“ umwirbt sie viermal im Jahr Leserinnen und Leser.

*

Auch das **abc Buchhaus Hoheluft** an der Hoheluftchaussee 60 ist eine traditionsreiche Buchhandlung, die am 7. Juli 1934 auf der anderen Seite der Chaussee, etwa dort, wo sich heute der Rewe-Mark befindet, von der Familie Deinert gegründet wurde. Nach dem Krieg ließ sie das Gebäude Hoheluftchaussee 60 errichten und zog mit dem Buchladen dort ein.

Mitte der 70er Jahre übernahm Ruth Ottmann das Buchhaus, das 20 Jahre später, am 1. Juli 1996, in die Hände von Dorrit Hinrichsen überging. Das abc Buchhaus versteht sich als eine klassische Stadtteilbuchhandlung mit den Segmenten Belletristik, populäres Sachbuch, (viel) Kinderbuch und weiteren Themenbereichen.

*

Einige Häuser weiter, an der Hoheluftchaussee 68, verabschiedete sich im Frühjahr 2011 die alteingesessene **Buchhandlung Gerd Rösch** von ihrer Kundschaft, weil ihr Inhaber in den Ruhestand ging. Die Buchhändlerinnen Kerstin Frank und Ulrike Steinwarder übernahmen das Geschäft, das seitdem **Frank und Steinwarder** heißt. Sie bevorzugen die Bereiche Belletristik, Kinder- und Jugendbuch, Ausstellungen von Illustratoren sowie Lyrik, Reisen, Kochen, Biografien und Sachbuch. Als Spezialität führen sie eine Vielfalt von schön gestalteten Kinderbüchern.

*

Mit einem ganz anders gearteten Sortiment bereichert das **Antiquariat Atlas** die Buchhandelsszene an der Hoheluftchaussee (Nr. 29), das auf mehrere andere Antiquariate folgte. Inhaber Dr. Ulrich Lölke widmet sich der Philosophie, den Naturwissenschaften, Afrika, Reiseberichten und der Kunst der Gegenwart. Seit dem Frühjahr 2012 hat hier auch das **Antiquariat Der Rabe** mit Ellinor Lang Platz gefunden. Seine Schwerpunkte sind: Literatur, Literaturwissenschaft, Judaica, Kunst und Wissenschaften.

*

Gegenüber, auf der anderen Seite, am Straßenbahnring 17, eröffnete Annerose Beurich mit **„stories!“** Anfang 2008 die modernste Buchhandlung im Stadtteil und erfüllte sich damit ihren Lebenstraum, den sie so wirklichkeitsnah gestaltete, dass sie bereits im November 2011 im Hanseviertel eine zweite „stories!“-Buchhandlung aufmachen konnte.

Die Bücher werden sehr übersichtlich in unterschiedlicher Präsentation dargeboten. Mit dem Verkaufstresen ist eine Café-Bar verbunden. Zum Konzept von „stories!“ gehören Autorenlesungen, die Teilnahme an Lesetagen und Abende, an denen das Personal beim „Abendbrot“ persönliche Buchfavoriten vorstellt. 70 Plätze stehen dabei zur Verfügung.

*

Die sechste Buchhandlung in Hoheluft eröffnete im Frühjahr 2011 an der Gärtnerstr. 80 mit dem etwas verwunderlichen Namen **„Inselkäfer“**. Er kam dadurch zustande, dass die Besitzer auf der Insel Föhr Ferienwohnungen in dem Ort Alkersum anbieten. Wer dort eine Wohnung bucht, darf auch mal Käfer aus Wolfsburg über die Insel kutschieren. Man kann hier alle lieferbaren Bücher bestellen.

Das „Onkel Pö“

„Ganz klein und bescheiden hat es einmal angefangen. ‚Onkel peu à peu' hieß die winzige Kneipe, die im Herbst 1968 am Mittelweg, im Halbschatten von Pöseldorf, ihre Pforten öffnete. Das schmale Café, in dem Gottfried Böttger allabendlich einen Boogie-Woogie nach dem anderen klimperte, war binnen kurzem ‚in',“ erinnerte sich Klaus Berger in einem Artikel im Hamburger Abendblatt vom 28. Dezember 1985. Bernd Cordua hatte es gegründet.

Was nützt es, wenn ein Lokal „in“ aber zu klein ist? Man zieht um, und zwar nach Hoheluft-Ost. In dem exponierten Eckhaus Lehmweg 44/ Eppendorfer Weg, hatte G. Schwartau um die vorige Jahrhundertwende – nomen est omen – bereits ein „Concertlokal“ betrieben. Das Pö ließ also nicht im ehemaligen „Ballhaus Eppendorf“, wie mitunter zu lesen ist, aufspielen. Das befand sich an der gegenüberliegenden Ecke des Lehmwegs.

Am 1. Oktober 1970 eröffnete Cordua „Onkel Pö's Carnegie Hall“, eine Kneipe, die Hamburger Musikgeschichte schreiben sollte. Wie der NDR berichtete, stieg Bernd Cordua 1972 aus, „und Peter Marxen, der bis dahin als Kellner im „Pö“ gearbeitet hatte, übernahm die Regie. Die Kneipe entwickelte sich zu „Musik-Mekka und Stammkneipe, Veranstaltungs- zentrum, Künstlertreff und Heimathafen für ausdauernde Nachtschwärmer“ sowie „117 Quadratmeter Faszination mitten in Hamburg, drei Theken, eine kleine Bühne, Pool-Billard, originelles Personal und ewig dickte Luft,“ so Thomas Schütte im Abendblatt vom 1. Oktober 1980.

Gottfried Böttger lebte damals ein halbes Jahr lang über dem „Pö“ neben der Wohnung von Peter Marxen in einer Musiker-WG.

Stars und Berühmtheiten traten in Hoheluft auf und begründeten den Ruf der Kaschemme: Jan Garbarek, Chick Corea, Stan Getz, Dizzy Gillespie, Charles Mingus, McCoy Tyner, Al Jarreau und Helen Schneider, die hier ihre Karriere begründete, und natürlich die Lokalmatadore wie zum Beispiel Udo Lindenberg, der im „Pö“ seinen ersten Hit „Andrea Doria“ vom Stapel ließ und ihm damit ein klingendes Denkmal setzte; denn „Bei Onkel Pö da spielt 'ne Rentnerband seit 20 Jahren Dixieland“.

Neben Udo begeisterten unter anderen Otto, Lonzo, Gottfried Böttger und Peter Petrel aus Hamburg das Publikum, und unter den deutschen Jazzmusikern ragten hier zum Beispiel Albert Mangelsdorf, Joachim und Rolf Kühn, Peter Herbolzheimer und Herb Geller hervor.

Da bei den Konzerten oft drangvolle Enge herrschte, mussten Gäste und Musiker den nicht ausbleibenden Durst natürlich bekämpfen. Nicht wenige taten das „mit Bier und Pineau – diesem teuflisch gefährlichen Hausgetränk aus Cognac und Traubensaft“ (Schütte).

Zum 1. Oktober 1979 wollte Marxen laut NDR die „Carnegie Hall“ – von vielen Besuchern

auch Karnickelhalle genannt – an eine Fast-Food-Kette verkaufen. Für Holger Jass, der nebenan wohnte, ein Ding der Unmöglichkeit. „Ich hatte drei Antiquitätenläden und dachte mir, bevor ich meine Stammkneipe verliere, übernehme ich das Pö eben," erzählte der dem Sender.
Dieser Wechsel bekam dem Lokal leider nicht gut. In seinem Abgesang auf das „Pö" schrieb Klaus Berger: „NDR-Jazz-Redakteur Michael Naura, der zehn Jahre lang Rundfunk- und Technik-Mitschnitte in der ‚Carnegie Hall' produzierte, resümiert: ‚Was haben wir damals für tolle Musik im Pö gehört! Und was war Peter Marxen für ein Mensch: als Wirt und Kumpel!"

Es war einmal: Onkel Pö's Carnegie Hall

Zum Niedergang der Musikkneipe trugen allerdings auch die gestiegenen Honorarforderungen vor allem der amerikanischen Stars bei.

Silvester 1985 knipste Holger Jass die Lichter der fast 20 Jahre alt gewordenen Kultkneipe an der Ecke Lehmweg/Eppendorfer Weg aus. Jazzfans mussten nicht unbedingt traurig sein; denn sie konnten ins nahe gelegene „Birdland", ebenfalls in Hoheluft, ausweichen.

Seit dem Ende des „Pö" hat dort inzwischen das dritte Restaurant eröffnet.

Die Reicherts und das „Birdland“

Wenige Monate vor dem Ende des „Pö“, am 3. September 1985, hatte mit dem „Birdland“ ein neuer Jazzclub geöffnet. Zum Auftakt spielte Herb Geller mit seiner Band. Der Architekt und Jazzfan Dieter Reichert hatte das Projekt ermöglicht, indem er das Souterrain seines Hauses an der Gärtnerstr. 122 mietfrei zur Verfügung stellte. Zur Gestaltung des Musikbetriebs riefen er und seine Mitstreiter die Jazz Federation Hamburg e.V. ins Leben, zu deren erstem Vorsitzenden Rolf Petroll gewählt wurde. Im Laufe der Jahre fand der Verein immer mehr Zuspruch und steigerte seine Mitgliederzahl auf 648.

Dieter Reichert vor John Coltrane und anderen Stargästen

Nach der Aufbauphase übernahm Dieter Reichert den Vorsitz des Vorstandes, dem auch seine Frau Heide angehörte. Die von ihr gemalten Jazzgrößen an den Wänden wirkten wie eine Galerie und schufen das besondere Fluidum dieses Clubs für die Freunde des moderneren Jazz.

Reichert hatte schon als Schüler seine Liebe zum Jazz entdeckt und mit dem Banjo zu spielen begonnen. Später stieg er auf das Saxophon um. Auch die Söhne begeisterten sich für den Jazz. Ralph spielt ebenfalls Saxophon, während Wolff sich das Schlagzeug auserkor. Beide Söhne haben ihre Leidenschaft zum Beruf gemacht. Ralph übernahm die Programmgestaltung der von der Jazz Federation veranstalteten Konzerte, die sich an die Freunde von Swing, Mainstream, Bebop, Latin und Modern Jazz wandten.

Im Laufe seiner über 27jährigen Geschichte hatte das Hohelufter Jazzlokal zahllose Jazz-Größen nach Hamburg geholt, wie zum Beispiel Art Blakey & His Jazz Messengers, Chet Baker, Art Farmer, Chico Hamilton, Lee Konitz, Anita O`Day, Woody Shaw, Charlie Byrd, Branford Marsalis und Clark Terry.

So entwickelte sich das „Birdland“ neben dem „Cotton Club“ zum bekanntesten Jazzlokal in Hamburg.

Ein trauriges Ereignis widerfuhr der Jazz Federation Ende 2011, als sie für den 23. Dezember das Ladi Geisler Quintett mit dem amerikanischen Sänger Ken Noris als d a s musikalische

Weihnachsgeschenk für ihre Mitglieder ankündigte. Das Konzert konnte jedoch nicht stattfinden, da Ladi Geisler am 19. November gestorben war.

Im Frühjahr 2013 überraschte Dieter Reichert mit der Nachricht, das „Birdland" aus Altersgründen zum 30. Juni 2013 zu schließen. Eine Entscheidung, die einen herben Verlust für die Hamburger Jazzszene wie auch für junge Musiker und Jazzeinsteiger bedeutete, die sich nun nicht mehr mittwochs zur Vocal Session und donnerstags zur Jam Session treffen können.

Mit einer „Großen Birdland Jam Session" verabschiedete sich der Club am 29. Juni 2013 bei freiem Eintritt von Mitgliedern und Publikum. Unter dem Motto „Blues meets Jazz" hatten Abi Wallenstein und Blue for you am Vorabend das letzte Konzert in ebenfalls drangvoller Enge gegeben.

Von der Schließung des Jazzkellers ist der darüber liegende Professional Music Shop, ein Spezialgeschäft für Blasinstrumente, das auch eine Musikschule betreibt, in der man zum Beispiel das Spiel mit Klarinette oder Trompete erlernen kann, nicht betroffen. Einer der Lehrer ist Ralph Reichert, der Spezialist für das Saxophon.

Birdland – ein Jazzlokal mit Atmosphäre

Auf dem rückwärtigen Gewerbegrundstück befand sich jahrzehntelang der Steinmetzbetrieb und das Marmorwerk der Gebr. Reichert, das bereits 1873 gegründet worden und vor dem Umzug nach Hoheluft an der Ecke Osterstraße/Heußweg (heute: Edeka Niemerszein) tätig war. Seit 1920 bediente die Firma gut 80 Jahre lang ihre Kunden an der Gärtnerstr. 120, bis sie 2002 stillgelegt wurde und einem großen Wohnkomplex wich.

Literaturverzeichnis

50 Jahre Eimsbütteler Turnverband e.V.: 1889 – 1939. Hamburg 1939
75 Jahre Christuskirche 1886 – 1961. Hamburg 1961
100 Jahre Beiersdorf 1882 – 1982. Hamburg 1982
100 Jahre Schule An der Isebek. Festschrift. Hamburg 2002
200 Jahre Joh. Wilh. von Eicken Tabakfabrik 1770 – 1970

Helmut Alter: Eppendorf. Leben und Wohnen im Hamburger Vorort. Hamburg 1976
Helmut Alter/Fritz Lachmund/Monika Menze: Mein Eimsbüttel. Von der ländlichen Idylle zum großstädtischen Bezirk. Hamburg ²1983
Architekten- und Ingenieurverein in Hamburg: Eine Wanderung durch Hamburg. Hamburg 1887
ders.(Hg.): Hamburg und seine Bauten 1890 sowie 1914

Katharina Baark: Hamburger Häuser erzählen Geschichten. Hamburg 1991
Bezirk Eimsbüttel: Festschrift zur Eimsbütteler Woche, 27. September bis 5. Oktober 1952
Götz von Borries: Die Geschwister von Borries. Biographien. Egelsbach 1998
Friedrich Georg Buek: Hamburg und seine Umgebungen im 19. Jahrhundert. Hamburg 1844
Hans Brunswig: Feuersturm über Hamburg. Stuttgart 1982

Armin Clasen: Die Hoheluftchaussee – eine alte Heerstraße, in: Der Eppendorfer, Februar 1973

Denkmalpflege Hamburg: Fabriken. Hamburg 1992
Deutschlands Industrie und Handel, Band II: Handelsgesellschaft Produktion mbH, Hamburg. Berlin 1924
Victor Dirksen (Hg.): Ein Jahrhundert Hamburg 1800 – 1900. Zeitgenössische Bilder und Dokumente. Frankfurt/Main 1977 (Nachdruck der Ausgabe von 1935)

Fahr mit uns. Illustrierte Nahverkehrszeitschrift der Hamburger Hochbahn AG, 1/1992
Hartwig Fiege: Die Keramikfamilie Wessely, in: Hamburgische Geschichts- und Heimatblätter, Bd. 11, Heft 11 – 12, Oktober 1987
Ernst Finder: Hamburgisches Bürgertum in der Vergangenheit. Hamburg 1930
Freie und Hansestadt Hamburg, Behörde für Bau und Verkehr (Hg.): 10 x leben – Hamburgs neue Quartiere. Hamburg 2003
Freie und Hansestadt Hamburg: Denkmalwelten der Großstadt. Merseburg o.J.
Freundeskreis Falkenried e.V. (Hg.): Hoheluft – Geschichte(n) eines Hamburger Stadtteils. Eine Chronik von Helmut Müller. Hamburg o.J.
Adolf Freydag: Obdachlosenbetreuung, in: Renate Hauschild-Thiessen (Bearb.): Die Hamburger Katastrophe vom Sommer 1943 in Augenzeugenberichten. Hamburg 1993
Anne Frühauf: Fabrikarchitektur in Hamburg. Entwicklung und Bestand bis 1914. Arbeitshefte zur Denkmalpflege in Hamburg Nr. 10. Hamburg 1991

C. F. Gaedechens: Historische Topographie der Freien und Hansestadt Hamburg und ihrer nächsten Umgebung. Hamburg 1880
Kurt Grobecker: „O Bier du schmäckest fein“. Hundert Jahre Holsten-Brauerei 1879 – 1979. Hamburg-Altona 1979
Gymnasium Curschmannstraße 1928 – 1988. Hamburg 1988

Hamburger Blindenstiftung: Festschrift zum 175jährigen Jubiläum. Hamburg 2005

Hamburger Feuerkasse: Fritz Höger 1877 – 1949. Der Architekt, der den Klinker zum Bau-„Edelstein“ machte. Hamburg 2003
dies. Auf den Spuren von C. J. Christian Zimmermann in Hamburg. Hamburger Baudirektor der Gründerzeit von 1872 – 1908. Hamburg 2004
dies. Auf den Spuren von Albert Erbe in Hamburg. Hamburg [2]2007
Christian Hanke: Eppendorf von A – Z. Das Stadtteillexikon mit Hoheluft-Ost. Hamburg 2001
H. Hasperg: Ein Jahrhundert Sport in Hamburg. Hamburg o.J.
Hans-Walter Hedinger (Bearb.): Hamburger Grenzsteine. Hamburg 1972
Hermann Hipp: Freie und Hansestadt Hamburg. Geschichte, Kultur und Stadtbaukunst an Elbe und Alster. Köln 1996

Innung des Hamburgischen Buchdrucker-Prinzipal-Vereins (Hg.): Buchdruckerkunst in Hamburg-Altona. Festschrift herausgegeben anläßlich des siebenzigjährigen Stiftungsfestes. Hamburg 1895

Jan Pätjer Johannsen: „Arisierungen“ von Kinos in Hamburg, in: hamburger hefte zur medienkultur, Nr. 11/2009

Ekkehard Kaum: Oscar Troplowitz. Forscher, Unternehmer, Bürger. Hamburg 1982
Kirchenvorstand der Ev.-Luth. Kirchengemeinde St. Markus, Hamburg-Hoheluft (Hg.): 100 Jahre St. Markus – St. Markus im 100. Jahr. Hamburg 1999
Franklin Kopitzsch/Dirk Brietzke (Hg.): Hamburgische Biographie. Personenlexikon. Band 1. Hamburg 2001
dies, Band 2.. Hamburg 2003

Ralf Lange: Hamburg. Wiederaufbau und Neuplanung 1943 – 1963. Königstein im Taunus 1994
Richard Lutz: Die elektrische Straßenbahn, in: Verein Verkehrsamateure und Museumsbahn e.V. (Hg.): Verkehrsmittel in Eppendorf einst und heute. Verkehrshistorische Reihe Hamburger Nahverkehrsmittel Nr. 13, Hamburg o.J.

Holger Martens: Hamburgs Weg zur Metropole. Von der Groß-Hamburg-Frage zum Bezirksverwaltungsgesetz. Hamburg 2004
Wilhelm Melhop: Historische Topographie der Freien und Hansestadt Hamburg von 1895 – 1920. Mit Nachträgen bis 1923. I. Band, Hamburg 1923
ders. Historische Topographie der Freien und Hansestadt Hamburg von 1895 – 1920, mit Nachträgen bis 1924. II. Band. Hamburg 1925
Mietergenossenschaft Falkenried-Terrassen e.G.: Einsichten Aussichten. Hamburg 2009
Ilse Möller: Die Entwicklung eines Hamburger Gebietes von der Agrar- zur Großstadtlandschaft. Hamburg 1959
Museum für Hamburgische Geschichte (Hg.): Gärten, Landhäuser und Villen des hamburgischen Bürgertums. Hamburg 1975

F. H. Neddermeyer: Zur Statistik und Topographie der Freien und Hansestadt Hamburg und deren Gebieten. Hamburg 1847
Edgar Nölting: Goldene Jugend am Rothenbaum. Anno 1900. Hamburg 1971

Udo Pini: Zu Gast im alten Hamburg. München [3]1997
Walter Postelt: Werden und Ringen der Konsumgenossenschaft „Produktion“. Zum 50jährigen Jubiläum. Hamburg 1949.
„Produktion“ Hamburg: Führer durch die Bäckerei 3. Hamburg o.J.

Johanna Magdalene von Reck: Abendroth`sche Lebenserinnerungen. Kiel o.J.
Anne-Kathrin Rehm: Stadtteil Geschichte Falkenried. Bewohner erzählen. Hamburg [2]1991
Volker Reißmann: Das „Capitol“. Ein Kino wie eine Kathedrale, in: Hamburger Flimmern Nr. 10/2003
ders. Die „Blumenburg“, in: Hamburger Flimmern, Nr. 14/2008
Reinhard Reuss: Kindheit und Jugend in Hamburg – Harvestehude, Hoheluft, Eppendorf, Niendorf. Wehretal 2010
Rückblick auf die 10jährige Tätigkeit des Hohelufter Bürgervereins. Hamburg 1906

Helga Schmal: Eimsbüttel und Hoheluft-West. Denkmaltopographie Bundesrepublik Deutschland. Hamburg-Inventar: Bezirk Eimsbüttel. Hamburg 1996
Matthias Schmoock: August Abendroth, in: F. Kopitzsch/D. Brietzke (Hg.): Hamburgische Biografie, Bd. 2, Hamburg 2003
SchuhKay: 125 Jahre Teamgeist. Hamburg 2007
Schule Breitenfelder Straße 35 (Hg.): 75 Jahre Schule Breitenfelder Straße – die Zeit eilt -. Hamburg 1987
O.W.O. Schultz: Wagenbauanstalt Falkenried. Sonderdruck aus der Fachzeitschrift „Der Stadtverkehr“, Heft 5/6 (1976)
Sabine Schwabroth: Hauswart Gross oder „ich zieh hier nicht weg!“. Fischerhude 1976
Thomas Senkpiel: Das Ende des Straßenbahnbetriebshofes Gärtnerstraße, in: Verein Verkehrsamateure und Museumsbahn e.V. (Hg.): Verkehrshistorische Reihe Hamburger Nahverkehrsmittel Nr. 13. Hamburg o.J.
Günter Seggermann: 500 Jahre Orgelbau in Hamburg. Ein ruhmreiches Kapitel hamburgischer Musik- und Kulturgeschichte, in: Hamburgische Geschichts- und Heimatblätter, Band 15, Heft 11, April 2004
ders. Der Hamburger Orgelbauer Paul Rother, in: Ars Organi, 47. Jahrgang, Heft 1, März 1999
G. Hermann Sieveking: Eimsbütteler Chronik. Hamburg 1951
Irmgard Sorge-Genthe: Hammonias Gärtner. Geschichte des Hamburger Gartenbaus in den letzten drei Jahrhunderten. Hamburg 1973
W. Spitzner Arzneimittelfabrik GmbH (Hg.): Alte deutsche Apotheken. Ausgabe 1972
Erich Staisch: Straßenbahn adieu. Ein Stück Hamburg verabschiedet sich. Hamburg 1978
ders. Hamburg und sein Stadtverkehr. Hamburg 1989
Statistisches Amt für Hamburg und Schleswig-Holstein: Hamburg – ein Stadtporträt in Zahlen. Hamburg 2007
Statistisches Landesamt der Hansestadt Hamburg (Hg.): Hamburg in Zahlen.
Die Gebietseinteilung der Hansestadt Hamburg. Hamburg 1952, Nr. 9
Irmgard Stein: Jüdische Baudenkmäler in Hamburg. Hamburg 1984
Straßen-Eisenbahn-Gesellschaft in Hamburg. Berlin 1906

Daniel Tilgner: Amadeus Amandus Abendroth. Hamburg 2006
Michael Töteberg: „Auch wir wissen, dass Filme immer Ware bedeuten“. Zur politischen Topographie und Ökonomie der Hamburger Kino-Landschaft 1933 – 1945, in: hamburger hefte zur medienkultur, Nr. 11/2009
Michael Töteberg/Volker Reißmann: Mach dir ein paar schöne Stunden. Das Hamburger Kinobuch. Bremen 2008

Victoria-Werbung (Hg.): 100 Jahre Victoria Hamburg. Geschichte und Geschichten vom Sport-Club Victoria Hamburg von 1895 e.V.. Hamburg 1995
Ursula Weisser (Hg.): 100 Jahre Universitäts-Krankenhaus Eppendorf 1889 – 1989. Tübingen 1989
E. H. Wichmann: Begleitworte zu der Wandkarte des Hamburger Gebietes nebst Umgebung. Hamburg 1867
Eberhard von Wiese: Hamburg – Menschen, Schicksale. Berlin 1967

Abbildungsnachweis

Helmut Alter: 42, 155
Archiv Walther Hundt: 150, 152, 177, 192

Gisela Bartels: 162, 189
Bauer & Häselbarth: 92, 93 u.
Beiersdorf: 76, 77, 79
Christa Breuer: 91
Jens Burg: 172

Christus-Kirchengemeinde Eimsbüttel: 114

Carl-Heinz Dänecke: 152 o.
Denkmalschutzamt: 185 u.
Bernhard Dierksmeier: 182

Ev.-Luth. Kirchengemeinde St. Markus: 111, 112 o., 113, 185 o.

Fahrzeugwerkstätten Falkenried: 51, 62, 63
Festschrift von Eicken: 86, 186
Feuerwehr Hamburg (Archiv): 31
Film- und Fernsehmuseum Hamburg (Nachlass Janke): 153
Forschungsstelle für Zeitgeschichte Hamburg: 181
Foto Baljöhr: 190, 191

Galerie Morgenland / Geschichtswerkstatt Eimsbüttel: 194
Gerdts: 80
Claus Gossler: Titelseite o.re., 21 – 25
Guinness World Records-Buch: 202
Horst Guse: 169

Hamburg und seine Bauten (1953): 143
Hamburgmuseum: 27 u, 178
Hamburger Blindenstiftung: 47
Hamburger Fremdenblatt: 151 u.
Hamburger Institut für Sozialforschung (Hist. Sammlung Reemtsma): 90, 91 o.
Hansische Warte (23. 8. 1929): 182 u.
Anke Hauschildt: 161
Gerd Heide: 106, 107 o.
HHA: 64
Hohelufter Zeitung: 33, 148, 149, 151 o., 177, 179
Holsten-Brauerei (Archiv): 73, 75
Walther Hundt (Stadtteilarchiv Eppendorf): 209

Kühn: 193

Local-Anzeiger: 160 o.

Anke Marwitz: 66, 67
Mietergenossenschaft Falkenried: 69

Polizeiwache Troplowitzstraße: 50 o.
Privatbesitz: 15, 16, 17, 20, 29, 30, 32, 34, 35, 36, 40, 41, 43, 59, 130, 137, 159, 175, 176, 183, 184, 185 u.

Dieter Raabe: 94, 95 o.
Reform: 175
Hans Rehders: 40, 41, 55, 56 o.
Dieter Reichert: 211
Marion Ritter: 158

Sardinillas: 18
SC Victoria Hamburg: 133
Kurt J. Scheffer: 38, 53, 56, 58
Gottfried und Ilse Schreck: 163
W. Schwarz: 27 o.
SEG: 61
Gabriele Spina-Richter: 84
Staats- und Universitätsbibliothek Hamburg: 127
Staatsarchiv Hamburg: 26, 122, 124, 125
Stadtteilarchiv Eppendorf: 119, 120 o.
Stadtteilschule Eppendorf: 144, 145

Klaus Tornier: 19, 28, 30 o., 37 o., 44, 45, 46, 50 u., 53 o., 57, 70, 71, 83, 85 u., 93 o., 95 u., 96, 101, 104,105, 107 u., 108, 112 u., 116, 117, 118, 120 u., (132, 134, 200), 135, 140, 142, 156, 157, 164-167, 170, 173, 174, 187, 195, 196, 199, 200, 203, 205, 210 und Titelseite

WDR: 204
A. H. Wessely: 99, 102, 103,
Marlies Westphäling: 197
Andreas Xaver Wutz: 82

Zwischenakt-Zeitung (4. 10. 1919): 85 o.

Personenregister

bettenhaus
bürger
Eppendorfer Baum 31
D-20249 Hamburg
Tel. 040/46 33 80
Fax 040/46 37 60
www.bettenhaus-bürger.de

www.tttankstation.de
TINTE
TONER
DRUCKER
✓ Befüllung ✓ Beratung ✓ Verkauf
TTT
TINTEN-TONER-TANKSTATION®
Ihr Experte vor Ort!
SHOP HAMBURG
Grindelberg 45, neben Lidl
Tel.: 040 89721610
Mo. - Fr.: 10:00 - 18:00 Uhr, Sa.: 10:00 - 13:00 Uhr

ANTIQUARIATE
Atlas / Der Rabe
Hoheluftchaussee 29
20253 Hamburg
Tel 040 8512700
mail atlas@hamburg.de
Dienstag-Freitag 11-19
Samstag 10-14 Uhr

Möbelhaus
Deubelius
Seit 1919 · Qualität seit Jahrzehnten
Sessel mit Aufstehhilfe
DOGE
COLLECTION
Senioreneinrichtungen
Hausbesuche
Seniorenumzüge
Hoheluftchaussee 19 · 20253 Hamburg
Tel. 040 / 420 27 12 · www.deubelius.de